Grundkurs Theoretische Informatik
mit Aufgaben und Prüfungsfragen

Boris Hollas

Grundkurs Theoretische Informatik mit Aufgaben und Prüfungsfragen

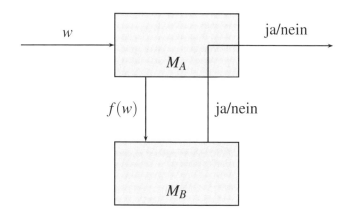

ELSEVIER
SPEKTRUM
AKADEMISCHER
VERLAG

Spektrum
AKADEMISCHER VERLAG

Zuschriften und Kritik an:
Elsevier GmbH, Spektrum Akademischer Verlag, Dr. Andreas Rüdinger,
Slevogtstraße 3–5, 69126 Heidelberg

Autor
Dr. Boris Hollas
Institut für Theoretische Informatik, Universität Ulm
E-Mail: buch@theoinf.de

Weiterführende Informationen
http://www.theoinf.de/

Wichtiger Hinweis für den Benutzer
Der Verlag und der Autor haben alle Sorgfalt walten lassen, um vollständige und akkurate Informationen in diesem Buch zu publizieren. Der Verlag übernimmt weder Garantie noch die juristische Verantwortung oder irgendeine Haftung für die Nutzung dieser Informationen, für deren Wirtschaftlichkeit oder fehlerfreie Funktion für einen bestimmten Zweck. Ferner kann der Verlag für Schäden, die auf einer Fehlfunktion von Programmen oder ähnliches zurückzuführen sind, nicht haftbar gemacht werden. Auch nicht für die Verletzung von Patent- und anderen Rechten Dritter, die daraus resultieren. Eine telefonische oder schriftliche Beratung durch den Verlag über den Einsatz der Programme ist nicht möglich. Der Verlag übernimmt keine Gewähr dafür, dass die beschriebenen Verfahren, Programme usw. frei von Schutzrechten Dritter sind. Die Wiedergabe von Gebrauchsnamen, Handelsnamen, Warenbezeichnungen usw. in diesem Buch berechtigt auch ohne besondere Kennzeichnung nicht zu der Annahme, dass solche Namen im Sinne der Warenzeichen- und Markenschutz-Gesetzgebung als frei zu betrachten wären und daher von jedermann benutzt werden dürften. Der Verlag hat sich bemüht, sämtliche Rechteinhaber von Abbildungen zu ermitteln. Sollte dem Verlag gegenüber dennoch der Nachweis der Rechtsinhaberschaft geführt werden, wird das branchenübliche Honorar gezahlt.

Bibliografische Information Der Deutschen Bibliothek
Die Deutsche Bibliothek verzeichnet diese Publikation in der Deutschen Nationalbibliografie; detaillierte bibliografische Daten sind im Internet über http://dnb.ddb.de abrufbar.

Alle Rechte vorbehalten
1. Auflage 2007
© Elsevier GmbH, München
Spektrum Akademischer Verlag ist ein Imprint der Elsevier GmbH.

07 08 09 10 11   5 4 3 2 1

Das Werk einschließlich aller seiner Teile ist urheberrechtlich geschützt. Jede Verwertung außerhalb der engen Grenzen des Urheberrechtsgesetzes ist ohne Zustimmung des Verlages unzulässig und strafbar. Das gilt insbesondere für Vervielfältigungen, Übersetzungen, Mikroverfilmungen und die Einspeicherung und Verarbeitung in elektronischen Systemen.

Planung und Lektorat: Dr. Andreas Rüdinger, Barbara Lühker
Herstellung: Detlef Mädje
Umschlaggestaltung: SpieszDesign, Neu-Ulm
Satz: Autorensatz
Druck und Bindung: LegoPrint S.p.A., Lavis

Printed in Italy

ISBN 978-3-8274-1826-5

Aktuelle Informationen finden Sie im Internet unter www.elsevier.de und www.elsevier.com

Vorwort

Die Theoretische Informatik ist eine Disziplin, die wegen ihrer mathematischen Natur von vielen Studenten als schwierig und teilweise auch uninteressant empfunden wird. Ein Grund für Letzteres ist, dass die Verbindungen zwischen theoretischer und praktischer Informatik oft erst in späteren Vorlesungen deutlich werden und damit in einführenden Veranstaltungen die Motivation fehlt. Eine besondere Schwierigkeit stellt häufig auch das Führen von Beweisen in Übungs- oder Klausuraufgaben dar. Immer wieder bin ich von Studenten gefragt worden, ob es ein Lehrbuch Theoretische Informatik gibt, das auch gelöste Übungsaufgaben enthält. Da ich auf dem Markt nichts Vergleichbares finden konnte, entstand die Idee, ein entsprechendes Buch zu verfassen. Meine Ziele dabei waren, den Stoff einer Grundvorlesung Theoretische Informatik

- knapp, präzise und gut verständlich zu präsentieren,
- durch Anwendungen zu motivieren,
- durch Aufgaben zu vertiefen

und dabei auf alle wichtigen Techniken einzugehen, die für ein selbstständiges Arbeiten notwendig sind.

Der Text beginnt daher im ersten Kapitel mit dem Abschnitt *Beweistechniken*, der die Grundlage für alle folgenden Abschnitte bildet. Die oft sehr abstrakten Begriffe der Theoretischen Informatik werden – wenn möglich – zuerst anhand von einfachen Beispielen erläutert, bevor sie formal definiert werden. Damit Sie sich im Text besser orientieren können, sind diese formalen Definitionen grau unterlegt, die definierten Begriffe kursiv gesetzt. Vor schwierigen oder besonders wichtigen Beweisen habe ich zunächst die Beweisidee dargestellt. Auch schwierige Beweise enthalten oft eine Idee, die vergleichsweise einfach zu begreifen und im Beweis deutlich schneller wiederzufinden ist, wenn Sie die Beweisidee bereits verstanden haben. Durch dieses schrittweise Vorgehen vom Einfachen zum Komplizierten möchte ich nicht nur das Verständnis erleichtern, sondern auch eine höhere Lesegeschwindigkeit ermöglichen, so dass Sie sich in weniger Zeit mehr Wissen aneignen können.

Wo immer sich ein Anknüpfungspunkt ergibt, habe ich Anwendungen dargestellt. Insbesondere dem Compilerbau sind zwei optionale Abschnitte mit Programmierbeispielen gewidmet. Auf diese Weise möchte ich zeigen, dass die Theoretische Informatik kein Selbstzweck ist, sondern auch für praktisch relevante Probleme zu wichtigen und grundlegenden Erkenntnissen führt.

Jeder Abschnitt, der nicht optional ist, enthält unterschiedlich anspruchsvolle Übungsaufgaben, deren Schwierigkeitsgrad mit $^{--}$ (sehr leicht) bis *** (sehr schwierig) gekennzeichnet ist. Darunter befinden sich auch Aufgaben, bei denen ein Fehler in einem Argument entlarvt werden soll, das auf den ersten Blick sehr plausibel erscheint. Viele dieser Aufgaben habe ich an der Universität Ulm als Übungs- oder Klausuraufgaben gestellt. Die *Lösungen der Aufgaben* sollen Ihnen helfen,

- die Korrektheit der eigenen Lösung zu überprüfen,

- Lösungen korrekt aufzuschreiben und Beweise selbst zu formulieren.

Um auch auf mündliche Prüfungen gut vorzubereiten, schließt jedes Kapitel mit einer Reihe typischer *Prüfungsfragen* ab. Hierbei habe ich versucht, den Ablauf einer mündlichen Prüfung dadurch wiederzugeben, dass jeweils mehrere Fragen aufeinander aufbauen. In einer mündlichen Prüfung werden typischerweise zuerst ein paar einfache, einleitende Fragen zum Thema gestellt. An die Antworten des Prüflings können dann weitere Fragen anknüpfen. Dieser Zyklus wiederholt sich, bis alle relevanten Themen behandelt sind oder die Zeit abgelaufen ist. Dabei werden die Fragen zu einem Thema weniger umfangreich sein als in den *Prüfungsfragen*.

Bei der Auswahl des Stoffs habe ich mich an den Themen orientiert, die an den meisten deutschen Universitäten in einer einsemestrigen Grundvorlesung Theoretische Informatik behandelt werden. Dabei habe ich versucht, die wichtigen Grundzüge der Theorie sowie Themen, die für spätere Vorlesungen im Hauptstudium von Bedeutung sind, ausführlich darzustellen. Dagegen habe ich technische Details sowie Dinge, bei denen der Leser wenig Neues lernt, kurz gehalten. Für manche Aussagen in der Automatentheorie habe ich anstelle eines Beweises lediglich das Beweisprinzip skizziert, da solche Beweise oft sehr technisch sind und die Beweisidee nur noch schwer zu erkennen ist. Abschnitte, die mit $^{(+)}$ gekennzeichnet sind, sind optional. Dies sind Abschnitte, die Themen enthalten, die über den Stoff einer Grundvorlesung hinausgehen, oder solche, die häufig behandelt, jedoch zum Verständnis der grundlegenden Konzepte nicht notwendig sind.

Unter der Adresse www.theoinf.de finden Sie weitere Informationen zum Buch und eine Liste eventueller Korrekturen.

Für Hinweise, Lob und Kritik bedanke ich mich bei meinen Kollegen in Ulm und bei den vielen Studenten, die zur Prüfungsvorbereitung frühe Versionen des Manuskripts gelesen und deren Kommentare ich in allen folgenden Versionen berücksichtigt habe. Weiterhin bedanke ich mich beim Elsevier-Verlag für die erfolgreiche Zusammenarbeit.

Stuttgart, Oktober 2006 *Boris Hollas*

Inhaltsverzeichnis

Vorwort		V
1	**Grundlagen**	**1**
1.1	Beweistechniken	1
	1.1.1 Indirekter Beweis	1
	1.1.2 Beweis durch Widerspruch	2
	1.1.3 Induktion	3
	1.1.4 Diagonalisierung	6
	1.1.5 Häufige Fehler	8
	1.1.6 Wie findet man einen Beweis?	9
1.2	Aussagenlogik	11
1.3	O-Notation und Landau-Symbole	15
1.4	Graphen	17
	1.4.1 Grundbegriffe	18
	1.4.2 Bäume	22
	1.4.3 Graphenisomorphie	25
	1.4.4 Ein Zero-Knowledge-Protokoll[+]	27
	1.4.5 Repräsentation von Graphen	30
	1.4.6 Breitensuche und Tiefensuche	31
	1.4.7 Binäre Relationen[+]	35
1.5	Prüfungsfragen	39
2	**Automaten und formale Sprachen**	**41**
2.1	Sprachen und Mengenoperationen	41
2.2	Grammatiken	44
	2.2.1 Die Chomsky-Hierarchie	44
	2.2.2 Mehrdeutigkeit	49

2.3	Reguläre Sprachen		54
	2.3.1	Endliche Automaten	54
	2.3.2	Verwandte Automatenmodelle$^{(+)}$	64
	2.3.3	Das Pumping-Lemma	65
	2.3.4	Reguläre Ausdrücke	67
	2.3.5	Lexikalische Analyse$^{(+)}$	68
2.4	Kontextfreie Sprachen		74
	2.4.1	Kellerautomaten	74
	2.4.2	Das Wortproblem bei kontextfreien Sprachen	79
	2.4.3	Das Pumping-Lemma für kontextfreie Sprachen$^{(+)}$	83
	2.4.4	Syntaxanalyse$^{(+)}$	85
2.5	Abschlusseigenschaften von Sprachen		91
2.6	Turing-Maschinen		94
	2.6.1	Deterministische und nichtdeterministische Turing-Maschinen	94
	2.6.2	Mehrband-Turing-Maschinen	98
2.7	Prüfungsfragen		100

3 Berechenbarkeit, Entscheidbarkeit und Komplexität 103
3.1	Berechenbarkeit		103
	3.1.1	Turing-Berechenbarkeit und Programmiersprachen	103
	3.1.2	Goto- und While-Programme$^{(+)}$	107
	3.1.3	Loop-Berechenbarkeit	109
3.2	Entscheidbarkeit		113
	3.2.1	Das Halteproblem	113
	3.2.2	Reduzierbarkeit	117
3.3	Komplexitätstheorie		125
	3.3.1	Die Klassen **P** und **NP**	125
	3.3.2	Eine andere Charakterisierung von **NP**	130
	3.3.3	**NP**-Vollständigkeit	131
	3.3.4	Weitere **NP**-vollständige Probleme	140
3.4	Prüfungsfragen		153

4 Lösungen der Aufgaben 155
4.1	Grundlagen		155
	4.1.1	Beweistechniken	155
	4.1.2	Aussagenlogik	156
	4.1.3	O-Notation und Landau-Symbole	157
	4.1.4	Graphen	158
	4.1.5	Prüfungsfragen	160
4.2	Formale Sprachen		162
	4.2.1	Sprachen und Mengenoperationen	162

		4.2.2	Grammatiken	164
		4.2.3	Reguläre Sprachen	166
		4.2.4	Kellerautomaten und kontextfreie Sprachen	173
		4.2.5	Abschlusseigenschaften von Sprachen	179
		4.2.6	Turing-Maschinen	184
		4.2.7	Prüfungsfragen	186
	4.3	Berechenbarkeit, Entscheidbarkeit und Komplexität		188
		4.3.1	Berechenbarkeit	188
		4.3.2	Entscheidbarkeit	191
		4.3.3	Komplexitätstheorie	195
		4.3.4	Prüfungsfragen	199

A Anhang   **203**
    A.1 Übersicht Automaten 203
    A.2 Reguläre Ausdrücke unter Unix 204
    A.3 Notationen............................. 205

Literaturverzeichnis   **207**

Index   **209**

1 Grundlagen

1.1 Beweistechniken

In diesem Abschnitt behandeln wir wichtige Beweistechniken, die in den folgenden Abschnitten oft verwendet werden. Diese Beweistechniken sind eine Art Werkzeugkasten, die Ihnen bei der Lösung einer Aufgabe helfen. Neben einigen grundlegenden Techniken stellen wir das Schubfachprinzip, die strukturelle Induktion und die Diagonalisierung vor.

1.1.1 Indirekter Beweis

Durch einen indirekten Beweis kann man eine Aussage der Form „aus A folgt B" ($A \Rightarrow B$) beweisen, indem man die logisch äquivalente Form „aus nicht B folgt nicht A" ($\neg B \Rightarrow \neg A$) beweist.

Dieses Beweisprinzip führt oft zum Erfolg, wenn sich „nicht B" besser formalisieren lässt als die Aussage A.

Beispiel 1.1.1
Aus a^2 gerade folgt a gerade.

Beweis (indirekt). Wir zeigen: Aus a ungerade folgt a^2 ungerade. Sei also $a = 2n - 1$ für ein $n \in \mathbb{N}$. Dann ist $a^2 = 4(n^2 - n) + 1$ auch ungerade.

Hätten wir hier versucht, die Aussage direkt zu zeigen, dann wären wir mit dem Ansatz „a^2 gerade, also $a^2 = 2n$" zunächst nicht weitergekommen. Denn aus dem eben Bewiesenem folgt, dass für a^2 tatsächlich gilt $a^2 = 4n$. ◁

In Kapitel 3 spielen Aussagen der Form $x \in A \iff f(x) \in B$ eine ganz wesentliche Rolle. Hier ist es meistens sinnvoll, die Richtung „$\Leftarrow$" indirekt zu zeigen. Ein Beispiel dazu erhalten wir mit der eben bewiesenen Aussage:

Beispiel 1.1.2
Sei $2\mathbb{N}$ die Menge aller geraden Zahlen und $f(x) = x^2$. Dann gilt

$$x \in 2\mathbb{N} \iff f(x) \in 2\mathbb{N}$$

Die Richtung „$\Rightarrow$" folgt durch Nachrechnen, die Richtung „$\Leftarrow$" haben wir in Beispiel 1.1.1 indirekt gezeigt. $\triangleleft$

1.1.2 Beweis durch Widerspruch

Der Beweis durch Widerspruch ist ein logischer Spezialfall des indirekten Beweises.

> Beim Beweis durch Widerspruch wird eine Aussage A bewiesen, indem gezeigt wird, dass die Annahme „A ist falsch" zu einem Widerspruch führt.

Diese Technik kann nützlich sein, wenn die Aussage „A ist falsch" eine einfachere Form hat als „A ist wahr". Ein klassisches Beispiel ist

Beispiel 1.1.3
Die Zahl $\sqrt{2}$ ist irrational.[1]

Beweis (durch Widerspruch). Angenommen, $\sqrt{2} \in \mathbb{Q}$. Dann gibt es ganze Zahlen p, q mit $\sqrt{2} = \frac{p}{q}$, die ohne Einschränkung teilerfremd sind (kürzen!). Es folgt $2q^2 = p^2$. Damit ist p^2 gerade und nach Beispiel 1.1.1 auch p. Folglich ist $2q^2$ durch 4 teilbar und aus Beispiel 1.1.1 folgt wieder, dass q gerade ist. Damit sind p, q jeweils durch 2 teilbar, Widerspruch. $\square$

Beispiel 1.1.4
In einer Gruppe aus $n \geq 2$ Personen gibt es mindestens zwei, die die gleiche Anzahl von Personen aus dieser Gruppe kennen.
Wir nehmen dabei an, dass die Relation „kennen" symmetrisch ist.

Beweis (durch Widerspruch). Angenommen, jeder der n Personen kennt eine unterschiedliche Anzahl von Personen aus dieser Gruppe. Dann können wir die Personen so sortieren, dass die erste Person $n-1$ Leute kennt, die zweite Person $n-2$ Leute und die n-tePerson niemanden (jeweils ohne sich selbst). Dies ist ein Widerspruch, da die erste Person die n-te Person kennt. $\square$

---

[1] Zuerst bewiesen durch Hippasos von Metapond in geometrischer Form. Damit widersprach er der Überzeugung der Pythagoreer, einer von Pythagoras gegründeten pseudo-religiösen Sekte, und soll zur Strafe während einer Schifffahrt über Bord geworfen worden sein. Dennoch konnten die Pythagoreer nicht verhindern, dass diese Tatsache an die Öffentlichkeit gelang.

1.1 Beweistechniken

In diesem Beispiel ist auch ein direkter Beweis möglich, indem wir das Schubfachprinzip verwenden. Das *Schubfachprinzip* besagt: Wenn $m > n$ Gegenstände auf n Fächer verteilt werden, gibt es mindestens ein Fach, in dem zwei Gegenstände liegen.

Beispiel 1.1.4 (Fortsetzung)
Wir beweisen die Aussage direkt:

- 1. Fall: Es gibt eine Person, die alle anderen kennt. Dann kennt jede der n Personen $1 \leq k \leq n-1$ Personen aus dieser Gruppe. Folglich gibt es zwei, die die gleiche Anzahl von Personen kennen (Schubfachprinzip). Hier haben wir $n-1$ Schubfächer und n „Gegenstände".

- 2. Fall: Es gibt eine Person, die niemanden kennt. Dieser Fall folgt aus dem 1. Fall, indem wir „kennen" durch „nicht kennen" ersetzen. ◁

Auch in einem Beweis durch Widerspruch ist es manchmal sinnvoll, für die Annahme „A ist falsch" eine Fallunterscheidung zu treffen und die Fälle einzeln zum Widerspruch zu führen. Dabei muss die Annahme „A ist falsch" so lange verwendet werden, bis sie in jedem einzelnen Fall widerlegt ist. Ein Beweis durch Widerspruch hat dann die Form
„Angenommen, A ist falsch. Dann gibt es folgende Möglichkeiten:
1. Fall: ..., Widerspruch.
2. Fall: ..., Widerspruch.
...
Da sich in jedem Fall ein Widerspruch ergibt, gilt A."

1.1.3 Induktion

Eine der wichtigsten Beweistechniken in der Theoretischen Informatik ist die *vollständige Induktion*, kurz Induktion. Aussagen der Form „für jedes $n \in \mathbb{N}$ gilt ..." lassen sich oft durch Induktion beweisen. Ein Induktionsbeweis besteht aus zwei Teilen:

- *Induktionsanfang*: Die Behauptung wird für $n = 1$ gezeigt.

  Dies ist meistens der einfache Teil. Falls die Behauptung erst für $n = 2$ oder ein größeres n gilt, fängt man bei diesem n an.

- *Induktionsschritt*: Es wird gezeigt: Wenn die Behauptung für $n \in \mathbb{N}$ gilt, dann gilt sie auch für $n + 1$.

  Die Prämisse „Wenn die Behauptung für $n \in \mathbb{N}$ gilt", heißt *Induktionsvoraussetzung* oder *-hypothese*.

Wenn beide Teile bewiesen sind, folgt die Gültigkeit der Behauptung für alle $n \in \mathbb{N}$. Anschaulich leuchtet dies sofort ein, denn wenn die Behauptung für $n=1$ gilt (Induktionsanfang), folgt mit dem Induktionsschritt die Gültigkeit für $n=2$, wieder mit dem Induktionsschritt die Gültigkeit für $n=3$ und so weiter.

Beispiel 1.1.5
Für alle $n \in \mathbb{N}$ gilt
$$\sum_{k=1}^{n} k = \frac{n(n+1)}{2}$$

Beweis (Induktion nach n).

- $n=1$: Es gilt $1 = 1 \cdot 2/2$.

- $n \to n+1$: Wenn die Behauptung für n gilt, folgt mit einer einfachen Rechnung
$$\sum_{k=1}^{n+1} k = \frac{n(n+1)}{2} + n + 1 = \frac{(n+1)(n+2)}{2}$$
□

Hierbei wird in der ersten Gleichheit die Induktionsvoraussetzung benutzt. ◁

Die formale Struktur einer vollständigen Induktion ist folgende:

Sei $A(n)$ eine Aussage über die natürlichen Zahlen mit den Eigenschaften

(i) $A(1)$ gilt.

(ii) Wenn $A(n)$ gilt, dann auch $A(n+1)$.

Dann gilt $A(n)$ für alle $n \in \mathbb{N}$.

Hier ist „Wenn $A(n)$ gilt" wieder die Induktionsvoraussetzung. Um (ii) zu beweisen, wird oft $A(n)$ als wahr angenommen, um damit $A(n+1)$ zu zeigen. Dies drückt sich aus in Formulierungen wie „Nach Induktionsvoraussetzung gilt $A(n)$. Daraus folgt ..." oder „Es gelte $A(n)$". Insbesondere wenn $A(n)$ selbst eine Folgerung ist, vermeidet man dadurch umständliche Formulierungen. Hierbei darf man nicht vergessen, dass man die *Folgerung* (ii) zeigt („Wenn ... dann") und nicht „Sei $A(n)$ wahr für alle n. Dann gilt $A(n+1)$", denn dies wäre ein wertloser Kreisbeweis.

Manchmal ist es nützlich, im Induktionsschritt anstelle von (ii) die Folgerung

(ii') Wenn $A(m)$ für alle $m \leq n$ gilt, dann gilt $A(m)$ auch für alle $m \leq n+1$

1.1 Beweistechniken

zu zeigen. Diese Variante ist eine Folgerung aus der vollständigen Induktion.

Eine Verallgemeinerung der vollständigen Induktion ist die strukturelle Induktion. Damit können Behauptungen für eine induktiv definierte Menge bewiesen werden.

Eine *induktive Definition* einer Menge M besteht aus zwei Teilen: Zuerst werden Elemente definiert, die von keinen anderen Elementen aus M abhängen. Danach wird definiert, wie mit Elementen aus M weitere Elemente erzeugt werden.

Beispiel 1.1.6
Die Menge $\mathbb{N}$ der natürlichen Zahlen ist induktiv definiert. Eine vereinfachte Definition ist:

- Es gilt $1 \in \mathbb{N}$
- Für $n \in \mathbb{N}$ ist auch $n+1 \in \mathbb{N}$

Damit ist 1 das Element, das von keinen anderen Elementen in $\mathbb{N}$ abhängt, während die Elemente $n > 1$ aus $n-1$ erzeugt werden.
In den Peano-Axiomen der natürlichen Zahlen wird „+1" anders formuliert, was für unsere Zwecke jedoch unwesentlich ist.
Eine interessante, ähnliche Konstruktion ist

- $\emptyset \in N_0$
- Für $n \in N_0$ ist auch $\{n\} \in N_0$ ◁

Ein weiteres Beispiel sind die Formeln der Aussagenlogik (Abschnitt 1.2). Um im zweiten Schritt neue Elemente zu erzeugen, kann mehr als ein Operator verwendet werden.

Beispiel 1.1.7
Wir definieren induktiv die Menge $\mathbb{B}[x]$ der Polynome mit Koeffizienten aus $\{0,1\}$.

- Die Elemente $0,1$ liegen in $\mathbb{B}[x]$.
- Wenn f,g Elemente aus $\mathbb{B}[x]$ sind, dann auch xf und $f+g$. ◁

Eine induktive Definition einer Menge M hat die folgende formale Struktur:

Sei X eine Menge und Y eine Menge von Operatoren. M ist definiert durch

- Jedes $x \in X$ ist ein Element von M.
- Für jeden k-stelligen Operator $f \in Y$ und Elemente $x_1, \ldots, x_k \in M$ ist $f(x_1, \ldots, x_k)$ ein Element von M.

Die Menge X ist die Grundmenge, aus deren Elementen die Operatoren aus Y alle weiteren Elemente erzeugen. Mit der induktiven Definition der natürlichen Zahlen in Beispiel 1.1.6 besteht die Grundmenge aus der Zahl 1, der einzige Operator ist $f(n) = n+1$. Auch die Formeln der Aussagenlogik (1.2) sind induktiv definiert, ebenso lassen sich kontextfreie Grammatiken (2.2) als induktiv definiert auffassen.

Entsprechend aufgebaut ist ein Beweis durch *strukturelle Induktion* für eine induktiv definierte Menge M:

- *Induktionsanfang*: Die Behauptung wird für die Elemente der Grundmenge X gezeigt.

- *Induktionsschritt*: Für jeden k-stelligen Operator $f \in Y$ wird gezeigt: Wenn die Behauptung für $x_1, \ldots, x_k \in M$ gilt, dann gilt sie auch für $f(x_1, \ldots, x_k)$.

Die vollständige Induktion ist damit ein Spezialfall der strukturellen Induktion, wobei im Induktionsschritt nur ein Operator verwendet wird. Ein Beispiel für eine strukturelle Induktion mit mehr als einem Operator erhalten wir mit der oben definierten Menge $\mathbb{B}[x]$ von Polynomen:

Beispiel 1.1.8
Wir zeigen: Für alle $f, g \in \mathbb{B}[x]$ gilt $f \circ g \in \mathbb{B}[x]$.
Die Verkettung zweier Polynome f, g ist die Funktion $f \circ g : x \mapsto f(g(x))$.

Beweis (strukturelle Induktion). Wir induzieren über den Aufbau von f.

- Für $f \equiv 0$ und alle g gilt $f \circ g \equiv 0 \in \mathbb{B}[x]$. Entsprechend für $f \equiv 1$.

- Gelte die Behauptung für $f_1, f_2, g \in \mathbb{B}[x]$. Daraus folgt $(xf_1) \circ g = x(f_1 \circ g) \in \mathbb{B}[x]$. Entsprechend folgt $(f_1 + f_2) \circ g = f_1 \circ g + f_2 \circ g \in \mathbb{B}[x]$. □

1.1.4 Diagonalisierung

Diagonalisierung ist ein elegantes und mächtiges Beweisprinzip, mit dem sich Aussagen über Abzählbarkeit beweisen lassen.

Eine Menge M heißt *abzählbar*, wenn es eine Bijektion $f : \mathbb{N} \to M$ gibt, was gleichbedeutend damit ist, dass sich M darstellen lässt in der Form $M = \{f(1), f(2), f(3), \ldots\}$ – daher der Name „abzählbar". Eine Menge N heißt *höchstens abzählbar*, wenn sie endlich oder abzählbar ist. In diesem Fall ist $N = \{g(1), g(2), g(3), \ldots\}$ für eine beliebige Funktion $g : \mathbb{N} \to N$. Eine Menge heißt *überabzählbar*, wenn sie nicht höchstens abzählbar ist.

1.1 Beweistechniken

$(a_n^{(1)})$	**0**	0	1	1	0	1	1	1	0	0	$\cdots$
$(a_n^{(2)})$	1	**1**	1	0	0	1	1	1	0	1	$\cdots$
$(a_n^{(3)})$	1	0	**1**	0	0	1	0	1	1	0	$\cdots$
$(a_n^{(4)})$	0	1	0	**0**	0	1	0	0	1	1	$\cdots$
$(a_n^{(5)})$	0	0	0	1	**1**	0	1	1	1	0	$\cdots$
$\vdots$	$\vdots$	$\vdots$	$\vdots$	$\vdots$	$\vdots$	$\vdots$	$\vdots$	$\vdots$	$\vdots$	$\vdots$	$\ddots$
(d_n)	1	0	0	1	0	$\cdots$					

Abb. 1.1 Konstruktion der Folge (d_n)

Beispiel 1.1.9
Die Menge M aller Folgen (a_n) mit $a_n \in \{0, 1\}$ ist überabzählbar.

Beweis. Angenommen, M ist höchstens abzählbar. Damit sind zwei Fälle zu betrachten:

- M ist endlich. Das ist nicht möglich, denn für jedes $k \in \mathbb{N}$ können wir die Folge (a_n) mit $a_n = \begin{cases} 1 & n = k \\ 0 & n \neq k \end{cases}$ konstruieren.

- M ist abzählbar. Wir betrachten eine Abzählung $M = \{(a_n^{(1)}), (a_n^{(2)}), (a_n^{(3)}), \ldots\}$ und schreiben diese Folgen untereinander. Nun konstruieren wir eine neue Folge (d_n) mit
$$d_n = \begin{cases} 0 & a_n^{(n)} = 1 \\ 1 & a_n^{(n)} = 0 \end{cases}$$
(Abbildung 1.1). Diese Folge ist dann nicht in M enthalten, denn für alle n ist $d_n \neq a_n^{(n)}$, Widerspruch.

Diagonalisierung kann man auch verwenden, um zu zeigen, dass eine Menge höchstens abzählbar ist:

Satz 1.1.1
Eine abzählbare Vereinigung höchstens abzählbarer Mengen ist abzählbar.

Beweis. Da wir abzählbar viele höchstens abzählbare Mengen vereinigen, können wir diese untereinander schreiben wie in Abbildung 1.2 dargestellt. Jetzt

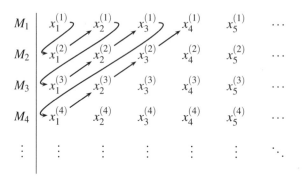

Abb. 1.2 Abzählbare Vereinigung höchstens abzählbarer Mengen

durchlaufen wir, beginnend mit der linken oberen Ecke, alle Elemente $x_n^{(k)}$ entlang der Diagonalen, auf denen $n+k$ konstant ist und vereinigen diese Elemente in einer Menge M:

$$M = \{x_1^{(1)}, x_1^{(2)}, x_2^{(1)}, x_1^{(3)}, x_2^{(2)}, x_3^{(1)}, x_1^{(4)}, x_2^{(3)}, x_3^{(2)}, x_4^{(1)}, \ldots\}$$

Auf diese Weise werden alle Elemente erfasst, so dass M die Vereinigung aller Mengen M_k ($k \in \mathbb{N}$) ist, und M ist höchstens abzählbar. □

1.1.5 Häufige Fehler

Fehler, die in Übungsaufgaben oder Klausuren öfter gemacht werden, sind:

- *Verwenden unbewiesener Annahmen*: Im Beweis wird ohne Weiteres eine Annahme gemacht, mit der der Beweis zu Ende geführt wird. Dieser Fehler wird sehr häufig gemacht, was daran liegt, dass eine unbewiesene Annahme plausibel erscheinen kann und damit als solche gar nicht erkannt wird. Zum Beispiel mag folgende Annahme überzeugend wirken: „Ein Programm, das alle (unendlich viele) Loop-Programme simuliert, müsste unendlich lang sein" – woraus geschlossen wird, dass ein solches Programm nicht existiert. Wir werden in Abschnitt 3.1.3 aber sehen, dass dies doch möglich ist mit einem Programm endlicher Länge. Häufig ist die Annahme auch eine Einschränkung, so dass nur ein Spezialfall gezeigt wird. Sie vermeiden diesen Fehler, wenn Sie sich bei jedem Beweisschritt fragen „Ist das eine logische Folgerung aus dem, was bereits bekannt oder bewiesen ist? Oder kann ich mir nur nicht vorstellen, dass es eine andere Möglichkeit gibt?"

1.1 Beweistechniken

- *Verwechseln von* $\Rightarrow, \Leftarrow, \Leftrightarrow$: Wenn eine logische Äquivalenz ($A \Leftrightarrow B$, in Worten: A gilt genau dann, wenn B gilt) bewiesen werden soll, müssen beide Richtungen ($A \Rightarrow B$ und $B \Rightarrow A$) gezeigt werden. Oft wird übersehen, dass eine Äquivalenz zu zeigen ist und nur eine Richtung bewiesen. Achten Sie in der Aufgabenstellung auf Formulierungen wie „genau" oder „genau dann, wenn", aber auch „charakteristisch": Die Schreibweise „$f(x)$ ist *charakteristisch* für x" bedeutet, dass f injektiv ist, das heißt $f(x) = f(y) \iff x = y$ gilt.

    Ein ähnlicher Fehler wird gemacht, wenn die Gleichheit von Mengen bewiesen werden soll. Allgemein wird $A = B$ bewiesen, indem $A \subseteq B$ und $B \subseteq A$ gezeigt wird. Zu zeigen ist also

    1. $x \in A \Rightarrow x \in B$
    2. $x \in B \Rightarrow x \in A$

    Nur in einfachen Fällen schreibt man nicht beide Inklusionen getrennt auf. Ein Beispiel ist $\{n^2 \mid n \text{ gerade}\} = \{4n^2 \mid n \in \mathbb{N}\}$. Trotzdem muss man sich auch dann vergewissern, dass die erste Menge in der zweiten und umgekehrt enthalten ist.

- *Kreisbeweis*: Im Beweis wird die zu beweisende Behauptung benutzt. Dies darf nicht verwechselt werden mit der Benutzung der Induktionsvoraussetzung im Induktionsbeweis. Wie in Abschnitt 1.1.3 dargelegt, wird im Induktionsschritt eine Folgerung bewiesen, nicht aber die zu beweisende Behauptung als für alle $n \in \mathbb{N}$ gültig angenommen.

Viele Fehler entstehen auch dadurch, dass die Aufgabenstellung nicht richtig verstanden wird. Lesen Sie die Aufgabenstellung sehr genau und fragen Sie bei Unklarheiten den Übungsleiter.

1.1.6 Wie findet man einen Beweis?

Sie werden es geahnt haben: Ein Patentrezept gibt es nicht. Es gibt Beweise, die immer nach dem gleichen Schema geführt werden wie Pumping-Lemma Beweise, und Beweise, die jedes Mal eine andere Idee verlangen. Selbst Mathematiker, die höchste akademische Weihen empfangen haben, grübeln Wochen oder länger an Vermutungen. Wenn eine Vermutung dann bewiesen ist, wird der Beweis auf seine wesentlichen Bestandteile hin abgeklopft, mehrfach umgestaltet, vereinfacht und gegebenenfalls verallgemeinert. Das ist der Grund, warum manche Beweise aussehen wie vom Himmel gefallen und die ursprüngliche Beweisidee nicht mehr zu erkennen ist.

Viele Aussagen in der Theoretischen Informatik sind Aussagen über abzählbare Mengen. Solche Aussagen können oft durch Induktion bewiesen werden. Bei einer Behauptung der Art „für alle $n \in \mathbb{N}$ gilt" ist eine Induktion nach n sehr nahe liegend, in anderen Fällen müssen Sie sich überlegen, welche Größen für eine Induktion in Frage kommen – manchmal gibt es mehrere.

Wenn Sie bei einem Beweis nicht weiterkommen, versuchen Sie Spezialfälle zu zeigen. Zum Beispiel können Sie die Behauptung für $n = 1, 2, 3$ durchrechnen und bekommen dabei eine Idee, wie die Aussage durch Induktion bewiesen werden kann. Oder Sie vereinfachen die Aussage und beweisen diese oder setzen eine beliebige Menge $\Sigma \neq \emptyset$ auf $\Sigma = \{a, b\}$.

Manchmal hilft es, eine zusätzliche Annahme zu machen. Wenn Sie damit den Beweis zu Ende bringen können, untersuchen Sie, ob Sie den Beweis auch mit einer schwächeren Annahme hätten führen können und versuchen Sie, diese zu beweisen. Dieses Vorgehen kann natürlich daran scheitern, dass die Annahme falsch ist – es irrt der Mensch, solang' er strebt.

Wenn Sie selber forschen, müssen Sie Vermutungen finden und versuchen, daraus eine wahre Aussage zu machen. Das ist schwieriger, als Aussagen zu beweisen, die der Übungsleiter bereits verifiziert hat. Bei Aufgaben der Art „Zeigen oder widerlegen Sie" müssen Sie in beide Richtungen denken. Untersuchen Sie erst die trivialen Fälle, oft lässt sich eine Behauptung damit schon widerlegen. Schauen Sie sich dann einige einfache Spezialfälle und Folgerungen aus der Behauptung an. Wenn sich die Behauptung auch damit nicht widerlegen lässt, versuchen Sie, die Behauptung zu beweisen.

Bei schwierigen Aufgaben hilft es oft, diese einen Tag liegen zu lassen anstatt weitere Stunden darüber nachzudenken. Wichtig ist aber, dass sich schon intensiv mit der Aufgabe befasst haben.

Beweise müssen außerdem nicht konstruktiv sein. Um die Aussage „es gibt ein X" zu beweisen, können Sie ein entsprechendes X angeben (*konstruktiver Beweis*), müssen es aber nicht. Nur die Existenz zu zeigen kann einfacher sein.

Ganz wichtig ist in jedem Fall, dass Sie die Aufgabenstellung genau lesen und richtig verstehen, um die oben angesprochenen Fehler zu vermeiden.

....

Aufgabe 1.1.1⁻
Oberhuber behauptet: Für alle $n \in \mathbb{N}$ besteht $M = \{1, \ldots, n\}$ nur aus ungeraden Zahlen.

Beweis (Induktion nach n).

- $n = 1$: Dann ist $M = \{1\}$ und damit die Behauptung richtig.

- $n \to n+1$: Wähle ein $x \in M$ mit x ungerade. Dann enthält $M - \{x\}$ nach Induktionsvoraussetzung nur ungerade Zahlen, also auch M.

Finden Sie den Fehler in diesem Beweis!

Aufgabe 1.1.2⁻
Finden Sie den Fehler in folgendem Beweis!:
Alle Bayern wählen dieselbe Partei.

Beweis. Wir induzieren nach der Mächtigkeit n von Teilmengen von Bayern.

- $n = 1$: In einer Menge aus einem Bayer wählen alle dieselbe Partei.

- $n \to n+1$: Sei $M = \{b_1, \ldots, b_{n+1}\}$ eine Menge von Bayern. Nach Induktionsvoraussetzung wählen in $M_1 = \{b_1, \ldots, b_n\}$ und $M_2 = \{b_2, \ldots, b_{n+1}\}$ alle Bayern jeweils dieselbe Partei. Die Bayern in $M_1 \cap M_2$ wählen dieselbe Partei wie b_1 und b_2, also wählen b_1 und b_2 gleich und wegen $M = M_1 \cup M_2$ auch alle Bayern in M.

Aufgabe 1.1.3⁻
Definieren Sie eine sinnvolle Addition auf der Menge N_0 aus Beispiel 1.1.6.

Aufgabe 1.1.4⁻⁻
Das Hotel Hilbert hat unendlich viele Zimmer. Jetzt kommt mitten in der Hochsaison, wo alle Zimmer belegt sind, ein Bus mit unendlich vielen Touristen an. Wie kann man sie alle unterbringen?

Aufgabe 1.1.5⁻⁻
Sei M höchstens abzählbar und $A \subseteq M$. Zeigen Sie, dass A höchstens abzählbar ist.

Aufgabe 1.1.6⁻
Zeigen Sie, dass $\mathbb{R}$ überabzählbar ist.

Aufgabe 1.1.7°
Sei A eine abzählbare Menge. Wie viele Bijektionen von A auf $\mathbb{N}$ gibt es?

1.2 Aussagenlogik

Das Thema Logik behandeln wir hier nur kurz, da eine umfassende Darstellung genügend Stoff für ein eigenes Buch bietet. Wir brauchen Formeln der Aussagenlogik in Abschnitt 3.3.
Die Formeln der Aussagenlogik lassen sich auffassen als besondere Boole'sche Formeln, wobei das Interesse Fragen gilt wie: Welche Formeln sind immer wahr, welche sind nur manchmal wahr?

Die *Formeln der Aussagenlogik* sind induktiv definiert:

- Die Konstanten 0,1 und jede Aussagenvariable sind Formeln der Aussagenlogik (*Atomformeln*).

- Wenn F, G Formeln der Aussagenlogik sind, dann auch $F \wedge G, F \vee G, \neg F$.

Anstelle von $\neg A$ schreiben wir auch $\bar{A}$. Die Konstanten 0,1 werden auch mit $\bot, \top$ bezeichnet.

Die Atomformeln sind damit die kleinsten, nicht weiter zerlegbaren Bestandteile einer Formel. Um eine Behauptung über Formeln der Aussagenlogik zu beweisen, ist es oft sinnvoll, eine strukturelle Induktion zu führen (Abschnitt 1.1.3). Dabei zeigt man die Behauptung zuerst für die Atomformeln, dann für die daraus aufgebauten Formeln.

Eine Aussagenvariable (kurz Variable) kann man interpretieren als eine Tatsache, die entweder wahr oder falsch ist. Zum Beispiel kann die Variable A stehen für „Behauptung xy gilt" oder für „am Eingang liegt Spannung an". Ob eine Variable wahr ist oder falsch, hängt von der Belegung ab. Wir interessieren uns dafür, wie sich aus den Wahrheitswerten der Variablen der Wahrheitswert der Formel ergibt.

Eine *Belegung* einer Formel F der Aussagenlogik ist eine Zuordnung von Wahrheitswerten „wahr" oder „falsch" zu den Variablen in F. Daraus ergibt sich der *Wahrheitswert* einer Formel, der ebenfalls induktiv definiert ist:

- Eine Variable ist wahr, wenn sie mit wahr belegt ist. Die Konstante 1 ist wahr, 0 ist falsch.

- Die Formel $F \wedge G$ ist wahr, wenn F wahr ist und G wahr ist. $F \vee G$ ist wahr, wenn F wahr ist oder G wahr ist. $\neg F$ ist wahr, wenn F falsch ist.

Eine Formel F heißt *erfüllbar*, wenn es eine Belegung gibt, so dass F wahr ist.

Da es für eine Formel nur endlich viele Belegungen gibt, lässt sich in endlich vielen Schritten entscheiden, ob eine Formel erfüllbar ist.

Beispiel 1.2.1
Sei $F_1 = \neg(x \wedge y)$ eine Formel und x werde mit falsch belegt. Dann ist $x \wedge y$ falsch, F_1 wahr und damit F_1 erfüllbar.
Dagegen ist die Formel $F_2 = ((\neg x \wedge y) \vee (x \wedge \neg y)) \wedge \neg(x \vee y)$ unerfüllbar. ◁

1.2 Aussagenlogik

Eine Formel F heißt *Tautologie* oder *gültig*, wenn F für jede Belegung wahr ist.

Beispiel 1.2.1 (Fortsetzung)
Die Formel F_1 ist erfüllbar, aber keine Tautologie. $\neg F_2$ ist eine Tautologie, da F_2 für jede Belegung falsch ist. ◁

Aus der Definition folgt:

Lemma 1.2.1
F ist eine Tautologie genau dann, wenn $\neg F$ unerfüllbar ist.

Lemma 1.2.1 spielt eine wichtige Rolle für die Beweistechnik *Resolution*. Dabei wird die Gültigkeit einer Aussage, zum Beispiel einer Folgerung, bewiesen, indem gezeigt wird, dass die Negation unerfüllbar ist. Dazu wird nach Paaren der Form $A, \neg A$ gesucht. Dieses Verfahren kann von einem Computer ausgeführt werden, so dass Aussagen, die sich als Formel der Aussagenlogik darstellen lassen, automatisch bewiesen werden können. Einzelheiten sind in [1] dargestellt.

Zwei strukturell unterschiedliche Formeln können unter jeder Belegung jeweils gleiche Wahrheitswerte besitzen. In diesem Fall sind die Formeln äquivalent.

Wir schreiben $F \equiv G$ (F ist *äquivalent* zu G), wenn für jede Belegung gilt: F ist wahr genau dann, wenn G wahr ist.

Mit den Bezeichnungen

$$F \to G = \neg F \vee G$$
$$F \leftrightarrow G = F \to G \wedge G \to F$$

die wir *Folgerung* und *Äquivalenz* nennen, gilt

Lemma 1.2.2
Es gilt $F \equiv G$ genau dann, wenn $F \leftrightarrow G$ eine Tautologie ist.

Damit können wir die folgenden Rechenregeln für Formeln der Aussagenlogik formulieren:

$$x \vee (y \vee z) \equiv (x \vee y) \vee z \quad \text{(Assoziativgesetze)}$$
$$x \wedge (y \wedge z) \equiv (x \wedge y) \wedge z$$
$$x \vee y \equiv y \vee x \quad \text{(Kommutativgesetze)}$$
$$x \wedge y \equiv y \wedge x$$
$$x \vee (y \wedge z) \equiv (x \vee y) \wedge (x \vee z) \quad \text{(Distributivgesetze)}$$
$$x \wedge (y \vee z) \equiv (x \wedge y) \vee (x \wedge z)$$
$$\neg(x \vee y) \equiv \neg x \wedge \neg y \quad \text{(Regeln von de Morgan)}$$
$$\neg(x \wedge y) \equiv \neg x \vee \neg y$$
$$\neg\neg x \equiv x$$

Anstelle von $F \equiv G$ schreiben wir auch $F \Leftrightarrow G$, und wir schreiben $F \Rightarrow G$, wenn $F \to G$ eine Tautologie ist.

Beispiel 1.2.2
Es gilt $F \to G = \neg F \vee G \equiv \neg G \to \neg F$. Insbesondere folgt:

$$F \Rightarrow G \text{ genau dann, wenn } \neg G \Rightarrow \neg F$$

Dies ist die aussagenlogische Formulierung des Prinzips eines indirekten Beweises (Abschnitt 1.1.1). F ist die Aussage, die als gültig bekannt ist und G die Aussage, die bewiesen werden soll. ◁

Beispiel 1.2.3
Es gilt $\neg F \to 0 \equiv F$. Insbesondere folgt:

$$\neg F \Rightarrow 0 \text{ genau dann, wenn } F \text{ gültig.}$$

Dies ist die aussagenlogische Formulierung des Prinzips eines Beweises durch Widerspruch (Abschnitt 1.1.2). F wird als falsch angenommen, es folgt eine ungültige Aussage (ein Widerspruch), und damit ist F bewiesen. ◁

Die Aussagekraft der Aussagenlogik ist jedoch begrenzt. So lässt sich eine Aussage wie „es gibt ein e, so dass es für alle x ein x' gibt mit $xx' = e$" (Existenz eines Einselements und inverser Elemente in einer multiplikativen Gruppe) nicht durch eine Formel der Aussagenlogik darstellen. Aussagen dieser Art lassen sich in der Prädikatenlogik formulieren [1].

1.3 O-Notation und Landau-Symbole

Aufgabe 1.2.1⁻⁻
Formulieren Sie „Wenn es regnet, aber kein Glatteis liegt, dann fahre ich entweder mit dem Auto oder nehme den Bus" durch eine aussagenlogische Formel.

Aufgabe 1.2.2°
Zeigen Sie: Eine Formel F der Aussagenlogik ist erfüllbar, wenn F keine Negation (kein $\neg$) und keine Konstante 0 enthält.

Aufgabe 1.2.3°
Zeigen Sie: Für jede Formel der Aussagenlogik gibt es eine äquivalente Formel, in der Negationen nur unmittelbar vor Variablen vorkommen.

1.3 O-Notation und Landau-Symbole

Die Laufzeit eines Programms kann man messen durch die verbrauchte Zeit oder die Anzahl CPU-Zyklen, ebenso den maximal belegten Speicher. Diese Maße sind für einen Algorithmus nicht sinnvoll, denn ein Algorithmus ist ein abstraktes Programm, das mit verschiedenen Compilern auf unterschiedlichen Systemen konkret implementiert werden kann. Wir brauchen ein Komplexitätsmaß, das keine Unterscheidung trifft, ob ein Feldzugriff 130 oder 88 Zyklen dauert und ob für jeden Eintrag 16, 32 oder 64 Bit reserviert werden. Außerdem wollen wir die Laufzeit durch einfach zu handhabende Formeln angeben, zum Beispiel „für eine Eingabe der Länge n ist die Laufzeit in der Größenordnung von $n^2 \log n$" anstelle von $(3n^2 + 6n + 9)\log(1 + 2n)$. Ferner muss die Laufzeit eines Algorithmus für eine Eingabe fester Länge auch nicht konstant sein, zum Beispiel ist Quicksort am langsamsten für bereits sortierte Eingaben.

Mit der O-Notation lassen sich obere Schranken für die Laufzeit eines Algorithmus oder allgemein für Funktionen[2] angeben:

Für eine Funktion $f : \mathbb{N} \to [0, \infty)$ ist $O(f)$ die Menge aller Funktionen $g : \mathbb{N} \to [0, \infty)$ mit $g(n) \leq cf(n)$ für eine Konstante $c > 0$ und alle hinreichend großen $n \in \mathbb{N}$.

Durch die Formulierung „hinreichend groß" wird erreicht, dass endlich viele Werte, für die $g(n) \leq cf(n)$ nicht gilt, ausgeschlossen werden können.

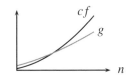

---

[2] Die Definition kann erweitert werden auf Funktionen, die nicht auf ganz $\mathbb{N}$ definiert sind, zum Beispiel $\log \log n$, sowie auf Funktionen von $\mathbb{R}$ nach $\mathbb{R}$.

Beispiel 1.3.1
Für das Beispiel von oben gilt $(3n^2+6n+9)\log(1+2n) \in O(n^2\log n)$, da

$$(3n^2+6n+9)\log(1+2n) \leq 18n^2\log(3n)$$
$$\leq 18n^2 \cdot \log n^2$$
$$= 36n^2\log n$$

für $n \geq 3$ gilt. Hier ist 3 bereits „hinreichend groß". ◁

Beispiel 1.3.2
Es gilt
$$\frac{n(n+1)}{2} \in O(n^2)$$

da $\frac{n(n+1)}{2} \leq \frac{n^2+n^2}{2} = n^2$ für alle n. Ebenso gilt $\frac{n(n+1)}{2} \in O(n^3)$ oder $\frac{n(n+1)}{2} \in O(\frac{1}{2}n^2)$, wir wollen aber immer eine möglichst gute und einfache Abschätzung angeben. ◁

Beispiel 1.3.3
Ein Algorithmus durchsuche eine Liste der Länge n nach der ersten Null. Dazu muss er höchstens n-mal auf die Liste zugreifen. Die Laufzeit liegt in $O(n)$. ◁

Oft wird die *Menge* $O(f)$ identifiziert mit einem Element dieser Menge. In diesem Sinne ist $O(f)$ eine *Funktion* g mit $g(n) \leq cf(n)$ für ein $c > 0$ und alle hinreichend großen n.

Beispiel 1.3.4
Mit dieser Definition können wir schreiben

$$\frac{n(n+1)}{2} = O(n^2)$$

und

$$\frac{n(n+1)}{2} = \frac{1}{2}n^2 + O(n)$$

◁

Für die O-Notation gelten folgende einfache Rechenregeln:

$$O(f) + O(g) = O(f+g) \tag{1.1}$$
$$c\,O(f) = O(f) \tag{1.2}$$
$$O(f)O(g) = O(fg) \tag{1.3}$$

Wenn wir dagegen an einer *unteren* Schranke interessiert sind, verwenden wir die Ω-*Notation*.

1.4 Graphen

Für eine Funktion $f : \mathbb{N} \to [0,\infty)$ ist $\Omega(f)$ die Menge aller Funktionen $g : \mathbb{N} \to [0,\infty)$ mit $g(n) \geq cf(n)$ für eine Konstante $c > 0$ und alle hinreichend großen $n \in \mathbb{N}$.

Die Θ-*Notation* dient schließlich dazu, gleichzeitig eine *obere und untere* Schranke anzugeben. Damit lässt sich, bis auf konstante Faktoren, das genaue Wachstum einer Funktion angeben.

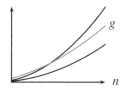

$$\Theta(f) = O(f) \cap \Omega(f)$$

Beispiel 1.3.5
Für die Funktion aus Beispiel 1.3.1 gilt außerdem

$$(3n^2 + 6n + 9)\log(1+2n) \geq n^2 \log n$$

für alle n und damit $(3n^2 + 6n + 9)\log(1+2n) \in \Theta(n^2 \log n)$. ◁

Es gibt noch weitere Landau-Symbole (o, ω), die jedoch weniger häufig gebraucht werden.

....

Aufgabe 1.3.1°
Schätzen Sie die folgenden Funktionen in $n \in \mathbb{N}$ mit der O-Notation ab:

a) $(n+1)^k$

b) $\binom{2n}{k}$

c) $\log(n(n+1))$

d) $O(f)^2$

Aufgabe 1.3.2⁻⁻
Sei $g(n) > 0$ für alle n. Gilt dann $O(f)/O(g) = O(f/g)$?

1.4 Graphen

Graphen werden in weiten Bereichen der theoretischen und angewandten Informatik zur Modellierung und als Datenstruktur verwendet. Wir brauchen Begriffe und Ergebnisse aus der Graphentheorie in den Abschnitten 2.4, 2.6 und 3.3.

Sie können diesen Abschnitt beim ersten Lesen überspringen und später hierher zurückkehren. Viele der hier behandelten Themen sind jedoch auch für weiterführende Vorlesungen wichtig. Auf das Graphenisomorphie-Problem gehen wir ausführlicher ein, da dieses interessante Anwendungen besitzt.

1.4.1 Grundbegriffe

In diesem Abschnitt werden viele neue Begriffe vorgestellt, die durch die Beispiele aber schnell klar werden sollten. Den wichtigsten Begriff beschreiben wir erst informal:
Ein Graph besteht aus Knoten, von denen je zwei durch eine Kante verbunden sein können.

Beispiel 1.4.1
Im Graphen G mit den Knoten 1, 2, 3, 4, 5, 6 sind alle Paare von teilerfremden Knoten durch eine Kante verbunden.

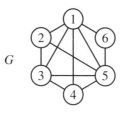

◁

Formal ist ein *(ungerichteter) Graph* $G = (V, E)$ definiert durch

- die endliche Menge der *Knoten* V,

- der Menge der *Kanten* E, die aus ungeordneten Paaren $\{u, v\}$ von Knoten besteht.

Falls die Knotenmenge V abzählbar unendlich ist, heißt G *unendlicher Graph*. Unendliche Graphen werden in diesem Abschnitt nicht behandelt.
Wegen $\{u, v\} = \{v, u\}$ können die Kanten keine Richtung haben, daher der Name ungerichteter Graph. Ungerichtete Graphen werden verwendet, um symmetrische Beziehungen zu beschreiben.

Beispiel 1.4.1 (Fortsetzung)
Der Graph aus Beispiel 1.4.1 ist formal beschrieben durch $G = (V, E)$ mit $V = \{1, 2, \ldots, 6\}$ und $E = \{\{u, v\} \mid u \neq v, \text{ggT}(u, v) = 1\}$. ◁
Für die Anzahl der Kanten eines ungerichteten Graphen gilt

1.4 Graphen

Lemma 1.4.1
Ein Graph mit n Knoten besitzt höchstens $\binom{n}{2}$ Kanten.

Beweis. Es gibt
$$\binom{n}{2} = \frac{n(n-1)}{2}$$
Möglichkeiten, zwei Knoten durch eine Kante zu verbinden. □

Ist E dagegen eine Menge von Paaren (u,v), dann heißt der Graph *gerichtet*. Für gerichtete Graphen sind auch *Schlingen* (u,u) zugelassen.

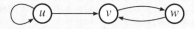

Automaten (Abschnitt 2.3.1) und Markov-Ketten können durch gerichtete Graphen beschrieben werden.
Im Folgenden ist ein Graph immer ein ungerichteter Graph.
Knoten werden auch *Ecken* genannt, weil man sie geometrisch interpretieren kann. Das ist der Grund, weshalb die Knotenmenge mit V wie *Vertices* bezeichnet wird. E steht für *Edges*.

Beispiel 1.4.2
Der Graph K_4 ist der Graph eines Tetraeders (Vierflächner). Die Knoten entsprechen geometrisch den Ecken. Alle Polyeder lassen sich auf diese Weise darstellen.

K_4 ◁

Ein Graph heißt *vollständig*, wenn alle Knoten paarweise verbunden sind.
Ein *Subgraph* eines Graphen $G_1 = (V_1, E_1)$ ist ein Graph $G_2 = (V_2, E_2)$, der aus einer Teilmenge der Knoten $V_2 \subseteq V_1$ besteht zusammen mit den Kanten $E_2 = \{\{u,v\} \in E_1 \mid u,v \in V_2\}$.
Eine *k-Clique* ist ein vollständiger Subgraph, der k Knoten enthält. Eine *k-Anticlique* ist eine Menge von k Knoten, zwischen denen es keine Kanten gibt.

Beispiel 1.4.3
Der Graph K_4 aus Beispiel 1.4.2 ist vollständig.
Der durch die Menge der primen Knoten $\{1,2,3,5\}$ induzierte Subgraph des Graphen G aus Beispiel 1.4.1 ist eine 4-Clique. Der Subgraph, der die Knoten u,v mit $\mathrm{ggT}(u,v) > 1$ enthält, ist eine 3-Anticlique.

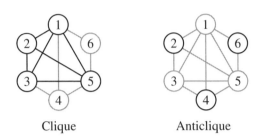

Clique   Anticlique   ◁

Beispiel 1.4.4
Wenn in einem Softwareprojekt n Teams oder Entwickler miteinander kommunizieren müssen, gibt es $\binom{n}{2} \in O(n^2)$ Kommunikationswege. Der Kommunikationsaufwand steigt also überproportional. ◁

In Abschnitt 3.3.4 zeigen wir, dass für beliebige G, k das Problem „Enthält G eine k-Clique?" sehr schwierig (**NP**-vollständig) ist.
Neben der direkten Verbindung zweier Knoten durch eine Kante betrachten wir nun Verbindungen durch Wege und Kreise.

Ein *Weg* (von v_1 nach v_k) ist eine Folge von Knoten $v_1, v_2, \ldots, v_k$ mit $\{v_1, v_2\} \in E, \{v_2, v_3\} \in E, \ldots, \{v_{k-1}, v_k\} \in E$.

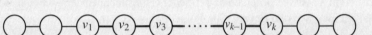

Ein Graph heißt *zusammenhängend*, wenn es für alle Paare von Knoten u, v einen Weg von u nach v gibt.
Ein Weg $v_1, v_2, \ldots, v_k$ heißt *Kreis* oder *Zyklus*, wenn $v_1 = v_k$. Ein Weg, der jeden Knoten genau einmal enthält, heißt *Hamilton-Pfad*. Ein Kreis, der jeden Knoten des Graphen genau einmal enthält (mit Ausnahme des Start- und Endknotens v_1), heißt *Hamilton-Kreis*.

Die Bezeichnungen „Weg" und „Pfad" werden in der Literatur uneinheitlich verwendet. Harary [2] definiert einen *Pfad* als Weg, der keinen Knoten mehrfach enthält.
Entsprechend sind Wege und Kreise in gerichteten Graphen definiert, wobei diese in Pfeilrichtung (Richtung der Kanten) durchlaufen werden müssen.

Beispiel 1.4.5
Eine Clique ist ein zusammenhängender Graph, eine Anticlique nicht.
Die Graphen K_4, R_8, R_{20} des Tetraeders, des Würfels und des Dodekaeders enthalten Hamilton-Kreise:

1.4 Graphen

K_4

R_8

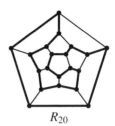
R_{20}

Alle regelmäßigen Polyeder enthalten Hamilton-Kreise. Der nebenstehende *Petersen-Graph* enthält dagegen keinen Hamilton-Kreis.

Der Name „Hamilton-Kreis" geht zurück auf Sir W. Hamilton, der 1857 ein Spiel erfand, bei dem Hamilton-Kreise im Dodekaeder R_{20} konstruiert werden mussten. Die Verkaufszahlen sollen jedoch bescheiden gewesen sein. ◁

Festzustellen, ob ein Graph einen Hamilton-Kreis besitzt, ist ebenfalls ein sehr schwieriges Problem (**NP**-vollständig). Dagegen ist es sehr einfach, festzustellen, ob ein Graph einen Euler-Kreis enthält.

Ein *Euler-Kreis* ist ein Kreis, der jede Kante des Graphen genau einmal enthält.

Mit den Euler-Kreisen begründete der große Mathematiker Leonhard Euler die Graphentheorie. Euler untersuchte 1736, ob es einen Rundweg gibt, der jede Brücke über den Pregel genau einmal überquert. Er modellierte dies als Graphenproblem, wobei die Brücken den Kanten entsprechen. Jedes Buch über Graphentheorie beginnt deshalb mit der Behandlung der Euler-Kreise. Ein hinreichendes und notwendiges Kriterium für deren Existenz lässt sich mit Hilfe des Grades eines Knotens angeben.

Ein Knoten v hat den *Grad k*, wenn v mit genau k anderen Knoten verbunden ist. Wir schreiben dafür $\deg(v) = k$.

Satz 1.4.2 (Euler)
Ein zusammenhängender Graph enthält einen Euler-Kreis genau dann, wenn der Grad aller Knoten gerade ist.

Der Satz von Euler ist nicht schwierig zu zeigen (zum Beispiel [2]). Da wir uns im Folgenden jedoch nicht weiter mit Euler-Kreisen befassen, verzichten wir auf einen Beweis.

Für die Summe aller Knotengrade gilt

Satz 1.4.3
Für jeden Graphen (V,E) gilt $\sum_{v \in V} \deg(v) = 2|E|$.

Beweis. Wenn wir jede Kante in der Mitte durchschneiden, ist jeder Knoten v mit genau $\deg(v)$ Hälften verbunden. Die Summe aller Knotengrade ist dann die Anzahl der Kantenhälften, und diese ist gleich $2|E|$. □

1.4.2 Bäume

Bäume, insbesondere Wurzelbäume, haben viele besondere Eigenschaften, die sie zu den wichtigsten in der Informatik verwendeten Graphen machen. In der Theoretischen Informatik dienen Bäume der Algorithmenanalyse, in Anwendungen werden sie zum Beispiel als Dateisystem, als Suchbaum, zur effizienten Repräsentation von Mengen, zur Datenkompression (LZW-Bäume, [3]) oder zur Analyse der Evolution von Lebewesen (Phylogenetische Bäume, [4]) verwendet.

Ein zusammenhängender Graph, der keine Kreise enthält, heißt *Baum*. In einem Baum heißen Knoten vom Grad Eins *Blätter*.

Für gerichtete Graphen wird der Begriff „Baum" im Allgemeinen nicht verwendet. Ein gerichteter Graph, der keine gerichteten Kreise enthält, heißt *gerichteter azyklischer Graph* oder *DAG*.
Für Bäume gilt der grundlegende

Satz 1.4.4
Sei $B = (V,E)$ ein Baum. Dann gilt $|E| = |V| - 1$.

Beweis. Wir induzieren nach der Anzahl Knoten n:

- $n = 1$: Ein Baum mit einem Knoten enthält keine Kante.
- $n \to n+1$: Sei B ein Baum mit $n+1$ Knoten. Da B keinen Kreis enthält, gibt es ein Blatt v. Indem wir v zusammen mit der zugehörigen Kante entfernen, erhalten wir einen Baum B' mit nach Induktionsvoraussetzung n Knoten und $n-1$ Kanten. Also besitzt B $(n+1) - 1$ Kanten. □

In Aufgabe 1.4.2 sollen Sie beweisen, dass ein Baum *minimal zusammenhängend* ist, das heißt, dass Bäume unter allen zusammenhängenden Graphen mit fester Knotenmenge diejenigen mit der kleinsten Anzahl von Kanten sind.

Ein Baum mit einem als *Wurzel* besonders ausgezeichnetem Knoten heißt *Wurzelbaum*.

1.4 Graphen

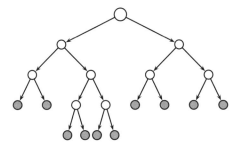

Abb. 1.3 Binärer Wurzelbaum. Die Blätter sind grau markiert.

In der Informatik wachsen Wurzelbäume von oben nach unten, mit der Wurzel oben. In einem Wurzelbaum lässt sich in natürlicher Weise eine Richtung der Kanten von der Wurzel zu den Blättern definieren (Abbildung 1.3), die üblicherweise jedoch weggelassen wird. Vorgänger eines Knotens heißen auch *Vater*, Nachfolger *Söhne*.

Ein Wurzelbaum mit der Eigenschaft, dass jeder Knoten genau zwei oder keine Nachfolger besitzt, heißt *binärer Wurzelbaum*. Ein binärer Wurzelbaum heißt *vollständig*, wenn jeder Knoten genau zwei Nachfolger besitzt.

Binäre Wurzelbäume werden oft verwendet, um das Verhalten eines Algorithmus zu beschreiben, der in jedem Schritt aus zwei Alternativen eine Wahl trifft.

Beispiel 1.4.6
Der Algorithmus *Quicksort* sortiert eine Folge $a_1, \ldots, a_n$ aus n verschiedenen Zahlen, indem alle Elemente mit dem *Pivotelement* $p = a_1$ verglichen werden. Aus $a_1, \ldots, a_n$ wird eine neue Folge $l_1, \ldots, l_{k-1}, p, r_{k+1}, \ldots, r_n$ konstruiert mit $l_i < p, r_j > p$, und die Teilfolgen $l_1, \ldots, l_{k-1}, r_{k+1}, \ldots, r_n$ werden rekursiv weiter sortiert.

7	3	4	5	2	9	8
3	4	5	2	7	**9**	8
2	3	**4**	5	7	8	9
2	3	4	5	7	8	9

Da Quicksort dazu ausschließlich Vergleiche der Form „$a_k < a_1$?" durchführt, können wir das Verhalten von Quicksort als binären Wurzelbaum darstellen. An der Wurzel startet der Algorithmus, an jedem inneren Konten werden zwei Elemente verglichen. Bäume dieser Art heißen deshalb auch *Entscheidungsbaum*. Jedem Blatt entspricht eine sortierte Folge. ◁

Für binäre Wurzelbäume gilt der wichtige

Satz 1.4.5
Sei B ein binärer Wurzelbaum mit mindestens 2^k Blättern. Dann enthält B einen Weg der Länge k.

Beweis. Wir induzieren nach k.

- $k = 0$: Ein binärer Wurzelbaum mit $2^0 = 1$ Blatt enthält einen Weg der Länge 0.

- $k \to k+1$: An der Wurzel eines binären Wurzelbaums B mit mindestens 2^{k+1} Blättern hängen zwei weitere binäre Wurzelbäume. Mindestens einer davon besitzt mindestens 2^k Blätter und nach Induktionsvoraussetzung einen Weg der Länge k. Indem wir diesen Weg bis zur Wurzel von B verlängern, erhalten wir einen Weg der Länge $k+1$. □

Beispiel 1.4.6 (Fortsetzung)
Sortierverfahren, die wie Quicksort ausschließlich paarweise Vergleiche verwenden, können wir mit binären Wurzelbäumen auch ganz allgemein untersuchen: Da eine Sortierung von n verschiedenen Zahlen eine Permutation auf $\{1,\ldots,n\}$ ist, ist der Entscheidungsbaum eines derartigen Sortierverfahrens ein binärer Wurzelbaum mit $n! = 2^{\log n!}$ Blättern (es gibt $n! = 1 \cdot 2 \cdots n$ Permutationen auf $\{1,\ldots,n\}$). Aus Satz 1.4.5 folgt, dass dieser Entscheidungsbaum einen Pfad der Länge $\lceil \log n! \rceil$ besitzt. Damit haben wir gezeigt, dass jedes Sortierverfahren, das ausschließlich paarweise Vergleiche verwendet, die Laufzeit $\Omega(\log n!)$ besitzt.
Quicksort besitzt eine durchschnittliche Laufzeit von $O(n \log n)$ und erreicht damit fast das Optimum. Es gibt noch schnellere Sortierverfahren, die Zahlen anhand ihrer Größe in vorher festgelegte Fächer einsortieren. Unter geeigneten Annahmen erreichen diese eine Laufzeit von $O(n)$. ◁

Wurzelbäumen lässt sich auf einfache Weise ein Code zuordnen:

Den Code $\langle B \rangle$ eines Wurzelbaums B definieren wir induktiv durch

(1) Wenn B ein einzelner Knoten ist, ist $\langle B \rangle = 01$.

• 01

(2) Wenn B ein Knoten mit Teilbäumen $B_1,\ldots,B_k$ ist und $\langle B_1 \rangle \leq \langle B_2 \rangle \leq \cdots \leq \langle B_k \rangle$, dann ist $\langle B \rangle = 0 \langle B_1 \rangle \ldots \langle B_k \rangle 1$.

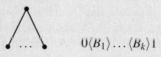

1.4 Graphen

Die Sortierung der Codes der Teilbäume in (2) stellt sicher, dass $\langle B \rangle$ wohldefiniert ist. Denn die an einem Vaterknoten hängenden Teilbäume können beliebig vertauscht werden, ohne dass ein anderer Graph entsteht.

Beispiel 1.4.7
Sei B der unten abgebildete Wurzelbaum. Wir konstruieren $\langle B \rangle$ von unten nach oben: In der Abbildung unten hängen am Knoten links unter der Wurzel die Teilbäume mit den Codes 01, 0011, 01. Dieser Teilbaum hat damit den Code 0 01 01 0011 1. Der Teilbaum am Knoten rechts unter der Wurzel hat den Code 0 0 01 01 1 1. Beides sortiert zusammengefügt ergibt

$$\langle B \rangle = 0\ 00010111\ 0010100 11\ 1$$

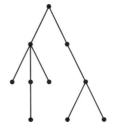

◁

Indem wir umgekehrt vorgehen, können wir aus $\langle B \rangle$ den Wurzelbaum B konstruieren. In Aufgabe 1.4.4 sollen Sie zeigen, dass B auf diese Weise eindeutig rekonstruiert wird.

1.4.3 Graphenisomorphie

Oft werden in Graphen die Bezeichnungen der Knoten weggelassen. Dies nicht ohne Grund: Zum einen spielt die Bezeichnung der Knoten keine Rolle, zum anderen können die Knoten auf viele verschiedene Arten durchnummeriert werden.

Graphen $(V_1, E_1), (V_2, E_2)$, die durch eine andere Bezeichnung der Knoten ineinander überführt werden können, heißen *isomorph*. Formal: Es gibt eine Bijektion $\varphi : V_1 \to V_2$ mit $\{u, v\} \in E_1 \iff \{\varphi(u), \varphi(v)\} \in E_2$. Isomorphe Graphen unterscheiden sich demnach nur in der Bezeichnung der Knoten, nicht in ihrer Struktur.

Beispiel 1.4.8
Die Graphen G_1, G_2, G_3 haben jeweils verschiedene Kantenmengen. Zum Beispiel ist $\{1, 4\}$ eine Kante in G_1, aber nicht in G_2, G_3. $\{5, 2\}$ ist eine Kante in G_2, aber nicht in G_1, G_3. Da die Graphen jedoch durch eine andere Nummerierung der Knoten ineinander überführt werden können, sind sie paarweise isomorph.

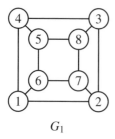 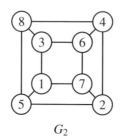 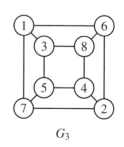

G_1 G_2 G_3

Ein Isomorphismus von G_1 auf G_2 ist zum Beispiel

$$\varphi = \begin{pmatrix} 1 & 2 & 3 & 4 & 5 & 6 & 7 & 8 \\ 5 & 2 & 4 & 8 & 3 & 1 & 7 & 6 \end{pmatrix}$$

In der zweiten Zeile steht hier, wie die Knoten von G_1 neu nummeriert werden müssen. Weniger offensichtlich ist die Isomorphie der Graphen G_4, G_5 (Aufgabe 1.4.5):

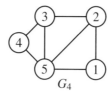 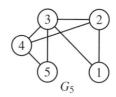

G_4 G_5 ◁

Die Komplexität des Graphenisomorphie-Problems ist noch nicht endgültig geklärt [5]. Bekannt ist, dass für beliebige G_1, G_2 das Problem „Ist G_1 isomorph zu einem Subgraph von G_2?" **NP**-vollständig ist. Für *planare Graphen*, das sind Graphen, die in der Ebene ohne sich kreuzende Kanten gezeichnet werden können, ist das Graphenisomorphie-Problem dagegen effizient lösbar.

Letzteres spielt eine Rolle in der *Computational Chemistry* [6]. Aus der Strukturformel eines Moleküls wird ein Graph abgeleitet, der für die meisten Moleküle planar ist. Durch den Vergleich dieser Graphen wird ein Ähnlichkeitsmaß für Paare von Molekülen definiert, was wiederum im Zusammenhang mit ähnlichen biologischen oder physikalischen Eigenschaften der Moleküle steht. Von Bedeutung ist das Graphenisomorphie-Problem außerdem für die Kryptologie (Abschnitt 1.4.4).

Einen Isomorphietest für Bäume erhalten wir über die in Abschnitt 1.4.2 vorgestellte Codierung. Dazu gehen wir wie folgt vor:

(1) Zunächst erzeugen wir aus einem Baum B einen oder zwei Wurzelbäume und

(2) codieren diesen oder diese.

1.4 Graphen

Zwei Bäume sind genau dann isomorph, wenn ihre so erhaltenen Codierungen gleich sind.

Für den Schritt (1) bestimmen wir eine oder zwei Wurzeln, indem wir von B nacheinander alle Blätter abreißen, bis nur noch (i) ein Knoten v (*Zentrum*) oder (ii) zwei Knoten v_1, v_2 (*Bizentrum*) übrig bleiben. Im Fall

(i) definieren wir $\langle B \rangle$ als den Code des Wurzelbaums mit Wurzel v,

(ii) entfernen wir die Kante $\{v_1, v_2\}$ und betrachten die Codierungen $\langle B_1 \rangle, \langle B_2 \rangle$ der Wurzelbäume mit Wurzeln v_1 bzw. v_2. Sei ohne Einschränkung $\langle B_1 \rangle \leq \langle B_2 \rangle$. Dann definieren wir $\langle B \rangle = \langle B_1 \rangle \langle B_2 \rangle$.

Beispiel 1.4.9

Im unten dargestellten Baum B reißen wir nacheinander alle Blätter ab

und erhalten das Bizentrum.

Damit erhalten wir zwei Wurzelbäume

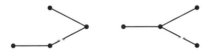

mit den Codes 0 01 0011 1 und 00 01 01 11. Damit ist $\langle B \rangle =$ 0001011100100111. ◁

1.4.4 Ein Zero-Knowledge-Protokoll[+]

In diesem Abschnitt betrachten wir eine interessante Anwendung der Graphenisomorphie in der Kryptologie.

Wenn Sie am Geldautomaten Geld abheben oder Bankgeschäfte online tätigen, müssen Sie sich gegenüber der Bank mit Ihrer PIN authentifizieren. Was garantiert aber, dass der Geldautomat keine Attrappe ist und die Webseite keine Fälschung, nur dazu bestimmt, Ihnen Ihre PIN zu stehlen, um sich danach mit einer Fehlermeldung zu verabschieden? Was hier fehlt, ist eine Authentifizierung der Bank dem Kunden gegenüber. Wenn sich die Bank durch ein Geheimnis, das nur sie kennt, authentifizieren soll, muss sichergestellt sein, dass niemand dieses Geheimnis erfährt. Denn dieses Geheimnis kann ein Betrüger verwenden, um sich selbst als Bank auszugeben.

Ein *Zero-Knowledge-Protokoll* dient dazu, einen *Verifier* davon zu überzeugen, dass ein *Prover* ein Geheimnis kennt, ohne dass der Verifier das Geheimnis erfährt. Dazu führt der Verifier das Zero-Knowledge-Protokoll mit dem Prover aus. Zu einer formalen Definition des Begriffs Zero-Knowledge-Protokoll sind einige Vorbereitungen notwendig, weshalb wir es hier bei dieser informalen Beschreibung lassen.

Ein Zero-Knowledge-Protokoll erhält man über das Graphenisomorphie-Problem [7].

Für einen Isomorphismus φ von G_1 auf G_2 bezeichnen wir im Folgenden mit $\varphi(G_1)$ das Bild von G_1 unter φ.

Seien G_1, G_2 isomorphe Graphen. Der Prover P kennt einen Isomorphismus φ von G_1 auf G_2 (Geheimnis). Der Verifier kennt die Graphen G_1, G_2. Für ein $n \in \mathbb{N}$ wird folgendes Protokoll n-mal ausgeführt:

- P wählt eine zufällige Permutation $\pi \neq \mathrm{id}$ der Knoten von G_1 und berechnet den Graphen $H = \pi(G_1)$. P schickt H an V.
- V wählt zufällig ein $i \in \{1,2\}$ und schickt i an P.
- P bestimmt einen Isomorphismus σ von G_i auf H und schickt σ an V.
- V prüft, ob $\sigma(G_i) = H$.

$$
\begin{array}{ll}
P & V \\
\hline
H = \pi(G_1) & \\
& H \longrightarrow \\
& \quad i \in \{1,2\} \\
& \longleftarrow i \\
\sigma(G_i) = H & \\
& \sigma \longrightarrow \\
& \quad \sigma(G_i) = H\,?
\end{array}
$$

Dieses Protokoll hat folgende Eigenschaften, die allgemein für jedes Zero-Knowledge-Protokoll gelten:

1.4 Graphen

- Sowohl P als auch V können das Protokoll effizient durchführen. Da P einen Isomorphismus φ von G_1 auf G_2 kennt, kann P im dritten Schritt stets einen Isomorphismus σ von G_i auf H angeben:
    - Für $i = 1$ gilt $\sigma = \pi$
    - Für $i = 2$ gilt $\sigma = \pi \circ \varphi^{-1}$

  Wenn G_1 m Knoten besitzt, kann P damit σ in Zeit $O(m)$ berechnen, V kann den Isomorphismus in Zeit $O(m^2)$ überprüfen.

- Ein Betrüger B, der keinen Isomorphismus von G_1 auf G_2 kennt, kann den dritten Schritt nicht für alle i ausführen: Denn da V $i \in \{1,2\}$ zufällig wählt, müsste B, um stets eine richtige Antwort geben zu können, Isomorphismen π_1 von G_1 auf H und π_2 von G_2 auf H kennen. Damit würde er aber einen Isomorphismus $\pi_2^{-1} \circ \pi_1$ von G_1 auf G_2 kennen. Mit Wahrscheinlichkeit $1/2$ gibt B daher in jeder Runde eine falsche Antwort. Die Wahrscheinlichkeit, dass B in n Runden immer eine richtige Antwort liefert, ist damit $\left(\frac{1}{2}\right)^n$. Für $n = 24$ ist diese Wahrscheinlichkeit mit $5.96 \cdot 10^{-8}$ kleiner als die eines Hauptgewinns im Lotto 6 aus 49.

- Ein Angreifer A, der die Kommunikation zwischen P und V abhört, gewinnt dabei keine Information, die er nicht selbst erzeugen kann: Sei $C = (H_1, i_1, \sigma_1, H_2, i_2, \sigma_2, \ldots)$ die Kommunikation zwischen P und V. A kann eine Folge C' erzeugen wie folgt:
    - A wählt $i'_1 \in \{1,2\}$ zufällig und berechnet $H'_1 = \sigma'_1(G_i)$ für eine Permutation σ'_1 der Knoten von G_i. Entsprechend verfährt er für i'_2 usw.
    - A erzeugt damit die Folge $C' = (H'_1, i'_1, \sigma'_1, H'_2, i'_2, \sigma'_2, \ldots)$.

  Man kann zeigen, dass die Wahrscheinlichkeitsverteilung von C' mit der von C übereinstimmt. A kann also eine Kommunikationsfolge erzeugen, deren Verteilung mit der einer abgehörten Folge übereinstimmt. A gewinnt damit keine Information, die er nicht schon vorher besaß.

Die Sicherheit dieses Protokolls steht und fällt jedoch mit der Schwierigkeit des Graphenisomorphie-Problems. Wenn ein effizienter Algorithmus für das Graphenisomorphie-Problem entdeckt wird, ist dieses Verfahren nicht mehr sicher. Das Vertrauen in die Sicherheit beruht daher allein darauf, dass bisher kein effizienter Algorithmus entdeckt wurde.

Dies gilt allerdings nicht nur für das Graphenisomorphie-Protokoll: Vom unpraktikablen One-Time-Pad [7] abgesehen, konnte noch von keinem gängigen Kryptoverfahren formal die Sicherheit bewiesen werden. Die dafür zu lösenden Probleme sind teilweise schwieriger als das noch zu besprechende **P-NP-Problem** (Abschnitt 3.3.3).

1.4.5 Repräsentation von Graphen

Um Graphen im Computer zu speichern, werden Adjazenzmatrizen und Adjazenzlisten verwendet.

Eine *Adjazenzmatrix* ist eine Matrix (a_{uv}) mit

$$a_{uv} = \begin{cases} 1 & \text{für } \{u,v\} \in E \\ 0 & \text{sonst} \end{cases}$$

Eine *Adjazenzliste* ist ein Feld, das an der Position $u \in V$ eine Liste aller Knoten $v \in V$ mit $\{u,v\} \in E$ enthält.

Beispiel 1.4.10
Die Adjazenzmatrix des Graphen G aus Beispiel 1.4.1 (Seite 18) ist:

$$\begin{array}{c} \\ 1 \\ 2 \\ 3 \\ 4 \\ 5 \\ 6 \end{array} \begin{array}{c} \begin{matrix} 1 & 2 & 3 & 4 & 5 & 6 \end{matrix} \\ \begin{pmatrix} 0 & 1 & 1 & 1 & 1 & 1 \\ 1 & 0 & 1 & 0 & 1 & 0 \\ 1 & 1 & 0 & 1 & 1 & 0 \\ 1 & 0 & 1 & 0 & 1 & 0 \\ 1 & 1 & 1 & 1 & 0 & 1 \\ 1 & 0 & 0 & 0 & 1 & 0 \end{pmatrix} \end{array}$$

Die Adjazenzliste desselben Graphen ist:

1	$\to 2 \to 3 \to 4 \to 5 \to 6$
2	$\to 1 \to 3 \to 5$
3	$\to 1 \to 2 \to 4 \to 5$
4	$\to 1 \to 3 \to 5$
5	$\to 1 \to 2 \to 3 \to 4 \to 6$
6	$\to 1 \to 5$

◁

1.4 Graphen

Gerichtete Graphen können ebenfalls durch Adjazenzmatrizen und -listen repräsentiert werden. Die Adjazenzmatrix eines gerichteten Graphen ist im Allgemeinen unsymmetrisch und kann Einträge auf der Hauptdiagonalen enthalten. Entsprechendes gilt für die Adjazenzliste.

Der Speicheraufwand ist für die Adjazenzmatrix $O(|V|^2)$, für die Adjazenzliste $O(|V|+|E|)$. Für Graphen mit wenig Kanten (zum Beispiel Bäume, $|E|=|V|-1$) verbraucht die Adjazenzliste weniger Speicher. Dafür liegt die Rechenzeit für die Anfrage „sind u und v verbunden?" bei der Adjazenzmatrix in $O(1)$, bei der Adjazenzliste in $O(|V|)$. Welche Repräsentation besser geeignet ist, hängt von den zu bearbeitenden Graphen und dem verwendeten Algorithmus ab. Um die zu einem Knoten u benachbarten Knoten zu bestimmen, ist bei einer Repräsentation durch eine Adjazenzliste der Aufwand $O(\deg(u))$ nötig, bei einer Adjazenzmatrix $O(|V|)$. Für Graphen mit beschränktem Grad (zum Beispiel binäre Wurzelbäume) ist die Adjazenzliste hier besser geeignet.

Für die im Folgenden vorgestellten Algorithmen Breitensuche und Tiefensuche können beide Datenstrukturen verwendet werden, die Adjazenzliste ist jedoch mindestens so gut geeignet wie die Adjazenzmatrix.

1.4.6 Breitensuche und Tiefensuche

Der Algorithmus *Breitensuche* durchsucht einen zusammenhängenden Graphen, wobei die dem Startknoten v_0 benachbarten Knoten zuerst besucht werden. Anschließend wird die Nachbarschaft dieser Knoten besucht, bis zuletzt alle Knoten besucht wurden.

Beispiel 1.4.11
In dem Graphen in Abbildung 1.4 startet eine Breitensuche im Knoten 0. Im ersten Schritt werden die beiden Nachbarn des Knotens 0 besucht (1), im zweiten Schritt die noch nicht besuchten Nachbarn dieser Knoten und so weiter. Die Nummern der Knoten geben an, in welchem Schritt sie vom Algorithmus besucht werden.
Bei einer von der Wurzel ausgehenden Breitensuche in einem Wurzelbaum liefert die Reihenfolge, in der die Knoten durchlaufen werden, ein besonders regelmäßiges Bild (Abbildung 1.5). ◁

Der Algorithmus Breitensuche verwendet eine Warteschlange Q (first in, first out), um die auf ihren Besuch wartenden Knoten zu verwalten. Die Anzahl der Knoten sei n, der Startknoten v_0.

```
// Algorithmus Breitensuche
// (Breadth First Search)

void bfs(int v0) {
```

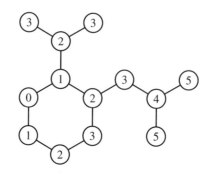

Abb. 1.4 Breitensuche

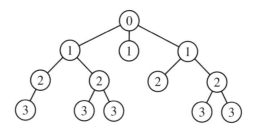

Abb. 1.5 Breitensuche in einem Wurzelbaum

```
bool besucht[|V|];
Queue<int> Q;
int u,v;

foreach(v∈V) besucht[v]=false;
Q.Push(v₀);
while(Q.empty() == false) {
   u = Q.Pop(); // erstes Element aus Q entfernen
   foreach(v∈v|{u,v}∈E) // {Nachbarschaft von u
      if(besucht[v] == false) {
         besucht[v] = true;
         Q.Push(v);
      }
   }
}
```

1.4 Graphen

Wenn wir ein mit

$$d[v] = \begin{cases} 0 & v = v_0 \\ \infty & \text{sonst} \end{cases}$$

initialisiertes Feld d einführen und die **if**-Anweisung ersetzen durch

```
if (d[v] == ∞) {
  d[v] = d[u]+1;
  Q.Push(v);
}
```

dann enthält d[v] die *Distanz*(Länge des kürzesten Weges) zwischen v_0 und v, die wir mit $d(v, v_0)$ bezeichnen.

Satz 1.4.6
Im Algorithmus Breitensuche gilt $d[v] = d(v, v_0)$.

Beweis. Wir zeigen:

(i) Aus $d[v] = k$ folgt: Es gibt einen Weg der Länge k von v_0 nach v.

  Wir induzieren nach k:

  - $k = 0$: Die Behauptung gilt wegen $d[v] = 0 \Rightarrow v = v_0$.
  - $k \to k+1$: Sei $d[v] = k+1$. Dann gibt es einen Knoten u in der Nachbarschaft von v mit $d[v] = d[u] + 1$. Nach Induktionsvoraussetzung gibt es einen Weg der Länge k von v_0 nach u und damit einen Weg der Länge $k+1$ von v_0 nach v.

  Aus (i) folgt: (i') $d[v] \geq d(v, v_0)$.

(ii) Für einen Knoten v, der später als ein Knoten w in die Warteschlange Q eingefügt wird, gilt $d[v] \geq d[w]$.

  Diese Behauptung gilt, da immer nur Knoten v mit $d[v] = d[u] + 1$ in Q eingefügt werden, wobei u der zuletzt aus Q entfernte Knoten ist.

(iii) Für jede Kante $\{u, v\} \in E$ gilt $d[v] \leq d[u] + 1$.

  Wir betrachten zwei Fälle:

  - $d[v]$ besaß beim Durchlaufen der Nachbarschaft von u den Wert ∞. Dann gilt $d[v] = d[u] + 1$.
  - $d[v]$ besaß beim Durchlaufen der Nachbarschaft von u einen Wert $< \infty$. Dann gilt $d[v] = 0$ (Fall $v = v_0$) oder $d[v] = d[w] + 1$ für einen Knoten $w \in V$, der früher als u in Q eingefügt wurde. Nach (ii) folgt daraus $d[w] \leq d[u]$ und damit $d[v] \leq d[u] + 1$.

Sei nun $d(v, v_0) = k$. Dann gibt es einen kürzesten Pfad $v_0, v_1, \ldots, v_k = v$ von v_0 nach v. Mit (iii) folgt $d[v] = d[v_k] \leq d[v_{k-1}] + 1 \leq \cdots \leq d[v_0] + k = k$. Aus (i') folgt $d[v] \geq k$ und damit $d[v] = k$. □

Für die Komplexität der Breitensuche gilt

Satz 1.4.7
Für einen zusammenhängenden Graphen (V, E), der als Adjazenzliste gegeben ist, liegt die Laufzeit der Breitensuche in $O(|E|)$.

Beweis. Jeder Knoten u wird genau einmal in die Warteschlange Q gesteckt bzw. aus ihr geholt und besitzt genau $\deg(u)$ Nachbarn. Da der Graph als Adjazenzliste gegeben ist, können die Nachbarn von u in der Zeit $O(\deg(u))$ bestimmt werden. Der Rumpf der **foreach**-Schleife wird genau $\deg(u)$-mal durchlaufen. Nach Satz 1.4.3 liegt die Laufzeit insgesamt in $O(\sum_u \deg(u)) = O(|E|)$. □

Mit einer Breitensuche kann eine nichtdeterministische Turing-Maschine simuliert werden, indem der Berechnungsbaum der Turing-Maschine durchsucht wird (Abschnitt 2.6.1).

Der Algorithmus *Tiefensuche* durchsucht einen Graphen, indem Wege maximaler Länge verfolgt werden. In jedem Schritt bestimmt der Algorithmus einen noch nicht besuchten Nachbarn v des aktuellen Knotens und führt die Tiefensuche rekursiv in v weiter, bis es keine noch nicht besuchten Nachbarknoten mehr gibt. In diesem Fall endet die Rekursion. In unendlichen Graphen, wie dem Berechnungsbaum einer Turing-Maschine, kann eine Tiefensuche in einem unendlich langen Weg stecken bleiben.

Beispiel 1.4.12
In dem Graphen aus Beispiel 1.4.11 starten wir eine Tiefensuche im Knoten 0 (Abbildung 1.6). In jedem Blatt endet die Rekursion und kehrt zurück zu dem Knoten, von dem aus sie aufgerufen wurde.
Welcher Nachbar jeweils ausgewählt wird, hängt von der Implementation der Tiefensuche und der Speicherung des Graphen ab. ◁

```
// Algorithmus Tiefensuche
// (Depth First Search)

void tiefensuche(int u) {
    foreach(int v∈V) besucht[v] = false;
    dfs(u);
}

void dfs(int u) {
    int v;
```

1.4 Graphen

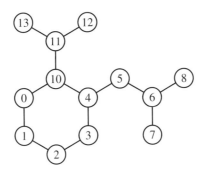

Abb. 1.6 Tiefensuche

```
    foreach (v∈ {v | {u,v} ∈ E}) {  // Nachbarschaft von u
      if (besucht[v] == false) dfs(v);
        besucht[v] = true;
    }
}
```

Für die Komplexität der Tiefensuche gilt

Satz 1.4.8
Für einen zusammenhängenden Graphen (V,E), der als Adjazenzliste gegeben ist, liegt die Laufzeit der Tiefensuche in $O(|E|)$.

Beweis. Für jeden Knoten u wird dfs genau einmal aufgerufen, die **foreach**-Schleife genau $\deg(u)$ mal. Die Nachbarschaft von u kann in der Zeit $O(\deg(u))$ bestimmt werden. Mit $\sum_u \deg(u) = 2|E|$ nach Satz 1.4.3 folgt die Behauptung. □

1.4.7 Binäre Relationen[(+)]

Relationen werden üblicherweise nicht im Zusammenhang mit Graphen definiert. Binäre Relationen auf endlichen Mengen lassen sich jedoch als gerichteter Graph veranschaulichen. Wir geben zunächst eine allgemeine Definition an.

Seien A, B beliebige Mengen. Eine *binäre Relation* R zwischen A, B ist eine Teilmenge $R \subseteq A \times B$. Für $(a,b) \in R$ schreiben wir $a R b$.
Für $A = B$ heißt R Relation *auf* A.

Beispiel 1.4.13
Eine Funktion $f : A \to B$ ist formal eine binäre Relation f mit der Eigenschaft: Für jedes $a \in A$ gibt es genau ein $b \in B$ mit afb. Für afb schreibt man $f(a) = b$. ◁

Oft wird in der Informatik der Begriff *partielle Funktion* verwendet für eine Relation $f \subseteq A \times B$ mit der Eigenschaft: Für alle $a \in A$ gilt $|\{b \in B \mid afb\}| \in \{0,1\}$. Eine Funktion im Sinne von Beispiel 1.4.13 (für die stets $|\{b \in B \mid afb\}| = 1$ gilt) wird dann als *totale Funktion* bezeichnet. In der Mathematik ist diese Unterscheidung unüblich. Wir verwenden den Begriff „Funktion" hier wie in Beispiel 1.4.13.
Im Folgenden beschränken wir uns auf Relationen R auf einer Menge V. Falls V endlich ist, ist R formal die Kantenmenge eines gerichteten Graphen. Wichtige Eigenschaften binärer Relationen sind:

Eine binäre Relation R auf V heißt

- *reflexiv*, wenn uRu für alle $u \in V$ gilt
- *symmetrisch*, wenn $uRv \Leftrightarrow vRu$ für alle $u,v \in V$ gilt
- *transitiv*, wenn $uRv \wedge vRw \Rightarrow uRw$ für alle $u,v,w \in V$ gilt

Eine reflexive, symmetrische und transitive Relation heißt *Äquivalenzrelation*.

Beispiel 1.4.14
Die Relation „=" auf $\mathbb{R}$ ist eine Äquivalenzrelation. Die Relation „≤" ist reflexiv und transitiv, aber nicht symmetrisch, „<" ist nur transitiv. ◁

Eine Relation, die nicht reflexiv, symmetrisch oder transitiv ist, lässt sich um diese Eigenschaften erweitern, indem die fehlenden Elemente hinzugefügt werden.

Die *reflexive Hülle* H einer Relation R ist die Relation $H = R \cup \{(u,u) \mid u \in V\}$. Entsprechend lassen sich *symmetrische Hülle* und *transitive Hülle* definieren.

Beispiel 1.4.15
Die reflexive Hülle der Relation „<" ist die Relation „≤". Die symmetrische Hülle der Relation „<" ist die Relation „≠". ◁

Beispiel 1.4.16
Wir betrachten die Relation

$$R = \{(u,v) \mid u \text{ hat von } v \text{ abgeschrieben}\}$$

wie unten dargestellt.

1.4 Graphen

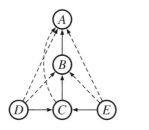
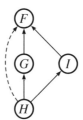

Die transitive Hülle von R erhalten wir, indem wir die gestrichelten Kanten hinzunehmen. ◁

Eine Äquivalenzrelation R können wir als eine Art verallgemeinerte Gleichheitsrelation auffassen. In diesem Fall ist es nahe liegend, Elemente u, v mit uRv zusammenzufassen.

Sei R eine Äquivalenzrelation und $v \in V$. Die *Äquivalenzklasse* von v ist die Menge

$$[v] = \{u \mid uRv\}$$

Das Element v heißt *Repräsentant* der Äquivalenzklasse $[v]$.

Jedes Element einer Äquivalenzklasse ist auch ein Repräsentant dieser Äquivalenzklasse.

Beispiel 1.4.17
Brüche sind Äquivalenzklassen: Sei $F \subseteq (\mathbb{Z} \times \mathbb{N}) \times (\mathbb{Z} \times \mathbb{N})$ mit

$$(z, n) F (z', n') \iff zn' = z'n$$

Dann gilt zum Beispiel $(1, 2) F (2, 4) F (3, 6)$. Wir schreiben

$$\frac{z}{n} = [(z, n)]$$

Damit ist

$$\frac{1}{2} = \{(1, 2), (2, 4), (3, 6), \ldots\} = \frac{3}{6} = \frac{128}{256} = \ldots$$

Mit Hilfe der Relation F können wir eine Menge $\mathbb{Q}$ definieren durch

$$\mathbb{Q} = \{\frac{z}{n} \mid z \in \mathbb{Z}, n \in \mathbb{N}\}$$

Wenn wir auf $\mathbb{Q}$ Addition und Multiplikation definieren, erhalten wir damit den Körper $(\mathbb{Q}, +, *)$ der rationalen Zahlen. ◁

Beispiel 1.4.18
Sei $\mathcal{G}$ eine Menge von Graphen und $\cong$ die durch

$$G \cong G' \quad :\Longleftrightarrow \quad G, G' \text{ sind isomorph}$$

definierte Äquivalenzrelation.
Für einen Graphen G ist dann $[G]$ die Menge aller Graphen mit der gleichen Struktur wie G. G wird auch als *labeled graph*, $[G]$ als *unlabeled graph* bezeichnet. ◁

Aufgabe 1.4.1⁻
Wie viele Graphen (labeled) mit

a) n Knoten

b) n Knoten und m Kanten

gibt es?

Aufgabe 1.4.2°
Sei G zusammenhängender Graph. Zeigen Sie:

a) $|E| \geq |V| - 1$

b) Aus $|E| = |V| - 1$ folgt: G ist ein Baum.

Aufgabe 1.4.3⁻
Konstruieren Sie

a) den Wurzelbaum mit dem Code 00001011001011100010110001011001011111

b) den Baum mit dem Code 0001011001011100010110001011001011111

Aufgabe 1.4.4*
Zeigen Sie, dass sich aus dem Code eines Wurzelbaums der Wurzelbaum eindeutig rekonstruieren lässt.

Aufgabe 1.4.5⁻
Finden Sie einen Isomorphismus zwischen den Graphen G_4 und G_5 aus Beispiel 1.4.8.

Aufgabe 1.4.6*
Geben Sie eine induktive Definition des Begriffs Baum an und zeigen Sie, dass diese Definition mit der Definition aus Abschnitt 1.4.2 äquivalent ist.

Aufgabe 1.4.7[*]
In einem Turnier habe jeder Teilnehmer gegen jeden anderen gekämpft, und es gab kein Unentschieden.
Zeigen Sie: Es gibt einen Teilnehmer k, so dass für alle anderen Teilnehmer u gilt: k hat u besiegt, oder k hat jemanden besiegt, der u besiegt hat.

1.5 Prüfungsfragen

1. Wir haben in Abschnitt 1.2 die Formeln der Aussagenlogik definiert. Wie nennt man die Art der Definition, die wir verwendet haben? Welches Beweisprinzip bietet sich dafür an? Wie geht man dabei vor? Welches andere Beweisprinzip wird dadurch verallgemeinert, was ist der Unterschied?

2. Was bedeutet, dass eine Formel der Aussagenlogik erfüllbar ist? Kann man das immer feststellen und in welcher Zeit?

3. Gibt es Formeln, die immer bzw. nie wahr sind?

4. Was ist die O-Notation? Warum fordert man die Ungleichung nur für alle großen n und was bedeutet das? Warum gibt man nicht exakte Funktionen an?

5. Wie kann man $f \in O(1)$ anders formulieren?

6. Angenommen, wir wissen, dass ein Algorithmus immer mindestens eine Laufzeit in der Größenordnung $n \log n$ hat. Können wir das mit der O-Notation ausdrücken? Vorschlag?

7. Aus der Analysis kennen Sie vermutlich den Begriff „asymptotische Äquivalenz", also $f \sim g$ für $\lim_{n \to \infty} \frac{f(n)}{g(n)} = 1$. Ist das das Gleiche wie $f \in \Theta(g)$?

8. Angenommen, Sie haben ein großes Projekt, das aus vielen Einzelteilen besteht, die voneinander abhängen können. Wenn Sie zum Beispiel ein Haus bauen, muss das Fundament fertig sein, bevor der Keller gebaut werden kann, oder wenn Sie ein Studium abschließen wollen, müssen Sie Prüfungen ablegen, für die Sie Scheine als Zulassungsvoraussetzung brauchen. Wie würden Sie das modellieren? Was muss in diesem Modell gelten, damit das Projekt überhaupt durchgeführt werden kann?

9. Kennen Sie ein Beispiel, wie man mit einer graphentheoretischen Analyse eine untere Schranke für Algorithmen beweisen kann?

10. Welche Möglichkeiten kennen Sie, um Graphen im Computer zu repräsentieren? Welche Vor- und Nachteile haben diese Darstellungen? Welche Darstellung verbraucht für Bäume weniger Speicherplatz?

11. Können sich isomorphe Graphen in obigen Darstellungen unterscheiden?

12. Nehmen wir an, Sie haben eine große Menge von unterschiedlichen Graphen, zum Beispiel Molekülgraphen. Wie würden Sie mit möglichst wenig Rechenaufwand feststellen, ob zwei dieser Graphen isomorph sind? Wie lange dauert das jeweils?

13. Wie lässt sich die Isomorphie von Bäumen entscheiden?

14. Wie kann man in einem Baum alle Blätter bestimmen? Wie lange dauert das?

15. Können Sie sich eine Verwendung für unendliche Graphen vorstellen? Welches Verfahren würden Sie verwenden, um einen unendlichen Graphen zu durchsuchen?

16. Wie kann man feststellen, ob ein Graph zusammenhängend ist?

2 Automaten und formale Sprachen

2.1 Sprachen und Mengenoperationen

Die formalen Sprachen gehören zu den Grundlagen der Automatentheorie und der Theorie der Berechenbarkeit und Komplexität. Grammatiken erzeugen formale Sprachen, Automaten und Turing-Maschinen erkennen formale Sprachen, Entscheidungsprobleme sind formale Sprachen. Zunächst definieren wir einige Grundbegriffe.

Ein *Alphabet* ist eine endliche, nicht leere Menge Σ. Eine Zeichenkette $w = x_1 x_2 \ldots x_n$ aus Zeichen $x_k \in \Sigma$ heißt *Wort* (über dem Alphabet Σ). Die *Länge* $|w|$ eines Wortes w ist die Anzahl Zeichen, aus denen w besteht. Für Wörter $w_1 = x_1 x_2 \ldots x_m$, $w_2 = y_1 y_2 \ldots y_n$ heißt das Wort $w_1 w_2 = x_1 x_2 \ldots x_m y_1 y_2 \ldots y_n$ *Konkatenation* der Wörter w_1, w_2. Das Wort ε der Länge 0 heißt *leeres Wort*. Für das leere Wort ε gilt $\varepsilon w = w \varepsilon = w$ für alle Wörter w.

Das leere Wort ε spielt für die Konkatenation damit die gleiche Rolle wie die 1 für die Multiplikation (ist neutrales Element).

Beispiel 2.1.1
Für das Alphabet $\Sigma = \{a, b\}$ sind aa, ab, ba, bb alle Wörter der Länge 2. Das Wort $\varepsilon a = a$ hat die Länge 1. ◁

Für ein Wort w ist w^R das Wort w umgedreht, zum Beispiel $(abc)^R = bca$. Mit

w^n bezeichnen wir die n-fache Konkatenation von w, zum Beispiel $a^3 = aaa$. Dabei ist $w^0 = \varepsilon$.

Die *Konkatenation* (oder das *Produkt*) von Mengen A, B ist $AB = \{ab \mid a \in A, b \in B\}$.

Beispiel 2.1.2
Für $\Sigma = \{a,b\}$, $A = \{0,1\}$ ist $\Sigma A = \{a0, a1, b0, b1\}$ und $\Sigma^2 = \Sigma\Sigma = \{aa, ab, ba, bb\}$.
◁

Der *Konkatenationsabschluss* Σ^* ist die Menge aller Wörter über Σ, einschließlich dem leeren Wort.

Das heißt, für jedes $n \geq 0$ enthält Σ^* alle Wörter über Σ der Länge n. Damit können wir Σ^* schreiben als Vereinigung

$$\Sigma^* = \{\varepsilon\} \cup \bigcup_{n \geq 1} \Sigma^n$$

Wenn wir nur Wortlänge $n \geq 1$ betrachten, erhalten wir die Menge Σ^+:

$$\Sigma^+ = \bigcup_{n \geq 1} \Sigma^n = \Sigma^* - \{\varepsilon\}$$

Damit können wir nun endlich definieren, was eine formale Sprache ist:

Eine *formale Sprache* (über einem Alphabet Σ) ist eine Teilmenge von Σ^*.

Als Menge von Wörtern über einem Alphabet hat eine formale Sprache allerdings wenig mit einer natürlichen Sprache gemeinsam.

Beispiel 2.1.3
Für $\Sigma = \{a,b\}$ ist $\Sigma^* = \{\varepsilon, a, b, aa, ab, ba, bb, aaa, \ldots\}$ und $L_1 = \emptyset$, $L_2 = \{\varepsilon\}$, $L_3 = \{a^n b^n \mid n \in \mathbb{N}\}$ sind drei verschiedene formale Sprachen über dem Alphabet Σ.
◁

Für spätere Zwecke ist es nützlich, auf einer Menge von Wörtern eine Ordnung zu definieren.

Eine *lexikografische Ordnung* einer Menge A ist eine Folge (w_n) von Wörtern, für die gilt:

- Die Wortlänge $|w_n|$ steigt monoton.

- Innerhalb von Abschnitten mit gleichen Wortlängen sind die Glieder der Folge alphabetisch geordnet.

2.1 Sprachen und Mengenoperationen

Beispiel 2.1.4
Für $\Sigma = \{a,b\}$ ist die Folge $(\varepsilon, a, b, aa, ab, ba, bb, aaa, aab, aba, abb, baa, \ldots)$ eine lexikografische Ordnung von Σ^*. ◁

Im hier verwendeten Pseudocode ist

```
foreach (x ∈ A) {
    ...
}
```

eine Schleife, die eine lexikografische Ordnung der Menge A erzeugt.

Für eine Menge A bezeichnen wir mit $\bar{A}$ das *Komplement* von A bezüglich Σ^*.

Anders geschrieben heißt das: $\bar{A} = \Sigma^* - A$. Für Komplemente wichtig sind die *Regeln von de Morgan*:

$$\overline{A \cap B} = \bar{A} \cup \bar{B}$$
$$\overline{A \cup B} = \bar{A} \cap \bar{B}$$

．．．

Aufgabe 2.1.1⁻⁻
Zeigen Sie, dass Σ^* abzählbar ist.

Aufgabe 2.1.2⁻
Zeigen Sie, dass die Menge aller Sprachen überabzählbar ist.

Aufgabe 2.1.3⁻⁻
Zeigen Sie $L(M \cup N) = LM \cup LN$.

Aufgabe 2.1.4⁻⁻
Geben Sie alle Mengen A an, so dass A^* endlich ist.

Aufgabe 2.1.5⁻
Zeigen Sie: Aus $A \subseteq B$ folgt $A^* \subseteq B^*$.

Aufgabe 2.1.6°
Zeigen Sie formal: $(\Sigma^*)^* = \Sigma^*$

Aufgabe 2.1.7*
Geben Sie eine induktive Definition der Menge Σ^* an, und zeigen Sie, dass diese mit der Definition in Abschnitt 2.1 äquivalent ist.

2.2 Grammatiken

In Abschnitt 2.1 haben wir eine formale Sprache als Teilmenge von Σ^* definiert. Grammatiken sind ein Instrument, um formale Sprachen, die im Allgemeinen unendlich sind, durch endlich viele Regeln zu beschreiben. Durch die Anwendung dieser Regeln können Wörter abgeleitet werden, die in ihrer Gesamtheit die von der Grammatik erzeugte Sprache bilden. Hieran wird ein weiterer Unterschied zu natürlichen Sprachen deutlich: Während Grammatiken natürlicher Sprachen nur einen Aspekt der Sprache beschreiben, wird eine formale Sprache durch eine Grammatik vollständig beschrieben.

Nachfolgend betrachten wir verschiedene Klassen von Grammatiken und formalen Sprachen.

2.2.1 Die Chomsky-Hierarchie

Jede Grammatik (Grammatikos: die Buchstaben betreffend) enthält eine Variable S, die Startsymbol heißt, weitere Variablen sowie Ersetzungsregeln, die angeben, wodurch diese Variablen ersetzt werden können. Damit können wir, beginnend mit dem Startsymbol S, Variablen so lange ersetzen, bis ein Wort entsteht. Regeln beschreiben wir in der Form *linke Seite* $\rightarrow$ *rechte Seite*.

Beispiel 2.2.1
Sei G die Grammatik mit den Regeln

$$S \rightarrow \varepsilon$$
$$S \rightarrow 0S1$$

Damit können wir zum Beispiel die folgenden drei Ableitungen bilden:

$$S \Rightarrow \varepsilon$$
$$S \Rightarrow 0S1 \Rightarrow 00S11 \Rightarrow 00\varepsilon 11 = 0011$$
$$S \Rightarrow 0S1 \Rightarrow 01$$

In Beispiel 2.2.4 beweisen wir, dass G die Sprache $\{0^n 1^n \mid n \in \mathbb{N}_0\}$ erzeugt. ◁

Wir schreiben $x \Rightarrow y$, wenn durch die Anwendung einer Regel aus x y entsteht. Wenn y keine Variablen mehr enthält, ist die Ableitung beendet und y ist ein Wort aus der von G erzeugten Sprache $L(G)$. Für Variablen verwenden wir Großbuchstaben.

Wenn eine linke Seite durch verschiedene rechte Seiten ersetzt werden kann, verwenden wir das Zeichen | („oder"), um eine Alternative anzugeben.

2.2 Grammatiken

Beispiel 2.2.1 (Fortsetzung)
Die Grammatik G können wir damit kürzer schreiben als $S \to \varepsilon \mid 0S1$. ◁

Ein einfaches Beispiel aus dem Compilerbau ist

Beispiel 2.2.2
Mit der Grammatik G_N mit den Regeln

$$S_N \to 0 \mid 1 \mid 2 \mid \cdots \mid 9 \mid 1S_N \mid 2S_N \mid \cdots \mid 9S_N$$

können wir natürliche Zahlen inklusive Null darstellen, zum Beispiel

$$S_N \Rightarrow 1S_N \Rightarrow 12S_N \Rightarrow 120$$

G_N verwenden wir in der Grammatik G_E mit den Regeln

$$S_E \to S_E + S_E \mid S_E - S_E \mid S_E * S_E \mid S_E/S_E \mid (S_E)$$
$$\mid S_N$$

um arithmetische Ausdrücke zu erzeugen:

$$S_E \Rightarrow S_E * S_E \Rightarrow S_E * (S_E) \Rightarrow S_E * (S_E + S_E) \Rightarrow S_E * (S_E + S_N)$$
$$\Rightarrow S_E * (S_E + 4) \Rightarrow S_E * (S_N + 4) \Rightarrow S_E * (3 + 4) \Rightarrow S_N * (3 + 4) \Rightarrow 2 * (3 + 4) \quad ◁$$

Die Grammatik G_E werden wir in Abschnitt 2.2.2 näher untersuchen.

Formal ist eine *Grammatik* $G = (V, \Sigma, S, P)$ definiert durch

- die endliche Menge der *Variablen* V
- das Alphabet Σ mit $V \cap \Sigma = \emptyset$
- das *Startsymbol* $S \in V$
- die endlichen Menge von *Regeln* (oder *Produktionen*) P der Form $u \to v$, wobei u mindestens eine Variable enthält: $u \in (V \cup \Sigma)^* V (V \cup \Sigma)^*$, $v \in (V \cup \Sigma)^*$

Für $x, y \in (V \cup \Sigma)^*$ gilt $x \Rightarrow y$ genau dann, wenn es eine Regel $u \to v$ gibt, so dass $x = pus$, $y = pvs$ für $p, s \in (V \cup \Sigma)^*$. Wir schreiben $x \Rightarrow^* y$, wenn sich aus x in beliebig vielen (auch 0) Schritten y ableiten lässt. Die von G *erzeugte Sprache* $L(G)$ lässt sich damit definieren als

$$L(G) = \{w \in \Sigma^* \mid S \Rightarrow^* w\}$$

Typ	in allen Regeln $u \to v$ gilt	Beispiel
0 (*rekursiv aufzählbar*)	u enthält mindestens eine Variable	$aAb \to aB$
1 (*kontextsensitiv*)	zusätzlich: $|u| \leq |v|$	$aAb \to aBb$
2 (*kontextfrei*)	u ist eine Variable	$A \to aBb$
3 (*regulär*)	zusätzlich: v ist – ein Zeichen aus $\Sigma \cup \{\varepsilon\}$ *oder* – ein Zeichen aus Σ gefolgt von einer Variablen	$A \to a$ $A \to aA$

Tab. 2.1 Chomsky-Typen

Formal ist „$\Rightarrow^*$" die reflexive und transitive Hülle der Relation „$\Rightarrow$" (Abschnitt 1.4.7).

Die Zeichen aus Σ werden auch *Terminalzeichen* genannt, da aus ihnen keine weiteren Zeichen abgeleitet werden können: Terminalzeichen terminieren den Ableitungsprozess.

In den bisherigen Beispielen haben wir Grammatiken betrachtet mit Regeln, deren linke Seite aus einer Variablen besteht. Diese Grammatiken werden wie die von ihnen erzeugten Sprachen als *kontextfrei* bezeichnet. In den folgenden Abschnitten werden wir verschiedene Automaten und Maschinenmodelle behandeln, die jeweils unterschiedliche Sprachklassen erkennen. Eine diesen Sprachklassen entsprechende Einteilung der Grammatiken sind die *Chomsky-Typen*[1] (Tabelle 2.1). Mit den Chomsky-Typen und der von einer Grammatik erzeugten Sprache können wir den Typ einer Sprache definieren.

Eine Sprache L heißt Typ-k-Sprache, $k \in \{0, 1, 2, 3\}$, wenn es eine Typ-k-Grammatik G gibt mit $L(G) = L$.

Neben „Typ k" werden auch die Bezeichnungen „rekursiv aufzählbar", „kontextsensitiv", „kontextfrei" und „regulär" verwendet.

Beispiel 2.2.2 (Fortsetzung)
Die Grammatik G_N ist regulär (und erst recht kontextfrei), G_E ist nur kontextfrei. $L(G_N)$ ist regulär, $L(G_E)$ kontextfrei. Ferner werden wir in Abschnitt 2.3.3 sehen, dass $L(G_E)$ nicht regulär ist. ◁

---

[1] Der Linguist Noam Chomsky entwarf eine Theorie der Sprache als eine Menge von Sätzen, die durch die Anwendung von Regeln entstehen.

2.2 Grammatiken

Die Bezeichnungen „rekursiv aufzählbar", „kontextsensitiv", „kontextfrei" und „regulär" orientieren sich an den Eigenschaften der zugehörigen Maschinenmodelle oder Grammatiken:
Die Typ-0-Sprachen heißen rekursiv aufzählbar, da das sie erkennende Maschinenmodell die Wörter einer rekursiv aufzählbaren Sprache nacheinander ausgeben kann. In Abschnitt 3.2.1 und Satz 3.2.1 werden wir darauf näher eingehen.
Die kontextsensitiven Sprachen werden so genannt, weil sich äquivalent definieren lässt, dass eine Variable in einem Kontext ersetzt werden kann, so wie in $acAddb \to acBddb$ (s. [8], Satz 8.1.1). Entsprechend heißen die Typ-2-Sprachen kontextfrei.
In der hier gegebenen Definition können die kontextsensitiven Grammatiken wegen $|u| \leq |v|$ jedoch keine Regel $A \to \varepsilon$ enthalten. Folglich lässt sich das leere Wort nicht ableiten. Das führt zu technischen Problemen und stört die Systematik, unter anderem weil das zugehörige Maschinenmodell das leere Wort erkennen kann. Wir erlauben deshalb, dass kontextsensitive Sprachen auch das leere Wort enthalten können. Die kontextsensitiven und -freien Grammatiken müssen dazu durch die Einführung der sogenannten ε-*Sonderregel* modifiziert werden, die besagt, dass

- das leere Wort ε nur aus dem Startsymbol S abgeleitet werden darf und
- S auf keiner rechten Seite einer Regel vorkommt.

Von Bedeutung ist diese Regel allerdings weniger für die kontextsensitiven Sprachen (diese werden kaum gebraucht), sondern für die kontextfreien Sprachen. Im Compilerbau können Regeln der Form $A \to \varepsilon$ zu Problemen führen. Jede kontextfreie Sprache kann jedoch so umgeformt werden, dass sie obiger ε-Sonderregel genügt:

Beispiel 2.2.3
Wir demonstrieren diese Umformung an der Grammatik G mit den Regeln

$$S \to \varepsilon \mid 0S1 \mid aSb$$

Zunächst betrachten wir alle rechten Seiten, die S enthalten. Wir nehmen die Ersetzung $S \to \varepsilon$ vorweg, indem wir S auf den rechten Seiten durch ε ersetzen und dies als neue Regeln hinzufügen:

$$S \to \varepsilon \mid 0S1 \mid aSb \mid 01 \mid ab$$

Anschließend entfernen wir die Regel $S \to \varepsilon$ und führen ein neues Startsymbol S' und eine Regel $S' \to \varepsilon \mid S$ ein:

$$S' \to \varepsilon \mid S$$
$$S \to 0S1 \mid aSb \mid 01 \mid ab$$

Sprache	höchster Typ
Halteproblem	0 (rekursiv aufzählbar)
$\{a^n b^n c^n \mid n \in \mathbb{N}\}$	1 (kontextsensitiv)
$\{a^n b^n \mid n \in \mathbb{N}\}$	2 (kontextfrei)
$\{a^n \mid n \in \mathbb{N}\}$	3 (regulär)

Tab. 2.2 Beispielsprachen

Diese Grammatik G' genügt der ε-Sonderregel und erzeugt die gleiche Sprache wie G. ◁

Um dieses Verfahren für beliebige kontextfreie Grammatiken anzuwenden, müssen wir diese Schritte für alle Regeln der Form $A \to \varepsilon$ anwenden. Der erste Schritt muss gegebenenfalls mehrfach wiederholt werden (zum Beispiel in $A \to B, B \to \varepsilon$).
Wenn wir mit $\mathscr{L}_k$ Menge aller Typ-k-Sprachen bezeichnen, gilt mit dieser Änderung $\mathscr{L}_3 \subset \mathscr{L}_2 \subset \mathscr{L}_1 \subset \mathscr{L}_0$. Diese Inklusionen sind echt. In Tabelle 2.2 ist, zunächst noch ohne Beweis, für jedes k eine Sprache aus $\mathscr{L}_k$ angegeben, die nicht in einer höheren Klasse enthalten ist. Das Halteproblem werden wir in Abschnitt 3.2.1 behandeln. Ferner gibt es Sprachen, die durch keine Grammatik erzeugt werden (Aufgabe 2.2.4).

Eine Grammatik G mit nur einer Variablen liefert eine induktive Definition der Sprache $L(G)$, so dass wir Aussagen über $L(G)$ durch strukturelle Induktion (Abschnitt 1.1.3) beweisen können. Wir nennen dies *Induktion über den Aufbau der Grammatik*.

Beispiel 2.2.4
Sei G die Grammatik mit den Regeln

$$S \to \varepsilon \mid 0S1$$

Aus G ergibt sich eine induktive Definition von $L(G)$ durch

- ε liegt in $L(G)$.
- Wenn w in $L(G)$ liegt, dann auch $0w1$.

Damit zeigen wir $L(G) = L$ mit $L = \{0^n 1^n \mid n \in \mathbb{N}_0\}$:

- $L(G) \subseteq L$: Wir induzieren über den Aufbau der Grammatik G.
  - *Induktionsanfang*: Das leere Wort ε liegt in L.

2.2 Grammatiken

- *Induktionsschritt*: Sei $w \in L(G)$. Nach Induktionsvoraussetzung gilt $w \in L$. Daraus folgt $0w1 \in L$.

- $L \subseteq L(G)$: Wir induzieren nach n.
  - Das Wort $0^0 1^0 = \varepsilon$ lässt sich ableiten durch $S \Rightarrow \varepsilon$.
  - $n \to n+1$: $0^{n+1} 1^{n+1}$ ableiten durch $S \Rightarrow 0S1 \Rightarrow 00S11 \Rightarrow \ldots \Rightarrow 0^{n+1} S 1^{n+1} \Rightarrow 0^{n+1} 1^{n+1}$, wobei wir im letzten Schritt die Regel $S \to \varepsilon$ angewendet haben. ◁

Eine ähnliche Beweistechnik ist die Induktion über die Anzahl der Ableitungsschritte bis zu einem Wort aus Σ^*.

Beispiel 2.2.4 (Fortsetzung)
Wir zeigen $L(G) \subseteq L$ durch Induktion über die Anzahl der Ableitungsschritte. Die Behauptung ist:
Für alle n und alle $w \in L(G)$, die sich in n Schritten ableiten lassen, gilt $w \in L$.

- $n = 1$: In einem Schritt lässt sich ε ableiten und $\varepsilon \in L$.
- $n \to n+1$: Sei w ein Wort aus $L(G)$, das sich in $n+1$ Schritten ableiten lässt. Dann gilt $w = 0w'1$ für ein $w' \in L(G)$, das sich in n Schritten ableiten lässt. Nach Induktionsvoraussetzung ist $w' \in L$. Daraus folgt $w \in L$. ◁

Welche Technik ist nun besser? In vielen Fällen funktionieren beide Methoden, wobei die Grammatik gegebenenfalls umgeformt oder Ableitungen aus weiteren Variablen betrachtet werden müssen. Falls die Grammatik etwa eine Regel $S \to AB$ enthält, kann es notwendig sein, über Ableitungen aus A bzw. B zu induzieren, entweder strukturell oder über die Anzahl der Ableitungsschritte. Eine Induktion über den Aufbau der Grammatik ist meistens jedoch einfacher, wie auch das vorstehende Beispiel zeigt. Dies gilt insbesondere dann, wenn sich nicht für jedes n in n Schritten ein Wort ableiten lässt. In diesem Fall kann man anstelle von Wörtern Zwischenformen aus $(V \cup \Sigma)^*$ betrachten, wodurch die Beweisführung komplizierter wird.

2.2.2 Mehrdeutigkeit

Für einen Compiler ist es nicht nur wichtig, festzustellen, ob ein Wort syntaktisch korrekt ist, also in der durch eine Grammatik definierten Sprache liegt. Ein Compiler muss auch die syntaktische Struktur eines Wortes eindeutig analysieren können, da diese oft eine Bedeutung für die Semantik besitzt. Wir betrachten hier nur kontextfreie Grammatiken, da kontextsensitive Sprachen im Compilerbau kaum eine Rolle spielen.

Eine *Rechtsableitung* ist eine Ableitung, in der die jeweils am weitesten rechts stehende Variable durch die rechte Seite einer Regel ersetzt wird.
Eine Grammatik G heißt *mehrdeutig*, wenn es ein $w \in L(G)$ gibt, für das zwei Rechtsableitungen existieren.

Beispiel 2.2.5
Sei wie in Beispiel 2.2.2 (Seite 45) G_E eine Grammatik für arithmetische Ausdrücke, wobei wir hier das Startsymbol E nennen:

$$E \rightarrow E+E \mid E-E \mid E*E \mid E/E \mid (E)$$
$$\mid x \mid y \mid z$$

Der Ausdruck $x+y*z$ besitzt die Rechtsableitungen

$$E \Rightarrow E+E \Rightarrow E+E*E \Rightarrow E+E*z \Rightarrow E+y*z \Rightarrow x+y*z$$

und

$$E \Rightarrow E*E \Rightarrow E*z \Rightarrow E+E*z \Rightarrow E+y*z \Rightarrow x+y*z$$

die den unterschiedlichen Möglichkeiten entsprechen, diesen Ausdruck zu klammern. Aus der Grammatik geht nicht hervor, welcher Operator Vorrang haben soll. G_E ist sogar mehrdeutig, wenn wir nur den Operator „−" betrachten: $x-y-z$ lässt sich durch

$$E \Rightarrow E-E \Rightarrow E-E-E \Rightarrow E-E-z \Rightarrow E-y-z \Rightarrow x-y-z$$

und

$$E \Rightarrow E-E \Rightarrow E-z \Rightarrow E-E-z \Rightarrow E-y-z \Rightarrow x-y-z$$

ableiten. Ohne die Information, dass der Operator „−" links-assoziativ ist, würde das vom Compiler erzeugte Programm mit der ersten Ableitung das falsche Ergebnis $x-(y-z)$ berechnen. ◁

Mehrdeutigkeiten können aufgelöst werden, indem festgelegt wird, welche Regeln im Konfliktfall bevorzugt werden sollen oder durch die Umformung der Grammatik in eine eindeutige Grammatik. Wir behandeln hier nur die zweite Möglichkeit. Dazu ist es sinnvoll, den Ableitungsbaum einer Ableitung zu betrachten.

Beispiel 2.2.5 (Fortsetzung)
Den beiden Ableitungen des Wortes $x+y*z$ entsprechen die Ableitungsbäume

2.2 Grammatiken

Die an einem Knoten hängenden Zeichen entsprechen, von links nach rechts gelesen, einer Regel der Grammatik. An jedem inneren Knoten des Baums wird ein Ausdruck berechnet. ◁

Beachten Sie, dass ein Ableitungsbaum nicht verdreht werden darf, da es einen Unterschied macht, ob eine Regel $A \to BC$ oder $A \to CB$ lautet. Wir müssen diesen Begriff nicht formal definieren, da wir Ableitungsbäume hier nur als anschauliches Hilfsmittel verwenden.

Offenbar besitzen Operatoren, die sich weiter unten in einem Ableitungsbaum befinden, eine höhere Priorität, da die entsprechenden Konstrukte zuerst ausgewertet werden. Dies legt nahe, eine Grammatik so zu konstruieren, dass sich ein Operator niedrigster Priorität nur von der Wurzel ableiten lässt. Dazu führen wir neue Symbole ein, die nur auf bestimmten Ebenen des Baums vorkommen können.

Beispiel 2.2.6
Die Grammatik G'_E mit den Regeln

$$E \to E - T \mid E + T \mid T$$
$$T \to T * F \mid T/F \mid F$$
$$F \to (E) \mid x \mid y \mid z$$

erzeugt die gleiche Sprache wie die Grammatik G_E aus Beispiel 2.2.5, berücksichtigt aber Priorität und Assoziativität der Operatoren. Die eindeutige Rechtsableitung für $x + y * z$ ist

$$E \Rightarrow E + T \Rightarrow E + T * F \Rightarrow E + T * z$$
$$\Rightarrow E + F * z \Rightarrow E + y * z \Rightarrow T + y * z \Rightarrow F + y * z \Rightarrow x + y * z$$

Der zugehörige Ableitungsbaum ist

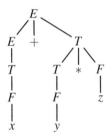

Aus der Wurzel E können nur mit $+$ oder $-$ verknüpfte Terme oder ein einzelner Term T abgeleitet werden. Aus jedem Term können durch $*$ oder $/$ verknüpfte Faktoren oder ein einzelner Faktor abgeleitet werden. Ein Faktor kann eine Variable oder ein geklammerter Ausdruck sein. Ferner sind alle Operatoren links-assoziativ, weil die Variablen T und F hinter den jeweiligen Operatoren stehen, so dass auf der linken Seite der Teilausdruck E bzw. T steht. Dies wird im Ableitungsbaum für $x - y - z$ deutlich:

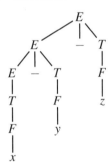

Die entsprechende Rechtsableitung ist

$E \Rightarrow E - T \Rightarrow E - F \Rightarrow E - z \Rightarrow E - T - z$
$\Rightarrow E - F - z \Rightarrow E - y - z \Rightarrow F - y - z \Rightarrow x - y - z$

Der in Abschnitt 2.4.4 vorgestellte Taschenrechner verwendet im Wesentlichen diese Grammatik. ◁

Für die meisten praktisch brauchbaren kontextfreien Sprachen lassen sich eindeutige Grammatiken angeben. Es gibt jedoch auch kontextfreie Sprachen, für die jede Grammatik mehrdeutig ist. Aufgabe 2.5.1 in Abschnitt 2.5 behandelt ein Beispiel.

2.2 Grammatiken

Aufgabe 2.2.1⁻⁻
Welche Aussagen sind richtig?
a) Jede endliche Sprache L ist regulär.
b) Jede Teilmenge einer regulären Sprache ist kontextfrei.
c) Jede Obermenge einer regulären Sprache ist regulär.

Aufgabe 2.2.2⁻⁻
Formen Sie die Grammatik mit den Regeln

$$S \to SS \mid AA \mid BB$$
$$A \to aA1 \mid \varepsilon$$
$$B \to bB2 \mid \varepsilon$$

so um, dass sie der ε-Sonderregel genügt.

Aufgabe 2.2.3⁻⁻
Geben Sie für die Sprache aller ganzen Zahlen eine Grammatik mit möglichst hohem Chomsky-Typ an, die auf keiner rechten Seite ε enthält. Die Grammatik soll Wörter erzeugen wie 12345, -9876, aber nicht 0123 oder -0.

Aufgabe 2.2.4⁻
Zeigen Sie, dass es Sprachen gibt, die durch keine Grammatik erzeugt werden.
Hinweis: Verwenden Sie ein Abzählargument.

Aufgabe 2.2.5⁻
Geben Sie eine Grammatik mit maximalem Chomsky-Typ an für die Sprache $L = \{x \in \{a,b,c\}^* \mid x \text{ enthält nicht } ab\}$.

Aufgabe 2.2.6*
Sei $L = \{0^{2n} \mid n \in \mathbb{N}_0\}$. Geben Sie eine reguläre Grammatik G an mit $L(G) = L$ und beweisen Sie diese Aussage.

Aufgabe 2.2.7**
Sei $L = \{w \in \{0,1\}^* \mid w \text{ enthält genauso viele Nullen wie Einsen}\}$. Geben Sie eine Grammatik G an mit $L(G) = L$ und beweisen Sie diese Aussage.

Aufgabe 2.2.8⁻⁻
Wie kann man das Konzept der Grammatik so verändern, dass damit Fraktale wie folgende *Koch-Kurven* beschrieben werden können?

2.3 Reguläre Sprachen

Reguläre Sprachen (Typ-3) lassen sich durch reguläre Grammatiken, endliche Automaten sowie durch reguläre Ausdrücke beschreiben. Die endlichen Automaten gibt es in zwei Versionen, die wir im Folgenden beschreiben.

2.3.1 Endliche Automaten

Abbildung 2.1 zeigt einen Automaten, der Zeichen aus einem Alphabet Σ verarbeitet. Nach jedem eingeworfenen Zeichen kann der Automat in einen anderen Zustand übergehen und die Folge der bisher eingeworfenen Zeichen entweder (i) akzeptieren oder (ii) nicht akzeptieren. Jeder Zustand, in dem sich der Automat im Fall (i) befindet, heißt *Endzustand*. Vor der Eingabe des ersten Zeichens befindet sich der Automat im *Startzustand*. Die einzige Möglichkeit, sich Dinge zu merken, besteht für den Automaten darin, in einen von endlich vielen Zuständen überzugehen.

Abb. 2.1 Ein endlicher Automat

Die Funktionsweise eines endlichen Automaten lässt sich am einfachsten durch einen gerichteten Graphen beschreiben, dessen Kanten mit Zeichen aus Σ beschriftet sind. Jeder Knoten des Graphen entspricht einem Zustand des Automaten. Der Startzustand ist durch einen eingehenden Pfeil gekennzeichnet, Endzustände durch zwei Kreise.

Beispiel 2.3.1
Der Automat M_1 in Abbildung 2.2 erkennt alle Wörter über $\Sigma = \{a,b,c\}$, die abc enthalten. Für jede Eingabe aus Σ^* startet M_1 im Startzustand z_0 und liest nacheinander alle Zeichen der Eingabe, wobei M_1 entsprechend der Kantenbeschriftung Zustände wechselt. Der Folgezustand kann dabei auch der gleiche

2.3 Reguläre Sprachen

Zustand sein. Sobald M_1 den Endzustand z_E erreicht, hat M_1 die Eingabe akzeptiert. Für die Eingabe $w = cbaababcc$ durchläuft M_1 zum Beispiel die Zustände

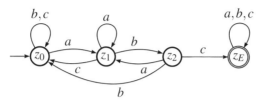

Abb. 2.2 DFA M_1

$z_0, z_0, z_1, z_1, z_2, z_1, z_2, z_E, z_E$. Da der letzte Zustand ein Endzustand ist, akzeptiert M_1 das Wort w. ◁

Pattern Matching ist eine der wichtigsten Anwendungen endlicher Automaten. Im Compilerbau werden endliche Automaten für die lexikalische Analyse (Abschnitt 2.3.5) verwendet. Das in der Bioinformatik weitverbreitete Programm BLAST verwendet endliche Automaten, um DNA-Sequenzen zu durchsuchen [4].

Der Automat aus dem eben betrachteten Beispiel ist ein *DFA (Deterministic Finite Automaton)*, was bedeutet, dass der Automat nach jedem gelesenen Zeichen in genau einen Folgezustand wechseln kann. Für die graphische Darstellung heißt das, dass von keinem Knoten zwei mit dem gleichen Zeichen beschriftete Kanten ausgehen.

Ein DFA M besitzt genau einen Startzustand und mindestens einen Endzustand. Die von M *akzeptierte Sprache* $L(M)$ besteht aus allen Eingaben $w \in \Sigma^*$, so dass M nach dem Lesen von w einen Endzustand erreicht.

Formal lässt sich ein DFA $M = (Z, \Sigma, \delta, z_0, E)$ definieren durch

- die Menge der Zustände Z
- das Eingabealphabet Σ
- die *Überführungsfunktion* $\delta : Z \times \Sigma \to Z$. Dabei bedeutet $\delta(z, a) = z'$, dass M im Zustand z für die Eingabe a in den Zustand z' wechselt.

- den Startzustand $z_0 \in Z$
- die Menge der Endzustände $E \subseteq Z$

Mit Hilfe der durch

$$\hat{\delta}(z, \varepsilon) = z$$
$$\hat{\delta}(z, a_1 a_2 \ldots a_k) = \delta(\hat{\delta}(z, a_1, \ldots, a_{k-1}), a_k)$$

für $a_1 a_2 \ldots a_k \in \Sigma^*$ definierten *erweiterten Überführungsfunktion* $\hat{\delta} : Z \times \Sigma^* \to Z$ lässt sich die von M akzeptierte Sprache definieren als

$$L(M) = \{w \in \Sigma^* \mid \hat{\delta}(z_0, w) \in E\}.$$

Das heißt, $L(M)$ besteht aus allen Wörtern w, so dass M, gestartet im Zustand z_0 mit Eingabe w, einen Endzustand erreicht.

Aus einem DFA M lässt sich sehr einfach eine reguläre Grammatik G mit $L(G) = L(M)$ erzeugen. Dabei entsprechen die Zustände den Variablen, Übergänge den Regeln der Grammatik. Für jeden Zustand z führen wir eine Variable Z ein, für jeden Übergang $\delta(z, a) = z'$ die Regel $Z \to aZ'$. Für jeden Endzustand Z führen wir die Regel $Z \to \varepsilon$ ein. Das Startsymbol der Grammatik ist Z_0.

Beispiel 2.3.2
Für den DFA M_1 aus Beispiel 2.3.1 geben wir eine Grammatik G an mit $L(G) = L(M_1)$. Dazu führen wir für die Zustände z_0, z_1, z_2, z_E die Variablen Z_0, Z_1, Z_2, Z_E ein und die Regeln

$$Z_0 \to aZ_1 \mid bZ_0 \mid cZ_0$$
$$Z_1 \to aZ_1 \mid bZ_2 \mid cZ_0$$
$$Z_2 \to aZ_1 \mid bZ_0 \mid cZ_E$$
$$Z_E \to aZ_E \mid bZ_E \mid cZ_E \mid \varepsilon$$

Das Startsymbol ist Z_0. Das Beispielwort $w = cbaababcc$ lässt sich ableiten durch
$Z_0 \Rightarrow cZ_0 \Rightarrow cbZ_0 \Rightarrow cbaZ_1 \Rightarrow cbaaZ_1 \Rightarrow cbaabZ_2 \Rightarrow cbaabaZ_1 \Rightarrow cbaabaZ_1 \Rightarrow cbaababZ_2 \Rightarrow cbaababcZ_E \Rightarrow cbaababccZ_E \Rightarrow cbaababcc$
In dieser Ableitung erscheinen die Variablen in der gleichen Reihenfolge, in der auch die entsprechenden Zustände des DFA M_1 durchlaufen werden. ◁

Ein *NFA (Nondeterministic Finite Automaton)* ist eine Verallgemeinerung eines DFA. Ein NFA kann nach jedem gelesenen Zeichen nicht nur in einen, sondern in beliebig viele Folgezustände wechseln. In der graphischen Darstellung wird dies durch ebenso viele mit dem gleichen Zeichen beschriftete Kanten ausgedrückt, die von einem Knoten (Zustand) ausgehen.

2.3 Reguläre Sprachen

Die Anzahl der möglichen Folgezustände für ein gelesenes Zeichen kann auch null sein. In diesem Fall bleibt der NFA in einer Sackgasse stecken und kann keine Zeichen mehr verarbeiten. Ferner besitzt ein NFA einen oder mehrere Startzustände.

Bevor wir die Frage behandeln, wie dieser Nichtdeterminismus zu verstehen ist, betrachteten wir ein

Beispiel 2.3.3
Der NFA M_2 in Abbildung 2.3 akzeptiert die gleiche Sprache wie der DFA M_1 aus Beispiel 2.3.1. Vom Startzustand z_0 gehen zwei mit a beschriftete Kanten aus, von den Zuständen z_1, z_2 gehen keine mit a, c bzw. a, b beschrifteten Kanten aus. Wenn M_2 im Zustand z_0 ein a liest, kann M_2 in z_0 bleiben oder in den Zustand z_1 wechseln. Wenn M_2 in den Zuständen z_1 oder z_2 ein a liest, bleibt M_2 stecken und verweigert jede weitere Tätigkeit. Dagegen kann M_2 für die Eingabe $w = cbaababcc$ einen Endzustand erreichen, indem M_2 die Zustände $z_0, z_0, z_0, z_0, z_0, z_1, z_2, z_E, z_E$ durchläuft. Für die Eingabe $abcabc$ gibt es zwei Zustandsfolgen, die M_2 durchlaufen kann, um einen Endzustand zu erreichen.

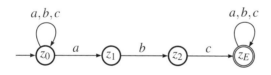

Abb. 2.3 NFA M_2

Verglichen mit dem DFA M_1 ist der NFA M_2 wesentlich einfacher konstruiert, da keine Rückwärtskanten notwendig sind. Auch die aus M_2 erzeugte Grammatik ist einfacher aufgebaut als die aus M_1 erhaltene Grammatik:

$$Z_0 \to aZ_0 \mid bZ_0 \mid cZ_0 \mid aZ_1$$
$$Z_1 \to bZ_2$$
$$Z_2 \to cZ_E$$
$$Z_E \to aZ_E \mid bZ_E \mid cZ_E \mid \varepsilon$$

◁

Für jede Eingabe eines NFA gibt es damit mindestens eine Zustandsfolge, die beim Abarbeiten der Eingabe durchlaufen werden kann.

> Die von einem NFA M *akzeptierte Sprache* $L(M)$ besteht aus allen Eingaben $w \in \Sigma^*$, so dass M, gestartet in einem Startzustand, nach dem Lesen von w einen Endzustand erreichen kann.

Ein NFA ist zunächst nichts weiter als ein abstraktes Modell, das sich weder unmittelbar als Programm noch als Schaltkreis realisieren lässt. Neben dem noch zu besprechenden Umbau in einen DFA kann ein NFA jedoch *simuliert* werden, indem für eine Eingabe $w \in \Sigma^*$ so lange systematisch mögliche Zustandsfolgen erzeugt werden, bis entweder

(i) eine Zustandsfolge gefunden ist, deren letzter Zustand ein Endzustand ist (woraus $w \in L(M)$ folgt), oder

(ii) alle möglichen Zustandsfolgen erzeugt wurden, ohne dass Fall (i) eintrat (woraus $w \notin L(M)$ folgt).

Jede Zustandsfolge aus Fall (i) bzw. Fall (ii) kann dann als *ein* mögliches Verhalten des nichtdeterministischen Automaten für die Eingabe w betrachtet werden. In diesem Sinne zu verstehen ist auch die eher mystische Vorstellung, der NFA errate nach jedem gelesenen Zeichen einen richtigen Folgezustand, um nach Möglichkeit einen Endzustand zu erreichen. Die Frage, wie sich ein nichtdeterministischer Automat für eine feste Eingabe denn konkret verhält, ist dagegen weder sinnvoll noch lässt sie sich beantworten.

Ein DFA besitzt nach Definition für jeden Zustand z und jede Eingabe a genau einen Folgezustand $\delta(z,a)$. Ein NFA kann dagegen in beliebig viele (auch null) Folgezustände übergehen. Damit stellt sich die Frage, wie die Überführungsfunktion δ für einen NFA definiert werden kann.

> Für einen NFA M und $z \in Z$, $a \in \Sigma$ ist $\delta(z,a)$ eine Menge von Zuständen, die auch leer sein kann. Für jedes $a \in \Sigma$ wechselt M in einen der Zustände aus $\delta(z,a)$.

Für $\delta(z,a) = \emptyset$ gibt es damit keinen Zustand, in den M wechseln kann, so dass M seine Arbeit einstellt. Alternativ kann das als Übergang in einen Fehlerzustand betrachtet werden, der nicht mehr verlassen werden kann.
Einen DFA können wir als Spezialfall eines NFA mit einem Startzustand und $|\delta(z,a)| = 1$ für alle $z \in Z$, $a \in \Sigma$ ansehen.
Wir haben gesehen, dass ein DFA in eine Grammatik umgewandelt werden kann. Indem man dieses Vorgehen umkehrt, erhält man ein Verfahren, um aus einer regulären Grammatik G einen NFA M mit $L(M) = L(G)$ zu erzeugen. Die Variablen entsprechen den Zuständen, die Regeln den Übergängen des NFA. Falls $A \rightarrow \varepsilon$ eine Regel der Grammatik ist, so ist der A entsprechende Zustand des

2.3 Reguläre Sprachen

NFA ein Endzustand. Mit Regeln der Form $A \to a$ verfahren wir ebenso, indem wir diese durch $A \to aA'$, $A' \to \varepsilon$ ersetzen.

Beispiel 2.3.4
Sei G die Grammatik mit den Regeln

$$S \to aS \mid bS \mid cS \mid aA$$
$$A \to bB \mid cC$$
$$B \to aB \mid bB \mid cB \mid \varepsilon$$
$$C \to aB$$

Ein NFA M mit $L(M) = L(G)$ und den Zuständen S, A, B, C lässt sich daraus unmittelbar ablesen (Abbildung 2.4). M erkennt alle Wörter, die ab oder aca

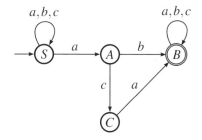

Abb. 2.4 NFA M

enthalten. ◁

Die bisherigen Beispiele zeigen, dass ein NFA ein nützliches Instrument ist, mit dem der Umgang einfacher ist als mit einem DFA. Der praktischen Anwendung steht jedoch dessen Nichtdeterminismus entgegen. Abhilfe ist möglich durch die *Umwandlung des NFA in einen DFA*. Dabei fassen wir jeweils mehrere Zustände $\{z_{i_1}, z_{i_2}, \dots\}$ des NFA zu einem Zustand $\mathbf{z} = \{z_{i_1}, z_{i_2}, \dots\}$ des DFA zusammen, den wir mit „der NFA befindet sich in einem der Zustände aus $\mathbf{z}$" interpretieren. Wir beginnen mit den Startzuständen des NFA, die wir zum Startzustand des DFA zusammenfassen. Für jeden neu konstruierten Zustand $\mathbf{z}$ des DFA und jedes Zeichen $a \in \Sigma$ betrachten wir anschließend die Zustände, die der NFA mit der Eingabe a von einem der Zustände aus $\mathbf{z}$ erreichen kann. Die Menge dieser Zustände definiert einen weiteren Zustand $\mathbf{z}'$ des DFA und einen Übergang $\delta(\mathbf{z}, a) = \mathbf{z}'$ (Abbildung 2.5). Diesen Übergang interpretieren wir mit „wenn sich der NFA in einem der Zustände aus $\mathbf{z}$ befindet, dann wechselt er mit der Eingabe a in einen der Zustände aus $\mathbf{z}'$", wobei $\mathbf{z}'$ nicht mehr Zustände als nötig enthält. Wenn $\mathbf{z}$ ein Zustand des DFA ist, der einen Endzustand des NFA enthält, dann ist auch $\mathbf{z}$ ein Endzustand.

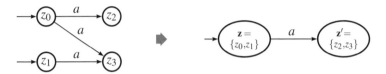

Abb. 2.5 Konstruktion neuer Zustände bei der Umwandlung NFA → DFA

Alle jetzt noch fehlenden Übergänge des DFA führen wir in einen Fehlerzustand, der nicht mehr verlassen werden kann (Abbildung 2.6).

Abb. 2.6 Fehlerzustand

Beispiel 2.3.5
Wir konstruieren aus dem NFA M_2 aus Beispiel 2.3.3 schrittweise einen DFA M_3, der die gleiche Sprache erkennt. Der einzige Startzustand ist z_0, der für die Eingaben b,c nicht verlassen werden kann. Für die Eingabe a kann M_2 in z_0 bleiben oder in z_1 wechseln. Im ersten Schritt erhalten wir für M_3 also die Zustände $\{z_0\}$ und $\{z_0, z_1\}$:

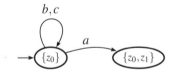

Als Nächstes betrachten wir den neuen Zustand $\{z_0, z_1\}$, der die Zustände z_0 und z_1 von M_2 repräsentiert. Für die Eingabe a kann M_2 im Zustand z_0 in z_0 bleiben oder in z_1 wechseln. Vom Zustand z_1 geht dagegen keine mit a beschriftete Kante aus, so dass hier die Menge der Folgezustände leer ist. Für die Eingabe a ist die Menge der Folgezustände von z_0 und z_1 damit wieder $\{z_0, z_1\}$, und wir erhalten eine Kante von $\{z_0, z_1\}$ nach $\{z_0, z_1\}$. Für die Eingabe b bleibt M_2 im Zustand z_0 in diesem Zustand, in z_1 geht M_2 in z_2 über. Damit erhalten wir eine b-Kante nach $\{z_0, z_2\}$. Für die Eingabe c bleibt M_2 im Zustand z_0 in diesem Zustand, in z_1 gibt es für c keinen Folgezustand. Die Menge der Zustände, die M_2 für die Eingabe c von $\{z_0, z_1\}$ aus erreichen kann, ist folglich $\{z_0\}$. Damit erhalten wir im zweiten Schritt:

2.3 Reguläre Sprachen

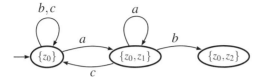

Das Prinzip sollte nun klar sein. Im nächsten Schritt betrachten wir $\{z_0, z_2\}$ und bekommen

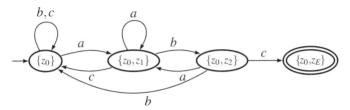

Der Zustand $\{z_0, z_E\}$ ist ein Endzustand, weil er einen Endzustand von M_2 enthält. Zuletzt müssen wir nur noch $\{z_0, z_E\}$ betrachten, wobei wir gleich eine vereinfachende Betrachtung anstellen: Da M_2 in z_E für jede Eingabe in z_E bleibt, ist in M_3 jeder Zustand, der von $\{z_0, z_E\}$ ausgeht, ebenfalls ein Endzustand. Das heißt aber, dass diese Zustände die von M_3 akzeptierte Sprache nicht verändern und deshalb zu einem einzigen Endzustand zusammengefasst werden können:

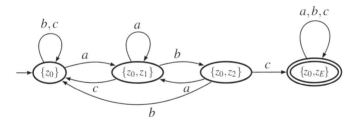

Der aufmerksame Leser wird bemerkt haben, dass M_3, bis auf die Benennung der Zustände, mit M_1 identisch ist. ◁

Formal ergibt sich die Überführungsfunktion δ' des DFA aus der Überführungsfunktion δ des umzuwandelnden NFA durch

$$\delta'(\mathbf{z}, a) = \begin{cases} \bigcup_{z \in \mathbf{z}} \delta(z, a) & \text{für } \bigcup_{z \in \mathbf{z}} \delta(z, a) \neq \emptyset \\ \{F\} & \text{sonst} \end{cases}$$

wobei F der Fehlerzustand ist. Das heißt, für jedes Zeichen $a \in \Sigma$ und jeden Zustand $\mathbf{z}$ des DFA ist $\delta'(\mathbf{z}, a)$ die Menge der Zustände, die der NFA für die

Eingabe a von einem Zustand $z \in \mathbf{z}$ aus erreichen kann, oder der Fehlerzustand, falls diese Menge leer ist.
Wir erhalten damit allgemeine Verfahren für die folgenden Umformungen:

Insbesondere folgt daraus, dass die durch reguläre Grammatiken beschriebenen bzw. durch NFA sowie DFA erkannten Sprachen genau die regulären Sprachen (Typ-3) sind.
Bei der Umwandlung eines NFA in einen DFA kann der DFA durch die Teilmengenkonstruktion bis zu $2^{\text{Zustände des NFA}}$ Zustände enthalten. Oft enthält der so konstruierte DFA überflüssige Zustände, die sich durch eine Minimierung des Automaten beseitigen lassen. Bei der Konstruktion des *Minimalautomaten* werden Paare von nicht äquivalenten Zustände markiert und die verbleibenden, äquivalenten Zustände zusammengefasst.

Zwei Zustände z, z' sind nicht äquivalent, wenn

- entweder z oder z' ein Endzustand ist oder

- wenn für ein Zeichen $a \in \Sigma$ die Folgezustände $\delta(z,a)$, $\delta(z',a)$ nicht äquivalent sind.

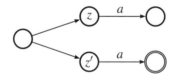

Abb. 2.7 z, z' sind nicht äquivalent.

Auf diese Weise können wir rekursiv sämtliche Paare nicht äquivalenter Zustände bestimmen. Dazu stellen wir eine Tabelle von ungeordneten Paaren von Zuständen $\{z, z'\}$ auf und markieren rekursiv Paare nicht äquivalenter Zustände, bis sich nichts mehr ändert. Die dann noch unmarkierten Paare von Zuständen sind äquivalent und können zusammengefasst werden. Falls es Zustände gibt, die vom Startzustand aus nicht erreichbar sind, werden diese vorher entfernt.

2.3 Reguläre Sprachen

Der Minimalautomat ist eindeutig (bis auf Umbenennung der Zustände) und minimal bezüglich der Anzahl seiner Zustände.

Beispiel 2.3.6
Wir minimieren folgenden DFA:

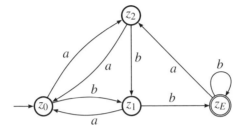

In der Zustandstabelle (aus Symmetriegründen brauchen wir nur das obere Dreieck) markieren wir Paare von Endzuständen und Nicht-Endzuständen mit ×:

	z_0	z_1	z_2	z_E
z_0				×
z_1				×
z_2				×

Nun betrachten wir das Paar $\{z_0, z_1\}$. Für das Zeichen b ist das Paar der Folgezustände $\{\delta(z_0,b), \delta(z_1,b)\} = \{z_1, z_E\}$ bereits markiert, also wird auch $\{z_0, z_1\}$ markiert. Auch $\{z_1, z_2\}$ wird markiert, denn wieder ist für das Zeichen b das Paar der Folgezustände $\{\delta(z_1,b), \delta(z_2,b)\} = \{z_E, z_1\}$ bereits markiert.

	z_0	z_1	z_2	z_E
z_0		×		×
z_1			×	×
z_2				×

Für das Paar $\{z_0, z_2\}$ finden wir für kein Zeichen ein Paar von markierten Folgezuständen, was bedeutet, dass z_0 und z_2 äquivalent sind. Indem diese Zustände verschmolzen werden, erhalten wir den Minimalautomaten:

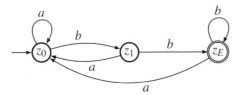

Jeder DFA mit drei Zuständen, der die Sprache $\{xbb \mid x \in \{a,b\}^*\}$ akzeptiert, gleicht, bis auf die Benennung der Zustände, diesem Minimalautomaten. ◁

Mit Hilfe der erweiterten Überführungsfunktion $\hat{\delta}$ können äquivalente Zustände wie folgt beschrieben werden: Zustände z, z' sind äquivalent, wenn für alle $w \in \Sigma^*$ gilt:

$$\hat{\delta}(z,w) \in E \iff \hat{\delta}(z',w) \in E$$

Das heißt, für kein $w \in \Sigma^*$ macht es einen Unterschied, ob der DFA in z oder z' startet.

2.3.2 Verwandte Automatenmodelle (+)

Automaten, die nicht nur Zeichen verarbeiten, sondern auch ausgeben, sind die Moore- und die Mealy-Automaten. Moore- und Mealy-Automaten unterscheiden sich durch ihre *Ausgabefunktion* λ, die die Ausgabe beschreibt.

Ein *Moore-Automat* ist ein DFA, der zusätzlich in jedem Zustand ein Zeichen ausgibt. Die Ausgabefunktion eines Moore-Automaten ist eine Funktion $\lambda : Z \to \Omega$, wobei Ω das Ausgabealphabet ist.
Ein *Mealy-Automat* ist ein DFA, der zusätzlich bei jedem Zustandsübergang ein Zeichen ausgibt. Die Ausgabefunktion eines Moore-Automaten ist eine Funktion $\lambda : Z \times \Sigma \to \Omega$.

Moore- und Mealy-Automaten lassen sich ineinander umwandeln.

State Charts sind Automaten, die der Modellierung von Systemen dienen. Die Spracherkennung spielt dabei keine Rolle. State Charts können Start- oder Endzustände enthalten. State Charts heißen in UML *State Machine Diagrams*.

Beispiel 2.3.7
Mit einem State Chart lässt sich die Bedienung einer Digitaluhr beschreiben. Die verschiedenen Knöpfe entsprechen den Eingabezeichen, die Betriebszustände der Uhr den Zuständen des Automaten.

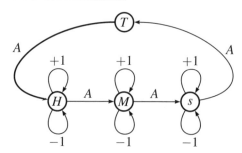

2.3 Reguläre Sprachen

Die Abbildung beschreibt die Benutzung einer Uhr mir den Zuständen „Zeit anzeigen" sowie „Stunden (Minuten, Sekunden) verstellen". A, +1, -1 seien hier Knöpfe der Uhr, mit denen sich die Zeit einstellen lässt. ◁

2.3.3 Das Pumping-Lemma

Das Pumping-Lemma ist das wichtigste Hilfsmittel, um Aufgaben der Art „Zeigen Sie, dass L nicht regulär ist" zu lösen. Ein anderes Hilfsmittel sind die Abschlusseigenschaften der regulären Sprachen (Abschnitt 2.5).
Endliche Automaten können sich wegen der begrenzten Zahl ihrer Zustände nur endlich viel „merken". Wenn ein Automat ein Wort x akzeptiert, das mindestens so lang ist wie die Anzahl seiner Zustände n, dann muss er dabei eine Schleife durchlaufen haben (denn diese Zustände können nicht alle verschieden sein, Schubfachprinzip).

Beispiel 2.3.8
Für $x = abcdecfg$ durchläuft der abgebildete Automat eine Schleife, da $|x|$ größer ist als die Anzahl der Zustände des Automaten. Wir können nun x zerlegen in $x = uvw$ mit $u = ab$, $v = cde$, $w = cfg$, so dass auch alle Wörter $uv^k w$ mit $k \geq 0$ vom Automaten akzeptiert werden.

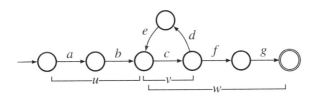

◁

Allgemein gilt

Satz 2.3.1 (Pumping-Lemma)
Für jede reguläre Sprache L gibt es ein n, so dass sich alle $x \in L$ mit $|x| \geq n$ zerlegen lassen in $x = uvw$, so dass

1. $|v| \geq 1$, $|uv| \leq n$

2. $uv^k w \in L$ für alle $k \geq 0$

Ohne Einschränkung ist n die Anzahl der Zustände des Minimalautomaten.

Beweis. Sei n die Anzahl der Zustände eines Automaten M, der L erkennt und $x \in L$ mit $|x| \geq n$. Wegen $|x| \geq n$ gibt es einen Zustand z, den M beim Verarbeiten des Wortes x zweimal durchläuft (Schubfachprinzip). Sei u das Teilwort, das M gelesen hat, wenn M zum ersten Mal den Zustand z erreicht. Sei entsprechend uv das Teilwort, das M gelesen hat, wenn M zum zweiten Mal den Zustand z erreicht. Dann gilt $|v| \geq 1$, da M mindestens ein Zeichen gelesen haben muss, um zum zweiten Mal z zu erreichen. Weiter gilt $|uv| \leq n$, denn jeder der $n-1$ Zustände in $Z - \{z\}$ wurde höchstens einmal besucht und z zweimal. Sei nun $w \in \Sigma^*$ mit $x = uvw$. Dann gilt $uv^k w \in L$ für alle $k \geq 0$, denn v ist das Wort, das M in der Schleife gelesen hat, und M kann diese Schleife beliebig oft durchlaufen. Damit sind die ersten beiden Behauptungen bewiesen. Der Beweis ist insbesondere für den Minimalautomaten zu L richtig, woraus die letzte Behauptung folgt. □

Um zu zeigen, dass eine Sprache L nicht regulär ist, verwendet man das Pumping-Lemma in einem Widerspruchsbeweis der Bauart „Angenommen, L ist regulär. Dann sind alle $uv^k w$ in L, Widerspruch".

Beispiel 2.3.9
Wir zeigen, dass die Sprache $L = \{a^n b^n \mid n \in \mathbb{N}\}$ aus Tabelle 2.2 (Seite 48) nicht regulär ist.

Angenommen, L ist regulär. Dann gibt es ein $n \in \mathbb{N}$, so dass sich alle $x \in L$ mit $|x| \geq n$ gemäß Pumping-Lemma zerlegen lassen. Um einen Widerspruch herzuleiten, versuchen wir, x so zu zerlegen, dass v nur aus Buchstaben a besteht. Dazu betrachten wir das Wort $x = a^n b^n = uvw$ der Länge $2n$. Wegen $|uv| \leq n$ und $|v| \geq 1$ kann v nur aus Buchstaben a bestehen. Dann müsste auch $uw = a^{n-|v|} b^n$ in L liegen, Widerspruch. ◁

Beispiel 2.3.10
Wir zeigen, dass $L = \{a^{(2^n)} \mid n \in \mathbb{N}\}$ nicht regulär ist.
Sei wieder angenommen, dass L regulär ist und $n \in \mathbb{N}$ gemäß Pumping-Lemma. Wir betrachten $x = a^{2^n} = uvw$. In dieser Zerlegung kann v nur aus Buchstaben a bestehen. Damit ist $uv^k w = a^{2^n + (k-1)|v|}$. Wir müssen zeigen, dass $|uv^k w| = 2^n + (k-1)|v|$ nicht für alle $k \in \mathbb{N}$ eine Zweierpotenz ist:

- 1. Fall: $|v|$ ist ungerade. Dann ist $|uv^2 w| = 2^n + |v|$ auch ungerade und $uv^2 w \notin L$.

- 2. Fall: $|v|$ ist gerade. Dann ist $|uv^{2^n+1} w| = 2^n + 2^n |v| = 2^n(1 + |v|)$ keine Zweierpotenz, da $1 + |v|$ ungerade ist, also $uv^{2^n+1} w \notin L$.

In beiden Fällen haben wir einen Widerspruch hergeleitet, damit ist L nicht regulär. ◁

Eine weitere Folgerung aus dem Pumping-Lemma ist
Satz 2.3.2
Sei L regulär und n die Anzahl der Zustände des Minimalautomaten für L. Es gilt $|L| = \infty$ genau dann, wenn es ein $x \in L$ gibt mit $n \leq |x| < 2n$.

2.3 Reguläre Sprachen

Beweis.

$\Rightarrow$: Da es nur endlich viele Wörter der Länge kleiner n gibt, gibt es ein Wort $x \in L$ mit $|x| \geq n$. Sei x das kürzeste Wort in L mit $x \geq n$. Mit dem Pumping-Lemma lässt sich x zerlegen in $x = uvw$ mit $|uv| \leq n, |v| \geq 1$ und $uw \in L$. Da x das kürzeste Wort in L mit $x \geq n$ ist, gilt $|uw| < n$. Damit erhalten wir $|x| = |uvw| \leq |uv| + |uw| < n + n = 2n$.

$\Leftarrow$: Wenn es ein $x \in L$ gibt mit $|x| \geq n$, folgt mit dem Pumping-Lemma, dass $|L|$ unendlich ist. □

2.3.4 Reguläre Ausdrücke

Sei Σ ein Alphabet. Ein *regulärer Ausdruck E* über Σ sowie die durch E definierte Sprache $L(E)$ sind wie folgt definiert:

1. $\emptyset$ ist ein regulärer Ausdruck und $L(\emptyset) = \emptyset$.

2. Für jedes $a \in \Sigma \cup \{\varepsilon\}$ ist a ein regulärer Ausdruck und $L(a) = \{a\}$.

3. Für reguläre Ausdrücke E_1, E_2 sind $E_1|E_2$, E_1E_2, E_1^* reguläre Ausdrücke und $L(E_1|E_2) = L(E_1) \cup L(E_2)$, $L(E_1 E_2) = L(E_1)L(E_2)$, $L(E_1^*) = L(E_1)^*$.

Reguläre Ausdrücke beschreiben genau die regulären Sprachen. Die Regel (1.) wird gebraucht, um die leere Sprache zu erzeugen.

Beispiel 2.3.11
Sei $E = (a|b)^*$. Mit obiger induktiver Definition erhalten wir $L(E) = (L(a|b))^* = (L(a) \cup L(b))^* = (\{a\} \cup \{b\})^* = \{a,b\}^*$. ◁

Beispiel 2.3.12
Ein regulärer Ausdruck für die Sprache aller ganzen Zahlen (Aufgabe 2.2.3) ist $0 \,|\, (\varepsilon|-)\,(1|2|3|4|5|6|7|8|9)\,(0|1|2|3|4|5|6|7|8|9)^*$. ◁

Beispiel 2.3.13
Der POSIX-Standard[2] erlaubt für reguläre Ausdrücke zusätzlich die Postfix-Operatoren $+$ und ?. Diese können dargestellt werden durch $E^+ = EE^*$, $E? = \varepsilon|E$. Zum Beispiel findet

```
egrep -w '(nicht)?deterministisch(e|er)?' text.tex
```

---
2 Ein Versuch, die vielen UNIX-Derivate zu vereinheitlichen.

im Text text.tex alle Zeilen, die die Wörter „nichtdeterministischer", „deterministisch" oder „deterministische" enthalten. Ohne die Option −w sucht egrep (*e*xtended *g*eneral *r*egular *e*xpression *p*arser) nach Teilwörtern und findet dann auch „indeterministischen". Konkatenation hat Vorrang vor |.
Dem leeren Wort ε entspricht der Ausdruck (). Daneben gibt es Abkürzungen für häufig verwendete Mengen von Zeichen, zum Beispiel . für ein beliebiges Zeichen, ^ bzw. $ für das leere Wort am Anfang bzw. am Ende einer Zeile. Damit findet

egrep '^Eine? .*deterministisch ' text.tex

alle Zeilen in text.tex, die mit „Ein " oder „Eine " beginnen (achten Sie auf das Leerzeichen) und „deterministisch" als Teilwort enthalten.
Mit dem Programm sed (*s*tream *ed*itor) können durch reguläre Ausdrücke definierte Strings ersetzt werden. So ersetzt

sed −E 's/(i|u)ndeterministisch/nichtdeterministisch/g' text.tex

jedes Vorkommen von „indeterministisch" oder „undeterministisch" in text.tex durch „nichtdeterministisch".
Eine Übersicht der regulären Ausdrücke nach dem POSIX-Standard ist im Anhang zusammengestellt. ◁

Um aus einem regulären Ausdruck einen Automaten zu konstruieren, gehen wir ebenfalls induktiv vor:

1. Für $E = \emptyset$ ist nichts zu tun.

2. Für $E = a \in \Sigma$ konstruieren wir einen DFA mit genau zwei Zuständen, der mit einem a vom Startzustand in den Endzustand übergeht. Für $E = \varepsilon$ besteht der DFA aus genau einem Zustand, der gleichzeitig Start- und Endzustand ist.

3. Die Automaten für $E_1|E_2$, E_1E_2, E^* werden konstruiert wie in Aufgabe 2.5.2.

2.3.5 Lexikalische Analyse [+]

Die Lexikalische Analyse ist der erste Schritt, den ein Compiler ausführt. Ein Programm, das eine lexikalische Analyse vornimmt, heißt *Lexer*. Ein Lexer sucht im Sourcecode nach Schlüsselwörtern und Bezeichnern, die er als – gegebenenfalls um weitere Informationen angereicherte – *Tokens* an den Parser weiterleitet. Auf diese Weise entsteht aus dem Sourcecode ein Strom aus Tokens.
Die Aufgabe des Parsers wird in Abschnitt 2.4.4 besprochen.

2.3 Reguläre Sprachen

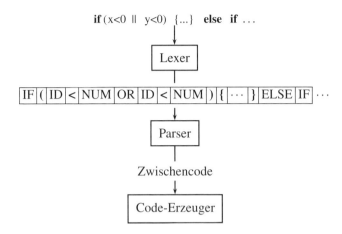

Abb. 2.8 Schritte, die ein Compiler ausführt

Ein Lexer verwendet zur Erkennung der Tokens einen DFA. Ein Token ist deshalb ein Wort einer regulären Sprache. Ein *Lexer-Generator* ist ein Programm, das aus einer Beschreibung der Tokens einen Lexer erzeugt, der diese Tokens erkennt. Zur Beschreibung der Tokens werden reguläre Ausdrücke oder reguläre Grammatiken verwendet, woraus der Lexer-Generator wie in Abschnitt 2.3.4 beschrieben einen Lexer erzeugt.

Für einfache Aufgaben lässt sich ein Lexer auch als eigenständiges Programm nutzen. Der bekannteste Lexer-Generator ist Lex für die Programmiersprache C, nach dessen Vorbild weitere Lexer-Generatoren entwickelt wurden, zum Beispiel flex (C), JLex [9] (Java), LexerGenerator [10] (C#). Die erstgenannten Programme verlangen als Eingabe eine Datei, die Programmcode und die Beschreibung der Tokens enthält und erzeugen daraus Sourcecode, der compiliert werden muss. LexerGenerator, den wir hier verwenden, erzeugt aus der Beschreibung der Tokens durch reguläre Ausdrücke den Sourcecode des Lexers, der zusammen mit dem Hauptprogramm, das den Lexer steuert, compiliert wird.
LexerGenerator ist Bestandteil der an der University of Paisley entwickelten CSTools, die unter [10] heruntergeladen werden können. Um die CSTools zu verwenden, sind eine C#-Laufzeitumgebung und ein C#-Compiler notwendig. Zwei Möglichkeiten hierzu sind Microsoft.NET sowie die Open-Source-Implementierung Mono.

Beispiel 2.3.14
Mit LexerGenerator konstruieren wir einen Lexer, der Spam-verdächtige Wörter identifiziert. Ein passendes Lexer-Skript ist

```
1   %lexer   SpamLexer
2
3   %define  A           (a|@)
4   %define  I           (i|1)
5   %define  L           (l|1|i)
6
7   v.?{I}.?{A}.?g.?r.?{A}        %Viagra
8   c.?{I}.?{A}.?{L}.?{I}.?s      %Cialis
9   v.?{A}.?{L}.?{I}.?u.?m        %Valium
10  p.?{I}.?{L}.?{L}.?s           %Pills
11  .|[\r\n]                      ;
```

Mit %define definieren wir Abkürzungen für reguläre Ausdrücke, die wir, eingeschlossen in geschweiften Klammern, in den Zeilen 7–10 benutzen, um Tokens zu definieren. Der Ausdruck .? steht für ein beliebiges Zeichen oder das leere Wort (s. Anhang). Hinter % steht der Name des Tokens, das zurückgeliefert wird, wenn der entsprechende reguläre Ausdruck im Sourcecode gefunden wird. Zeile 11 sorgt dafür, dass alle anderen Zeichen verschluckt werden. Wenn das Lexer-Skript Spam.lexer heißt, erzeugt lg Spam.lexer daraus das Programm Spam.lexer.cs. Das folgende Programm SpamScanner.cs ruft den Lexer auf und gibt die erkannten Tokens zusammen mit dem zugehörigen Text aus. Vor der Bearbeitung durch den Lexer wird der Text in Kleinbuchstaben umgewandelt, und alle Leerzeichen werden entfernt.

SpamLexer ist eine von Lexer abgeleitete Klasse, die in Spam.lexer.cs definiert wird. Die Klasse Lexer liefert Objekte der Klasse TOKEN zurück.

```
using System;
using System.IO;
using Tools;

public class SpamScanner
{
   public static void Main(string[] argv) {
      Lexer lexer = new SpamLexer();
      string input = (new StreamReader(argv[0])).ReadToEnd();

      lexer.Start(input.ToLower().Replace(" ",""));
      foreach (TOKEN token in lexer)
         Console.WriteLine("{0}: {1}", token.yyname,
            token.yytext);
   }
}
```

Dieses Programm wird mit Microsoft.NET compiliert durch

csc /r:Tools.dll SpamScanner.cs Spam.lexer.cs

2.3 Reguläre Sprachen

bzw. mit Mono durch

mcs −r Tools.dll SpamScanner.cs Spam.lexer.cs

wobei Tools.dll die Bibliothek der CSTools ist.
Der folgende Text ist ein Ausschnitt aus einer E-Mail von April 2006.

e C m i a a h I f i x s $ f 99 (1 4M 0 o p z i d l r l t s q)
d V b a h I w i a u o m $1 d 05 (Cn 30 c p f i a l q l p s w)
s V k i f a d g v r h a $ u 69 (1 tP 0 a p p i g l l l d s z)

Dem SpamScanner entgeht darin nichts:

~/progs/SpamScanner> mono SpamScanner.exe spam.txt
Cialis: cmiaahifixs
Pills: pzidlrlts
Valium: vbahiwiauom
Pills: pfialqlps
Viagra: vkifadgvrha
Pills: ppiglllds

◁

....

Aufgabe 2.3.1⁻
Zeigen Sie, dass sich jede mehrdeutige Typ-3-Grammatik G_1 immer in eine eindeutige Typ-3-Grammatik G_2 umwandeln lässt. Wie viele Variablen kann G_2 in diesem Fall enthalten?

Aufgabe 2.3.2⁻
Sei $L = \{x \in \{0,1\}^+ \mid x = x_1\ldots x_{n+1}$ für ein n und $x_{n+1} = x_1 \oplus \cdots \oplus x_n\}$, wobei $\oplus$ die Addition modulo 2 ist. Zeigen Sie, dass L regulär ist.

Aufgabe 2.3.3°
Sei $L = \{x \in \{a,b\}^* \mid x$ enthält genauso viele Substrings *ab* wie Substrings *ba*$\}$. Zeigen Sie, dass L regulär ist.

Aufgabe 2.3.4⁻
Untersuchen Sie, welche Sprache folgender Automat M erkennt und geben Sie einen regulären Ausdruck E an mit $L(M) = L(E)$:

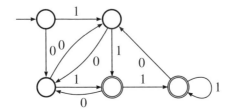

Aufgabe 2.3.5°
Konstruieren Sie einen DFA über $\Sigma = \{a,b,c\}$, der alle Strings erkennt, die *aba* oder *acb* enthalten.
Welche Zeit braucht der DFA, um *aba* oder *acb* in einem String der Länge n zu finden?

Aufgabe 2.3.6⁻⁻
Sei L eine endliche Menge. Geben Sie ein Verfahren an, um einen DFA M mit $L(M) = L$ zu konstruieren.

Aufgabe 2.3.7°
Geben Sie einen regulären Ausdruck E an mit $L(E) = \{a,b\}^* - \{a\}$.

Aufgabe 2.3.8**
Die Grammatik G habe die Regeln

$$S \to aXb$$
$$X \to AX \mid BX \mid A \mid B$$
$$BA \to AB$$
$$aA \to aa$$
$$Bb \to bb$$

Bestimmen Sie den höchsten Chomsky-Typ

a) der Grammatik G

b) der Sprache $L(G)$. Beweisen Sie dies!

Aufgabe 2.3.9°
Der durch ε-Kanten aufgerüstete NFA M_ε in Abbildung 2.9 kann an diesen Kanten den Zustand wechseln, ohne dabei ein Zeichen gelesen zu haben. Wenn M_ε zum Beispiel in Zustand A ist, kann er ohne Weiteres in Zustand B oder C wechseln.

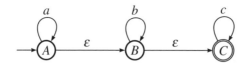

Abb. 2.9 Automat M_ε

a) Geben Sie die von M_ε akzeptierte Sprache als regulären Ausdruck an.

b) Konstruieren Sie einen herkömmlichen NFA M mit $L(M) = L(M_\varepsilon)$.

2.3 Reguläre Sprachen

c) Begründen Sie, dass ε-NFAs genau die regulären Sprachen erkennen.

Aufgabe 2.3.10°
Sei L eine reguläre Sprache und $a \in \Sigma$. Zeigen Sie, dass auch

a) $L_1 = \{w \mid aw \in L\}$

b) $L_2 = \{w \mid wa \in L\}$

regulär ist.

Aufgabe 2.3.11*
Sei $L = \{x \in \{0,1\}^+ \mid \text{bin}^{-1}(x) \equiv 0 \pmod{3}\}$. Geben Sie einen DFA M an mit $L(M) = L$, und beweisen Sie dies.
Hierbei ist $x = \text{bin}(n)$ die Binärdarstellung der Zahl n und $n = \text{bin}^{-1}(x)$. Die Notation $a \equiv b \pmod{m}$ bedeutet, dass a und b bei der Division durch m den gleichen Rest lassen.

Aufgabe 2.3.12⁻⁻
Sei M ein DFA mit 4 Zuständen. Zeigen oder widerlegen Sie: Wenn M ein Wort der Länge 4 akzeptiert, dann ist $L(M)$ unendlich.

Aufgabe 2.3.13*
Zeigen Sie, ohne das Pumping-Lemma zu verwenden, dass $\{a^n b^n \mid n \in \mathbb{N}\}$ nicht regulär ist.

Aufgabe 2.3.14⁻
Zeigen Sie, dass $\{a^n b^m \mid n < m\}$ nicht regulär ist.

Aufgabe 2.3.15⁻
Sei $c \in \Sigma$. Zeigen Sie, dass $\{wcw \mid w \in \{a,b\}^*\}$ nicht regulär ist.

Aufgabe 2.3.16⁻
Ein *Palindrom* ist ein Wort w mit $w = w^R$, zum Beispiel *otto* oder *anna*. Zeigen Sie, dass die Sprache aller Palindrome nicht regulär ist.
w^R bezeichnet das Wort w umgedreht, zum Beispiel $abc^R = cba$.

Aufgabe 2.3.17*
Zeigen oder widerlegen Sie: $L = \{a^p \mid p \text{ ist eine Primzahl}\}^*$ ist regulär.

Hinweis: 1 ist per Definition keine Primzahl!

Aufgabe 2.3.18°
Sei $L = \{x \in \{a,b\}^* \mid \text{alle Substrings in } bxb, \text{ die links und rechts durch } b \text{ begrenzt werden, haben verschiedene Längen}\}$. Zum Beispiel ist $x_1 = abaaabbaa \in L$, aber $x_2 = abbb \notin L$, da bx_2b zwei beidseitig durch b begrenzte Substrings a^0 der Länge 0 enthält.
Zeigen Sie, dass L nicht regulär ist.

Aufgabe 2.3.19⁻
Sei L regulär. Zeigen Sie, dass auch

$$L^R = \{w^R \mid w \in L\}$$

regulär ist.

Aufgabe 2.3.20°
Sei $L \neq \emptyset$ eine reguläre Sprache. Zeigen Sie, dass

$$\text{Präfix}(L) = \{w \mid \text{Es gibt ein } x \in \Sigma^* \text{ mit } wx \in L\}$$

und

$$\text{Suffix}(L) = \{w \mid \text{Es gibt ein } x \in \Sigma^* \text{ mit } xw \in L\}$$

regulär sind.

Aufgabe 2.3.21*
Es sei L eine beliebige reguläre Sprache und $a \in \Sigma$. Zeigen Sie, dass auch die Sprache

$$L' = \{uav \mid uv \in L\}$$

regulär ist.

2.4 Kontextfreie Sprachen

Die kontextfreien Sprachen sind vor allem für den Compilerbau von Bedeutung. Auf diese Anwendung gehen wir in Abschnitt 2.4.4 ein. Zunächst betrachten wir ein Automatenmodell, das die kontextfreien Sprachen erkennt. Im Unterschied zu den endlichen Automaten zeigt sich dabei, dass die deterministische Variante weniger mächtig als die nichtdeterministische ist.

2.4.1 Kellerautomaten

In Beispiel 2.3.9 wurde gezeigt, dass ein endlicher Automat die Sprache $L = \{a^n b^n \mid n \in \mathbb{N}\}$ nicht erkennen kann. Ein Kellerautomat dagegen kann L erkennen, indem er die Buchstaben a in einem Stack speichert und für jedes gelesene b ein a vom Stack holt.

Ein *Kellerautomat* (Pushdown Automaton, PDA) ist ein um zwei Eigenschaften erweiterter NFA:

2.4 Kontextfreie Sprachen

- Ein Kellerautomat kann den Zustand wechseln, ohne ein Eingabezeichen zu lesen (ε-Übergänge).
- Ein Kellerautomat besitzt einen Stack (oder Keller), in dem er eine unbegrenzte Anzahl von Zeichen aus einem *Stackalphabet* Γ speichern kann. In jedem Schritt holt der Kellerautomat das oberste Zeichen vom Stack und schreibt eine Folge von Stackzeichen $\gamma \in \Gamma^*$ auf den Stack (LIFO, last in first out). Für $\gamma = X_1 \ldots X_k$ wird zuerst X_k und zuletzt X_1 auf den Stack geschrieben, danach ist X_1 das oberste Stackzeichen.

Ferner gibt es nur einen Startzustand, was wegen der ε-Übergänge keine Einschränkung ist.

Das Zeichen $\# \in \Gamma$ heißt *unterstes Stackzeichen* und markiert das Ende des Stacks. Zu Beginn jeder Rechnung enthält der Stack einzig das Zeichen $\#$. Kellerautomaten können wie endliche Automaten per Endzustand akzeptieren oder per leerem Stack. Ein leerer Stack enthält keine Zeichen, auch nicht das Zeichen $\#$. Man kann zeigen, dass jeder Kellerautomat, der per Endzustand akzeptiert, in einen Kellerautomaten umgebaut werden kann, der per leerem Stack akzeptiert und umgekehrt. Die in den Lösungen der Aufgaben angegebenen PDAs akzeptieren per Endzustand, und im Endzustand ist zusätzlich der Stack leer.

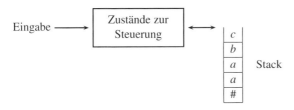

Die von einem Kellerautomaten M akzeptierte Sprache $L(M)$ besteht aus allen Eingaben, für die M einen Endzustand erreichen bzw. den Stack leeren kann, nachdem M alle Zeichen der Eingabe gelesen hat.

Kellerautomaten erkennen genau die kontextfreien Sprachen (Typ-2). Die deterministische Variante der Kellerautomaten erkennt eine echte Teilmenge der kontextfreien Sprachen, die *deterministisch kontextfreien Sprachen*. Insbesondere sind die deterministischen Kellerautomaten weniger mächtig als die (nichtdeterministischen) Kellerautomaten. Deterministische Kellerautomaten akzeptieren per Endzustand, nicht per leerem Stack.

Um Kellerautomaten graphisch darzustellen, erweitern wir die Darstellung endlicher Automaten um Stackoperationen. Jeder Pfeil von einem Zustand z_1 zu z_2 ist mit $a, X/\gamma$ beschriftet, was bedeutet: Der PDA befindet sich in Zustand z_1, liest

(i) ein $a \in \Sigma$ als Eingabe oder

(ii) für $a = \varepsilon$ keine Eingabe

und das oberste Zeichen auf dem Stack ist X. Daraufhin schreibt der PDA $\gamma \in \Gamma^*$ auf den Stack und wechselt in den Zustand z_2.

$$z_1 \xrightarrow{a, X / \gamma} z_2$$

Da ein Kellerautomat nichtdeterministisch ist, können für ein Paar aus Zustand und oberstem Stackzeichen beliebig viele Übergänge definiert sein. Falls ein ε-Übergang (Fall (ii)) definiert ist, kann der PDA, ohne ein Eingabezeichen zu lesen, den Zustand wechseln oder den Stackinhalt verändern. Falls kein Übergang definiert ist, bleibt der PDA in einer Sackgasse stecken. Für $\gamma = \varepsilon$ schreibt der PDA kein Zeichen auf den Stack.

Beispiel 2.4.1

Der unten dargestellte PDA erkennt die Sprache $L = \{a^n b^n \mid n \in \mathbb{N}\}$ per leerem Stack. Im Zustand z_0 wird für jedes gelesene a ein A auf den Stack geschrieben, im Zustand z_1 wird für jedes gelesene b ein A vom Stack geholt. Wenn danach das Zeichen # auf dem Stack liegt, wird dieses vom Stack geholt, so dass der Stack leer und die Eingabe akzeptiert ist.

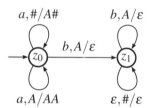

Wenn der PDA im Zustand z_1 ein a liest, bleibt er in einer Sackgasse stecken. Das Gleiche gilt, wenn er in z_0 ein b liest, ohne dass A das oberste Stackzeichen ist.

Wenn wir für diese Fälle einen Übergang in einen Fehlerzustand vorsehen, erhalten wir einen deterministischen PDA. Das zeigt, dass L eine deterministisch kontextfreie Sprache ist.

Die per Endzustand akzeptierende Version sieht so aus:

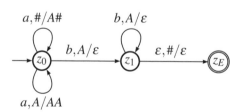

2.4 Kontextfreie Sprachen

Hierbei ist es gleichgültig, welches Zeichen der PDA im letzten Schritt auf den Stack schreibt. ◁

Formal lässt sich ein PDA $M = (Z, \Sigma, \Gamma, \delta, z_0, \#, E)$ definieren durch

- die Menge der Zustände Z

- das Eingabealphabet Σ

- das Stackalphabet Γ

- die Überführungsfunktion δ. Das Argument für die Überführungsfunktion δ ist ein Tripel (z, a, X) mit $z \in Z$, $a \in \Sigma \cup \{\varepsilon\}$ und $X \in \Gamma$. Die Ausgabe ist eine endliche (auch leere) Menge von Paaren (z', γ) mit $z' \in Z$ und $\gamma \in \Gamma^*$. Dabei bedeutet $(z', \gamma) \in \delta(z, a, X)$, dass M im Zustand z für Eingabe a und oberstem Stackzeichen X die Möglichkeit hat, dieses vom Stack zu entfernen, γ auf den Stack zu schreiben und in z' überzugehen. Für $a = \varepsilon$ kann M diesen Schritt ausführen, ohne ein Zeichen der Eingabe zu lesen. Wie beim NFA bedeutet $\delta(z, a, X) = \emptyset$, dass der PDA in einer Sackgasse stecken bleibt und keine weiteren Zeichen mehr verarbeitet.

- der Startzustand $z_0 \in Z$

- das unterste Stackzeichen $\# \in \Gamma$

- die Menge der Endzustände $E \subseteq Z$, sofern M per Endzustand akzeptiert. Wenn M per leerem Stack akzeptiert, ist $M = (Z, \Sigma, \Gamma, \delta, z_0, \#)$.

Zur Beschreibung von Kellerautomaten verwenden wir hier nur die graphische Darstellung.

Zum Abschluss betrachten wir eine Methode, aus einer kontextfreien Sprache L einen PDA zu konstruieren, der L akzeptiert. Dazu muss eine kontextfreie Grammatik für L bekannt sein.
Sei dazu G eine kontextfreie Grammatik mit $L(G) = L$. Der zu konstruierende PDA M schreibt zunächst das Startsymbol S auf den Stack. In jedem der folgenden Schritte gibt es dann zwei Möglichkeiten:

- Das oberste Stackzeichen ist eine Variable A. Dann wählt M nichtdeterministisch (das heißt genauer: M hat die Möglichkeit, dies zu tun) eine Regel $A \to \ldots$ der Grammatik G aus und ersetzt A auf dem Stack durch die rechte Seite dieser Regel.

- Das oberste Stackzeichen ist ein Zeichen $a \in \Sigma$. Dann vergleicht M das Zeichen a mit dem ersten noch nicht verarbeiteten Zeichen der Eingabe.

Stimmen beide überein, wird dieses Zeichen gelesen und a ersatzlos vom Stack geholt.

Dieser Vorgang wird so lange wiederholt, bis # das oberste Stackzeichen ist, woraufhin M in den Endzustand übergeht. Da M nichtdeterministisch ist, kann M für eine Eingabe $w \in L$ auf diese Weise eine Ableitung $S \Rightarrow^* w$ auf dem Stack simulieren und w akzeptieren, nachdem alle Zeichen von w verarbeitet wurden. Für $w \notin L$ ist das nicht möglich, so dass M w nicht akzeptieren kann.

Beispiel 2.4.2
Wir betrachten wieder die Sprache $L = \{a^n b^n \mid n \in \mathbb{N}\}$. L wird erzeugt von der Grammatik mit den Regeln

$$S \to aSb \mid \varepsilon$$

Da die graphische Darstellung des PDA M wegen der vielen Pfeile unübersichtlich ist, demonstrieren wir dessen Verhalten für die Eingabe $aabb$.
Nachdem M im ersten Schritt S auf den Stack geschrieben hat, wähle M die Regel $S \to aSb$ aus und schreibe aSb auf den Stack. Da nun das oberste Zeichen auf dem Stack mit dem ersten Zeichen der Eingabe übereinstimmt, werden diese Zeichen vom Stack geholt bzw. gelesen.

aabb	aabb	abb
S	a	S
#	S	b
	b	#
	#	

In den beiden folgenden Schritten werde ebenso vorgegangen.

abb	bb
a	S
S	b
b	b
b	#
#	

Im nächsten Schritt werde die Regel $S \to \varepsilon$ ausgewählt und S vom Stack geholt. Anschließend werden die verbleibenden Zeichen verglichen und gelesen bzw. vom Stack entfernt.

bb	b	
b	b	#
b	#	
#		

2.4 Kontextfreie Sprachen

Zuletzt kann M in den Endzustand übergehen und das Zeichen # vom Stack holen. Da nun alle Zeichen der Eingabe verarbeitet sind und M einen Endzustand erreicht hat bzw. der Stack leer ist, hat M die Eingabe *aabb* akzeptiert. ◁

Indem man dieses Vorgehen formalisiert, erhält man einen Beweis für die Aussage

$$L \text{ kontextfrei} \Rightarrow \text{ es gibt einen PDA } M \text{ mit } L(M) = L$$

Die Umkehrung zeigt man, indem man aus der Überführungsfunktion δ eine kontextfreie Grammatik konstruiert.
Der Nachteil dieser generischen Konstruktion ist, dass der so erhaltene PDA im Allgemeinen nichtdeterministisch ist (vgl. Beispiele 2.4.1, 2.4.2). Damit eignet er sich zum Beispiel nicht für eine Implementierung als Parser (Abschnitt 2.4.4). In den Aufgaben sollen Sie nach Möglichkeit einen deterministischen PDA angeben.
Für geeignete Grammatiken erhält man jedoch ein deterministisches Verfahren, indem der PDA Regeln in Anhängigkeit vom nächsten zu lesenden Zeichen auswählt. Wir erlauben einem PDA dazu, das nächste Zeichen der Eingabe zu sehen (*Lookahead*), ohne es zu lesen:
Beispiel 2.4.2
Wenn M genau dann die Regel $S \to aSb$ auswählt, wenn das nächste Zeichen der Eingabe ein a ist, ist M deterministisch. ◁

Auf genau diese Weise arbeiten *prädiktive Parser* [11].

2.4.2 Das Wortproblem bei kontextfreien Sprachen

Für eine Sprache L und ein Wort $x \in \Sigma^*$ heißt die Frage „liegt x in L?" *Wortproblem*. Das Wortproblem heißt entscheidbar, wenn es einen Algorithmus gibt, der für jede Eingabe x und einer Beschreibung von L (zum Beispiel durch Grammatik oder Automat) die Ausgabe „ja, $x \in L$" oder „nein, $x \notin L$" liefert. Für Typ-1-Sprachen ist das Wortproblem entscheidbar, im Allgemeinen aber mit exponentiellem Aufwand. Für eine kontextfreie Sprache L ist das Wortproblem in der Zeit $O(|x|^3)$ lösbar, wenn L in Chomsky-Normalform vorliegt.
Eine Grammatik ist in *Chomsky-Normalform*, wenn alle Regeln die Form

$$A \to BC$$

oder

$$A \to a$$

haben *und* ε auf keiner rechten Seite einer Regel vorkommt. Jede kontextfreie Grammatik G mit $\varepsilon \notin L(G)$ kann umgeformt werden in Chomsky-Normalform (CNF).

Beispiel 2.4.3
Die Grammatik G mit den Regeln

$$S \to SS \mid (S) \mid ()$$

erzeugt korrekt geklammerte Ausdrücke. Um G in CNF umzuformen, führen wir im ersten Schritt Variablen L, R und die Regeln $L \to (,\ R \to)$ ein und erhalten:

$$S \to SS \mid LSR \mid LR$$
$$L \to ($$
$$R \to)$$

Nun müssen wir noch die Regel $S \to LSR$ ersetzen. Dazu führen wir eine weitere Variable A und die Regel $A \to SR$ ein:

$$S \to SS \mid LA \mid LR$$
$$L \to ($$
$$R \to)$$
$$A \to SR$$

Die so erhaltene Grammatik G' ist in Chomsky-Normalform und erzeugt die gleiche Sprache wie G. ◁

Der Ableitungsbaum eines Wortes, das von einer Grammatik in CNF erzeugt wurde, ist – bis auf die Kanten zu den Blättern (Zeichen aus Σ) – ein binärer Wurzelbaum:

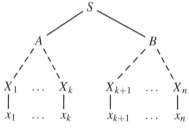

Wenn also ein Wort $x = x_1 x_2 \ldots x_n$ mit $n \geq 2$ aus S ableitbar ist ($S \Rightarrow^* x$), dann gibt es Variablen A, B mit $S \to AB$ und ein $k \in \{1, \ldots, n\}$ mit $A \Rightarrow^* x_1 \ldots x_k$, $B \Rightarrow^* x_{k+1} \ldots x_n$. Entsprechend lässt sich das Teilstück $x_1 \ldots x_k$ für $k \geq 2$ in zwei weitere Teilstücke zerlegen und so weiter. Die Teilwörter der Länge eins können nur aus einzelnen Variablen abgeleitet werden.

2.4 Kontextfreie Sprachen

Der *CYK-Algorithmus*[3] entscheidet das Wortproblem, indem er eine Tabelle T von unten nach oben auffüllt (Abbildung 2.10). Der Eintrag T_{ij} enthält die Menge der Variablen X mit $X \Rightarrow^* x_i x_{i+1} \ldots x_j$. Die Mengen T_{ii} in der untersten Zeile ergeben sich aus Regeln $X \to x_i$ der Grammatik. Für $j > i$ enthält T_{ij} alle Variablen X, für die gilt

- es gibt eine Regel $X \to AB$ und

- $A \in T_{ik}, B \in T_{k+1,j}$ für ein $k \in \{i, \ldots, j-1\}$.

Das Wort x liegt genau dann in der Sprache, wenn $S \in T_{1n}$ gilt.

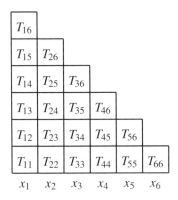

Abb. 2.10 Die vom CYK-Algorithmus konstruierte Tabelle

Beispiel 2.4.4
Wir prüfen $(()()) \in L(G')$ für die Grammatik G' aus Beispiel 2.4.3. Im ersten Schritt füllt der CYK-Algorithmus die unterste Zeile der Tabelle:

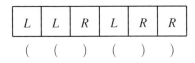

Im zweiten Schritt wird geprüft, ob es Regeln mit rechten Seiten *LL, LR, RL, RR* gibt. Wir erhalten

---
3   Benannt nach den Erfindern Cocke, Younger und Kasami.

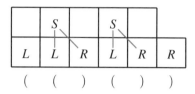

Im nächsten Schritt führt nur die Regel $A \to SR$ zu einem Tabelleneintrag.

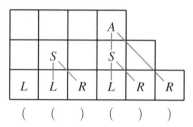

Und so geht es weiter, bis die Tabelle aufgefüllt ist. Unter jeder Variablen hängt mindestens ein Ableitungsbaum, der das Teilwort enthält, das dadurch abgeleitet werden kann.

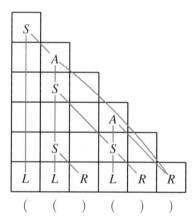

Da S in der linken oberen Ecke steht, gibt es eine Ableitung $S \Rightarrow^* (()())$, und damit liegt $(()())$ in $L(G')$.

Beachten Sie, dass das A an der Position T_{46} nicht gebraucht wird, um $(()())$ abzuleiten. Dieses A gehört nicht zum Ableitungsbaum für $(()())$. ◁

Der CYK-Algorithmus ist ein Beispiel für *dynamisches Programmieren*. Beim dynamischen Programmieren wird eine Tabelle aufgebaut, die Teillösungen enthält, aus denen die Lösung zusammengesetzt wird. Die Laufzeit ergibt sich aus

2.4 Kontextfreie Sprachen

der Anzahl Tabelleneinträge mal Aufwand pro Eintrag. Für ein Wort der Länge n untersucht der CYK-Algorithmus $O(n)$ Zerlegungen des Teilwortes für jeden Tabelleneintrag. Damit ist die Laufzeit des CYK-Algorithmus $O(n^2)O(n) = O(n^3)$.

2.4.3 Das Pumping-Lemma für kontextfreie Sprachen (+)

Wie für die regulären Sprachen gibt es auch für die kontextfreien Sprachen ein Pumping-Lemma, mit dem man den Nachweis führen kann, dass eine Sprache nicht kontextfrei ist. Der Beweis ist etwas komplizierter als der von Satz 2.3.1, verwendet jedoch das gleiche Prinzip. Dieser Abschnitt kann beim ersten Lesen übersprungen werden.

Zunächst ein ausführliches

Beispiel 2.4.5
Sei G die CNF-Grammatik aus Beispiel 2.4.3 und $z = ((())) \in L(G)$. Der Ableitungsbaum für z ist der folgende (bis auf die Blätter) binäre Wurzelbaum:

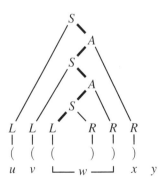

In diesem Baum gibt es einen Weg, auf dem eine Variable zweimal vorkommt, zum Beispiel A auf dem fett eingezeichneten Weg. Das aus dem unteren A abgeleitete Teilwort nennen wir w, das aus dem oberen A abgeleitete Teilwort vwx. Dadurch können wir z zerlegen in $z = uvwxy$, wobei hier $y = \varepsilon$ ist. Nun können wir eine Kopie des Teilbaums, der an dem oberen A hängt, an die Stelle des unteren A einhängen.

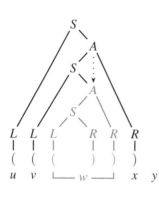 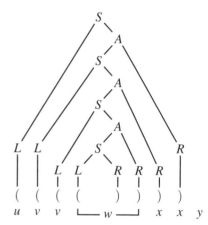

Da am linken bzw. rechten Rand des eingehängten Teilbaums das Wort v bzw. x steht, ist dadurch der Ableitungsbaum des Wortes uv^2wx^2y entstanden. Diesen Vorgang können wir wiederholen: Wenn wir im Ableitungsbaum von uv^2wx^2y den am jetzt mittleren A hängenden Teilbaum an die Stelle des unteren A hängen, erhalten wir den Ableitungsbaum des Wortes uv^3wx^3y. Ebenso können wir den unteren Teilbaum an die Stelle des oberen A hängen, wodurch der Ableitungsbaum des Wortes uwy entsteht. ◁

Satz 2.4.1 (Pumping-Lemma für kontextfreie Sprachen)
Für jede kontextfreie Sprache L gibt es ein n, so dass sich alle $z \in L$ mit $|z| \geq n$ zerlegen lassen in $z = uvwxy$, so dass

1. $|vx| \geq 1, |vwx| \leq n$

2. $uv^kwx^ky \in L$ für alle $k \geq 0$

Beweis. Sei G eine Grammatik in CNF mit $L(G) = L - \{\varepsilon\}$ und $n = 2^{|V|}$, wobei $|V|$ die Anzahl der Variablen von G ist. Für jedes $z \in L$ mit $|z| \geq n$ enthält der Ableitungsbaum A_z von z mindestens $n = 2^{|V|}$ Blätter. Wenn wir in A_z alle Terminalzeichen (also alle Blätter) entfernen, erhalten wir einen binären Wurzelbaum B_z, der nach Satz 1.4.5 einen Weg der Länge $\geq |V|$ enthält. Diesen Weg verlängern wir in B_z nach unten, so dass er an einem Blatt (also einer Variablen, aus der nur ein Terminalzeichen abgeleitet werden kann) endet, und verkürzen ihn oben, so dass er genau die Länge $|V|$ hat. Auf diesem Weg befinden sich mindestens $|V| + 1$ Variablen. Da diese nicht alle verschieden sein können (Schubfachprinzip), gibt es eine Variable A, die zweimal vorkommt. Der Teilbaum von A_z, der an dem unteren A hängt (dessen Wurzel A ist), ist Ableitungsbaum eines Wortes w, der am oberen A hängende Teilbaum ist Ableitungsbaum eines Wortes vwx. Da G eine Grammatik in CNF ist, ist auf das obere A eine Regel der Form

2.4 Kontextfreie Sprachen

$A \to BC$ angewendet worden, woraus $|vwx| > |w|$ und damit $|vx| \geq 1$ folgt. Da in B_z alle vom oberen A ausgehenden Wege die Länge $\leq |V|$ haben, folgt aus der Kontraposition von Satz 1.4.5 $|vwx| \leq n$.

Wenn wir in A_z den am unteren A hängenden Teilbaum an die Stelle des oberen A hängen, erhalten wir den Ableitungsbaum des Wortes uwy, woraus $uwy \in L$ folgt. Den Ableitungsbaum des Wortes uv^2wx^2y erhalten wir, indem wir umgekehrt den oberen Teilbaum an die Stelle des unteren hängen. Diesen Vorgang können wir wie in Beispiel 2.4.5 beliebig oft wiederholen, woraus $uv^kwx^ky \in L$ für alle $k \geq 0$ folgt. □

Beispiel 2.4.6
Sei $L = \{a^n b^n c^n \mid n \in \mathbb{N}\}$ (vgl. Tabelle 2.2 auf Seite 48). Angenommen, L ist kontextfrei. Dann gibt es ein $n \in \mathbb{N}$, so dass sich $z = a^n b^n c^n$ nach Satz 2.4.1 zerlegen lässt in $z = uvwxy$. Wegen $uwx \in L$ muss vx die jeweils gleiche Anzahl an Buchstaben a, b, c enthalten und wegen $|vx| \geq 1$ jeweils mindestens einen Buchstaben davon. Wegen $|vwx| \leq n$ kann vx aber nicht alle Buchstaben aus $\{a, b, c\}$ enthalten, Widerspruch. ◁

2.4.4 Syntaxanalyse[(+)]

Mit dem CYK-Algorithmus (Abschnitt 2.4.2) lässt sich zwar für beliebige kontextfreie Grammatiken das Wortproblem entscheiden und ein Ableitungsbaum erstellen. Dieses Verfahren erfordert im Allgemeinen jedoch kubische Laufzeit und ist deshalb für die Praxis ungeeignet. Für deterministisch kontextfreie Sprachen gibt es Algorithmen mit linearer Laufzeit, die als *Parser* die zweite Stufe eines typischen Compilers bilden. Ein Parser analysiert die vom Lexer (Abschnitt 2.3.5) gelieferten Tokens, um etwa if-else Konstrukte oder arithmetische Ausdrücke zu erkennen. Beim Lesen der Eingabe von links nach rechts erzeugen Parser implizit einen Ableitungsbaum, anhand der sie sich in zwei Klassen einteilen lassen:

Top-down-Parser bauen einen Ableitungsbaum von oben nach unten auf, *Bottom-up*-Parser von unten nach oben. Das am Ende von Abschnitt 2.4.1 erwähnte Verfahren arbeitet wie ein Top-down-Parser, die im Folgenden kurz vorgestellten LR-Parser gehören zu den Bottom-up-Parsern.

Ein *LR-Parser* liest die Eingabe von links nach rechts und erzeugt dabei den Ableitungsbaum der Rechtsableitung. Dabei kennt er die nächsten k Buchstaben der noch zu verarbeitenden Eingabe (Lookahead). Ein LR-Parser lässt sich durch einen deterministischen PDA mit einem Lookahead von k realisieren. Ein LR-Parser führt in jedem Schritt eine von vier möglichen Aktionen aus:

- Shift: Das nächste Zeichen der Eingabe wird auf den Stack geschoben.

- Reduce: Ein oder mehrere Symbole an der Spitze des Stacks entsprechen der rechten Seite a einer Regel $A \to a$ und werden durch A ersetzt. Um dies zu erkennen, enthält der Stack Symbole, die über den darunter liegenden Stackinhalt Auskunft geben.
- Accept: Die Eingabe wurde verarbeitet, und der Stack enthält nur das Startsymbol.
- Ein Syntaxfehler wird gemeldet.

Im Ableitungsbaum entspricht dem Reduce-Schritt die Konstruktion eines Vaterknotens A.

Beispiel 2.4.7
Sei G'_E die eindeutige Grammatik für arithmetische Ausdrücke aus Beispiel 2.2.6 (Seite 51):

$$E \to E - T \mid E + T \mid T$$
$$T \to T * F \mid T/F \mid F$$
$$F \to (E) \mid x \mid y \mid z$$

Für die Eingabe $x + y * z$ führt ein LR-Parser die folgenden Aktionen aus:

Stack	Restl. Eingabe	Aktion
	x+y*z	shift
x	+y*z	reduce
F	+y*z	reduce
T	+y*z	reduce
E	+y*z	shift
E+	y*z	shift
E+y	*z	reduce
E+F	*z	reduce
E+T	*z	shift
E+T*	z	shift
E+T*z		reduce
E+T*F		reduce
E+T		reduce
E		accept

Der Parser hat dadurch die Rechtsableitung der Eingabe $x + y * z$ konstruiert. ◁

Um zu entscheiden, welche Aktion jeweils auszuführen ist, verwenden LR-Parser Parsetabellen. Es gibt verschiedene, unterschiedlich mächtige Arten von LR-Parsern, die sich darin unterscheiden, wie diese Parsetabelle konstruiert

2.4 Kontextfreie Sprachen

wird. Die bekanntesten Vertreter sind – in der Reihenfolge ihrer Mächtigkeit
– SLR(k), LALR(k) und allgemeine LR(k)-Parser, wobei k die Länge des Lookaheads ist.
Während jede deterministisch kontextfreie Sprache durch einen LR(1)-Parser erkannt werden kann, gilt dies für SLR(k)- und LALR(k)-Parser nicht. Da die Parsetabelle eines allgemeinen LR(k)-Parsers für $k > 0$ jedoch sehr groß werden kann, werden diese Parser in der Praxis wenig verwendet. Einen Kompromiss zwischen Größe der Parsetabelle und Mächtigkeit der Spracherkennung bilden die LALR(1)-Parser. Gängige Programmiersprachen können durch LALR(1)-Parser erkannt werden.
Zur Konstruktion von Parsern werden *Parser-Generatoren* verwendet. Als Beispiel verwenden wir hier den LALR(1)-ParserGenerator der CSTools [10], der mit dem in Abschnitt 2.3.5 vorgestellten LexerGenerator zusammenarbeitet.

Beispiel 2.4.8
Wir programmieren einen Taschenrechner mit Infix-Notation. Zunächst brauchen wir ein Lexer-Skript Calc.lexer, das Fließkommazahlen als Token Num mit dem Wert val zurückliefert. Die Zeichen +−*/() und \n (Newline) werden selbst als Token zurückgegeben.

```
%lexer

%token Num {
    public double val;
}

[0-9]+([.][0-9]+)?(e[-+]?[0-9]+)?     %Num { val = Convert.
                                              ToDouble(yytext);}
[-+*/()\n]                            %TOKEN
```

Das Parser-Skript Calc.parser definiert zunächst Non-Terminalsymbole S,E,T,F, die einen Wert val besitzen. Eine Eingabe besteht aus einem Ausdruck E, gefolgt von einem Zeilenumbruch. Für E,T,F verwenden wir die eben betrachtete Grammatik G'_E, erweitert um negative Zahlen:

```
%parser Calc.lexer CalcParser

%symbol S {
    public double val;
}
%symbol E {
    public double val;
}
%symbol T {
    public double val;
```

```
}
%symbol  F  {
          public double val;
}

S    :    E:a  '\n'                  { val = a.val; }
     ;
E    :    E:a  '+'  T:b              { val = a.val + b.val; }
     |    E:a  '−'  T:b              { val = a.val − b.val; }
     |    T:a                        { val = a.val; }
     ;
T    :    T:a  '*'  F:b              { val = a.val * b.val; }
     |    T:a  '/'  F:b              { val = a.val / b.val; }
     |    F:a                        { val = a.val; }
     ;
F    :    Num:a                      { val = a.val; }
     |    '−' Num:a                  { val = −a.val; }
     |    '(' E:a ')'                { val = a.val; }
     ;
```

Das folgende Hauptprogramm Calc.cs liest eine Eingabe von der Konsole und ruft den Parser auf, der das Ergebnis der Berechnung liefert. Die im Parser definierten Symbole werden intern durch Klassen repräsentiert und von parser zurückgegeben. Für eine korrekte Eingabe gibt parser das Startsymbol bzw. die Klasse S zurück.

```
using System;
using Tools;

public class Calc
{
    public static void Main() {
        Parser parser = new CalcParser();
        string input;

        while(true) {
            Console.Write("> ");
            input = Console.ReadLine();
            if(input=="quit") break;
            else {
                try {
                    S s = (S)parser.Parse(input.ToLower());
                    Console.WriteLine(s.val);
                }
                catch(Exception ex) {
                    Console.WriteLine("Fehler {0}", ex);
```

2.4 Kontextfreie Sprachen

```
            }
          }
        }
      }
    }
}
```

Unter Mono werden durch

```
mono lg.exe Calc.lexer && mono pg.exe Calc.parser &&
mcs -r Tools.dll Calc.cs Calc.lexer.cs Calc.parser.cs
```

alle Skripte und Programme kompiliert, so dass der Taschenrechner mit

```
mono Calc.exe
```

aufgerufen werden kann.

Die Funktionalität des Taschenrechners kann durch neue Regeln sehr einfach erweitert werden. Wenn wir zum Beispiel Wurzeln berechnen wollen, definieren wir in Calc.lexer ein entsprechendes Token

```
sqrt                %Sqrt
```

und fügen in Calc.parser der rechten Seite von F die Regel

```
| Sqrt '(' E:a ')'    { val = Math.Sqrt(a.val); }
```

hinzu. ◁

....

Aufgabe 2.4.1⁻⁻
Sei G eine Grammatik mit den Regeln

$$S \to SS \mid (S) \mid \varepsilon$$

Konstruieren Sie einen PDA, der $L(G)$ erkennt.

Aufgabe 2.4.2⁻⁻
Eine Grammatik ist in *Oberhuber-Normalform*, wenn alle Regeln die Form

$$A \to BCD$$

oder

$$A \to a$$

haben und ε auf keiner rechten Seite einer Regel vorkommt. Zeigen oder widerlegen Sie: Jede kontextfreie Grammatik G mit $\varepsilon \notin L(G)$ lässt sich in eine äquivalente Grammatik in Oberhuber-Normalform umformen.

Aufgabe 2.4.3°
Geben Sie einen PDA an, der die Sprache

a) $\{a^n b^m \mid n,m \in \mathbb{N}, m \leq 2n\}$

b) $\{a^n b^m \mid 0 \leq n \leq m \leq 2n\}$

erkennt.

Aufgabe 2.4.4[**]
Sei $L = \{w \in \Sigma^* \mid w = w^R\}$ die Sprache der Palindrome über $\Sigma = \{a,b\}$.

a) Konstruieren Sie einen PDA, der L erkennt.

b) Geben Sie eine Grammatik G an mit $L(G) = L$ und beweisen Sie dies.

Aufgabe 2.4.5[*]
Jan Lukasiewicz erfand in den 20er Jahren eine später *umgekehrt polnische* oder *postfix Notation* genannte Schreibweise für arithmetische Ausdrücke, die ohne Klammern auskommt. Die Operatoren werden dabei hinter die Operanden geschrieben. Zum Beispiel kann

$$(1-2)*3$$

geschrieben werden als

$$1\ 2\ -\ 3\ *$$

oder

$$3\ 1\ 2\ -\ *$$

UPN wird unter anderem von der Druckersprache PostScript verwendet.

a) Geben Sie eine Grammatik an, die Ausdrücke in UPN erzeugt. Die Operatoren sind $+, -, *$, die Konstanten ganze Zahlen.

b) Schreiben Sie ein Programm, das Ausdrücke in UPN berechnet. Die Eingabe soll von der Konsole eingelesen, Syntaxfehler abgefangen und dem Benutzer gemeldet werden.

Aufgabe 2.4.6°
Sei $L = \{a^n b^m \mid n > m\}$ und $w = aaabb$. Zeigen Sie mit dem CYK-Algorithmus $w \in L$, und geben Sie damit eine Ableitung von w an.

Aufgabe 2.4.7[*]
Wie muss der CYK-Algorithmus erweitert werden, um alle Ableitungsbäume eines Wortes zu finden?

2.5 Abschlusseigenschaften von Sprachen

In diesem Abschnitt betrachten wir, wie sich der Chomsky-Typ einer Sprache verhält, wenn auf sie eine Mengenoperation angewendet wird.
Eine Menge (oder Klasse) $\mathscr{L}$ von Sprachen heißt *abgeschlossen* unter

Vereinigung		$A \cup B \in \mathscr{L}$
Durchschnitt		$A \cap B \in \mathscr{L}$
Produkt	wenn	$AB \in \mathscr{L}$
Komplement		$\bar{A} \in \mathscr{L}$
Stern		$A^* \in \mathscr{L}$

für alle $A, B \in \mathscr{L}$ gilt. Entsprechend lassen sich Abschlusseigenschaften für weitere Mengenoperationen definieren.
Die Typ-k-Sprachen ($k = 0, \ldots, 3$) haben folgende Abschlusseigenschaften:

1. Reguläre Sprachen

   Die Klasse der regulären Sprachen ist wegen ihrer einfachen Struktur unter allen oben angegebenen Mengenoperationen abgeschlossen. Der Nachweis ist jeweils sehr einfach:

   - Vereinigung, Produkt und Stern: Für reguläre Sprachen L_1, L_2 gibt es reguläre Ausdrücke E_1, E_2 mit $L(E_1) = L_1$, $L(E_2) = L_2$. Da $E_1 | E_2$ ein regulärer Ausdruck ist, der $L_1 \cup L_2$ erzeugt, sind die regulären Sprachen unter Vereinigung abgeschlossen. Entsprechend folgt der Abschluss unter Produkt und Stern mit $E_1 E_2$ bzw. E_1^*.

   - Komplement: Sei L eine reguläre Sprache und M ein DFA mit $L(M) = L$. Indem wir die Endzustände von M mit Nicht-Endzuständen vertauschen, erhalten wir einen DFA, der genau $\bar{L}$ erkennt.

   - Durchschnitt: Da reguläre Sprachen unter Vereinigung und Komplement abgeschlossen sind, folgt mit $L_1 \cap L_2 = \overline{\overline{L_1 \cap L_2}} = \overline{\overline{L_1} \cup \overline{L_2}}$ (Regel von de Morgan) der Abschluss unter Durchschnitt.

2. Kontextfreie Sprachen

   Die Klasse der kontextfreien Sprachen ist nur unter Vereinigung, Produkt und Stern abgeschlossen:

   - Vereinigung, Produkt und Stern: Für kontextfreien Sprachen L_1, L_2 gibt es kontextfreie Grammatiken G_1, G_2 mit $L(G_1) = L_1$, $L(G_2) =$

L_2. Seien S_1 bzw. S_2 die Startsymbole von G_1 bzw. G_2. Dann können wir eine neue Grammatik G mit Startsymbol S konstruieren, die alle Regeln von G_1 und G_2 enthält sowie die Regel $S \to S_1 \mid S_2$. Damit erzeugt G die Sprache $L_1 \cup L_2$. Enthält G stattdessen die Regel $S \to S_1 S_2$, so wird $L_1 L_2$ erzeugt.

Um L_1^* zu erzeugen, konstruieren wir mit der Regel $S \to \varepsilon \mid S_1 S_1 \cdot$ entsprechend eine neue Grammatik. Mit dieser Grammatik können für jedes $n \in \mathbb{N}$ alle Wörter aus $\bigcup_{k=0}^n L_1^k$ erzeugt werden und damit L_1^*.

- Durchschnitt und Komplement: Da $L_1 = \{a^n b^n c^m \mid n,m \in \mathbb{N}\}$ und $L_2 = \{a^n b^m c^m \mid n,m \in \mathbb{N}\}$ kontextfrei sind, nicht aber $L_1 \cap L_2 = \{a^n b^n c^n \mid n \in \mathbb{N}\}$ (Beispiel 2.4.6), sind die kontextfreien Sprachen nicht unter Durchschnitt abgeschlossen. Daraus folgt mit den Regeln von de Morgan, dass sie auch unter Komplement nicht abgeschlossen sind, da sie unter Vereinigung abgeschlossen sind.

3. Typ-1- und Typ-0-Sprachen (Abschnitt 2.6)

    Die Typ-1-Sprachen und die Typ-0-Sprachen sind unter Schnitt, Vereinigung, Produkt und Stern abgeschlossen. Die Typ-1-Sprachen sind zusätzlich unter Komplement abgeschlossen.

Mit den Abschlusseigenschaften einer Sprachklasse kann man zeigen, dass eine Sprache nicht dieser Klasse angehört:

Beispiel 2.5.1
Sei wie in Beispiel 2.4.3 G die Grammatik mit den Regeln

$$S \to SS \mid (S) \mid ()$$

Wir zeigen, dass $L(G)$ nicht regulär ist: Wäre $L(G)$ regulär, dann auch $L(G) \cap L((^*)^*) = \{(^n)^n \mid n \in \mathbb{N}\}$, Widerspruch zu Beispiel 2.3.9. ◁

Aufgabe 2.5.1⁻
Sei $L = \{a^i b^j c^k \mid i = j \vee j = k\}$.

a) Zeigen Sie, dass L kontextfrei ist.

b) Woran könnte es liegen, dass jede Grammatik für L mehrdeutig ist?

Aufgabe 2.5.2°
Seien M_1, M_2 DFAs. Konstruieren Sie daraus einen Automaten (DFA oder NFA) für

2.5 Abschlusseigenschaften von Sprachen

a) $L(M_1)^*$

b) $L(M_1)L(M_2)$

c) $L(M_1) \cup L(M_2)$

Aufgabe 2.5.3**
Sei M ein NFA. Geben Sie jeweils ein Verfahren an, das entscheidet, ob gilt:

a) $L(M) = \Sigma^*$

b) $L(M)$ enthält kein Wort, das aus einer geraden Anzahl von Buchstaben a besteht.

c) $|L(M)| \geq 10$

d) Es gibt eine Teilmenge von $L(M)$, die nicht regulär ist.

Aufgabe 2.5.4*
Verwenden Sie Beispiel 2.3.9 und die Abschlusseigenschaften der regulären Sprachen, um zu zeigen, dass folgende Sprachen nicht regulär sind:

a) $L_1 = \{a^n b^n \mid n \in \mathbb{N}_0\}$

b) $L_2 = \{a^n b^m \mid n \neq m\}$

c) $L_3 = \{a^n b^m \mid n < m\}$ (vgl. Aufgabe 2.3.14)

d) $L_4 = \{w \in \{a,b\}^* \mid$ in w gibt es genau soviele Buchstaben a wie Buchstaben $b\}$

e) Ausdrücke in UPN (Aufgabe 2.4.5)

f) $L_6 = \{a^n b^{2n} \mid n \in \mathbb{N}\}$

Aufgabe 2.5.5°
Oberhuber behauptet: „Für jede kontextfreie Sprache L gibt es einen PDA M mit $L(M) = L$, der ohne Einschränkung per Endzustand akzeptiert. Indem man die Endzustände von M mit den Nicht-Endzuständen vertauscht, erhält man einen PDA, der genau $\bar{L}$ erkennt. Also sind die kontextfreien Sprachen doch unter Komplement abgeschlossen." Finden Sie den Fehler in Oberhubers Argumentation!

Aufgabe 2.5.6***
Sei $L \subseteq \{a,b\}^*$ regulär und L' die Sprache aller Wörter aus L, bei denen jedes Vorkommen von ab durch c ersetzt wurde. Beweisen oder widerlegen Sie: L' ist regulär.

2.6 Turing-Maschinen

Alan Turing schlug 1936 die Turing-Maschine als ein Modell vor, um jede mögliche Berechnung auszuführen. Er ging dabei von der Arbeitsweise eines Mathematikers aus, der mit Stift und Papier ein Problem löst: Er kann das Papier beschreiben, Zeichen ausradieren, und er geht in jedem Schritt logisch vor, indem er eine endliche Menge von Regeln anwendet. Seine Arbeit soll außerdem nicht an einer zu geringen Menge Papier scheitern. Turing-Maschinen werden in der Berechenbarkeits- und Komplexitätstheorie (Kapitel 3) wegen ihres einfachen Aufbaus als Standardmodell verwendet. In diesem Abschnitt behandeln wir die Spracherkennungseigenschaften der Turing-Maschinen.

2.6.1 Deterministische und nichtdeterministische Turing-Maschinen

Eine *Turing-Maschine* besteht aus einem unendlichen Band und einer Steuerungseinheit, die über einen beweglichen Schreib/Lesekopf auf das Band zugreifen kann. Das Band ist in Zellen eingeteilt, die je ein Zeichen des Bandalphabets Γ enthalten. Die Steuerungseinheit besteht wie beim Kellerautomaten aus endlich vielen Zuständen.

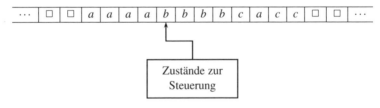

Abb. 2.11 Turing-Maschine

Zu Beginn einer Rechnung steht die Eingabe auf dem Band und der Schreib/Lesekopf über dem ersten Zeichen von links. Alle anderen Zellen enthalten das *Blank-Symbol* □. Das Blank-Symbol ist ein Element des Bandalphabets Γ, nicht aber Element des Eingabealphabets Σ. In jedem Schritt liest die Turing-Maschine ein Zeichen auf dem Band, schreibt ein Zeichen und bewegt den Kopf nach links, rechts oder lässt ihn stehen. Dabei kann sie den Zustand wechseln.

2.6 Turing-Maschinen

Die von einer Turing-Maschine M *akzeptierte Sprache* $L(M)$ besteht aus allen Eingaben, für die M einen Endzustand erreicht (deterministische Turing-Maschine) bzw. erreichen kann (nichtdeterministische Turing-Maschine).

Für Eingaben $w \notin L(M)$ ist das Verhalten der Turing-Maschine undefiniert. Insbesondere kann M in eine Endlosschleife geraten, was zu einem Problem mit weitreichenden Folgen führt: dem Halteproblem (Abschnitt 3.2.1). Deterministische wie nichtdeterministische Turing-Maschinen erkennen die Typ-0-Sprachen. Turing-Maschinen, die den Bereich des Bandes, auf dem die Eingabe steht, nicht verlassen dürfen, heißen *linear beschränkt* und erkennen die Typ-1-Sprachen. Während endliche Automaten und Kellerautomaten ihre Eingabe „von außen" erhalten, steht die Eingabe einer Turing-Maschine auf dem Band. Für eine Turing-Maschine lässt sich daher nicht fordern, dass diese alle Zeichen einer Eingabe w verarbeitet, bevor sie w akzeptiert, denn das Band enthält immer Zeichen aus dem Bandalphabet, und die Turing-Maschine kann nicht unterscheiden zwischen Eingabezeichen und Zeichen, die im Verlauf der Rechnung geschrieben worden sind. Eine zeichenweise Verarbeitung der Eingabe von links nach rechts ist bei einer Turing-Maschine auch nicht sinnvoll, da bei einer Ableitung aus einer Typ-0-Grammatik bereits erzeugte Zeichen wieder verändert oder gelöscht werden können. Bei einer kontextfreien Grammatik ist dies nicht möglich. Um Turing-Maschinen graphisch darzustellen, erweitern wir die Darstellung endlicher Automaten um Bandoperationen. Jeder Pfeil von einem Zustand z_1 zu z_2 ist mit $X/Y, B$ beschriftet, was bedeutet: Die Turing-Maschine befindet sich in Zustand z_1, liest $X \in \Gamma$ unter dem Kopf, schreibt $Y \in \Gamma$ und bewegt den Kopf nach $B \in \{L, R, N\}$. Die Abkürzungen L, R, N stehen für eine Kopfbewegung nach links, rechts und stehen bleiben (neutral).

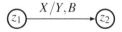

Beispiel 2.6.1
Die in Abbildung 2.12 dargestellte deterministische Turing-Maschine M erkennt die Sprache $L = \{a^n b^n c^n \mid n \in \mathbb{N}_0\}$. Nach Beispiel 2.4.6 ist L nicht kontextfrei. In jedem Durchgang ersetzt M je ein a, b, c durch $x \in \Gamma - \Sigma$ und geht in den Endzustand über, wenn alle Zeichen durch ein x ersetzt wurden. Dazu werden in z_1 alle x überlesen, das erste a durch ein x ersetzt und in z_2 die restlichen Zeichen a überlesen. Danach werden wieder alle x überlesen, das erste b durch ein x ersetzt und so weiter. In z_4 wird der Kopf ganz nach links bis auf das erste Blank-Symbol bewegt und vor dem nächsten Durchgang durch eine Bewegung nach rechts auf das erste Zeichen der Eingabe gesetzt. Wenn alle Zeichen a, b, c durch ein x ersetzt wurden, läuft der Kopf in z_1 auf ein Blank-Symbol und M geht in den Endzustand über. ◁

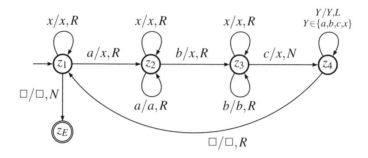

Abb. 2.12 Turing-Maschine M

In obigem Beispiel sind nicht für alle möglichen Zeichen unter dem Schreib/Lesekopf Übergänge definiert. In diesem Fall *hält* die Turing-Maschine, was bedeutet, dass sie keine weiteren Eingaben verarbeitet und den Kopf nicht mehr bewegt. Wir fordern, dass eine Turing-Maschine in jedem Endzustand hält, weshalb in der graphischen Darstellung vom einem Endzustand keine Pfeile ausgehen dürfen.

Formal lässt sich eine Turing-Maschine $M = (Z, \Sigma, \Gamma, \delta, z_0, \square, E)$ definieren durch

- die Menge der Zustände Z

- das Eingabealphabet Σ

- das Bandalphabet $\Gamma \supset \Sigma$

- die Überführungsfunktion δ. Das Argument für die Überführungsfunktion δ ist ein Paar (z, X) mit $z \in Z$, $X \in \Gamma$, die Ausgabe

  - ein Tripel (z', Y, B), falls M deterministisch ist
  - eine Menge von Tripeln (z', Y, B), falls M nichtdeterministisch ist

  mit $z' \in Z$, $Y \in \Gamma$ und $B \in \{L, R, N\}$. Für eine deterministische Turing-Maschine M bedeutet $\delta(z, X) = (z', Y, B)$, dass M im Zustand z das Zeichen X unter dem Kopf durch Y ersetzt, in z' übergeht und den Kopf nach $B \in \{L, R, N\}$ (links, rechts, keine Bewegung) bewegt. Für eine nichtdeterministische Turing-Maschine M bedeutet $(z', Y, B) \in \delta(z, X)$, dass M die

2.6 Turing-Maschinen

Möglichkeit hat, im Zustand z das Zeichen X unter dem Kopf durch Y zu ersetzen, in z' überzugehen und den Kopf nach $B \in \{L, R, N\}$ zu bewegen. Für $\delta(z,X) = \emptyset$ hält M. Für alle $z \in E$ und $X \in \Gamma$ muss gelten $\delta(z,X) = \emptyset$.

- den Startzustand $z_0 \in Z$
- das Blank-Symbol $\square \in \Gamma - \Sigma$
- die Menge der Endzustände $E \subseteq Z$

Eine nichtdeterministische Turing-Maschine M kann von einer deterministischen Turing-Maschine M' simuliert werden, indem M' systematisch alle Berechnungspfade von M für eine Eingabe verfolgt. Dabei muss M' den Berech-

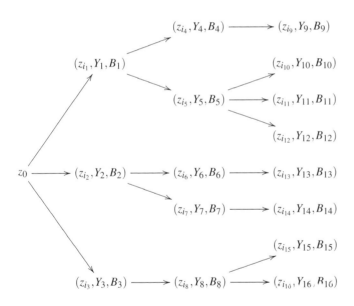

Abb. 2.13 Berechnungsbaum einer nichtdeterministischen TM

nungsbaum schichtweise (wie in Abbildung 2.13 dargestellt) von links nach rechts durchsuchen (Breitensuche, s. Abschnitt 1.4.6). Würde M' stattdessen Wege bis zu ihrem Ende verfolgen (Tiefensuche), könnte M' in einem unendlich langen Weg stecken bleiben, auch wenn es einen Weg zu einem Endzustand gibt.

2.6.2 Mehrband-Turing-Maschinen

Eine *Mehrband-Turing-Maschine* ist eine Turing-Maschine mit mehreren Bändern und zugehörigen Schreib/Leseköpfen. Mehrband-Turing-Maschinen sind einfacher zu handhaben als Einband-Turing-Maschinen.

Beispiel 2.6.2
Um die Sprache $L = \{a^n b^n c^n \mid n \in \mathbb{N}_0\}$ aus Beispiel 2.6.1 zu erkennen, verwenden wir eine Mehrband Turing-Maschine, die die Anzahl der Buchstaben a, b, c auf den Bändern 2–4 unär zählt und danach miteinander vergleicht (Abbildung 2.14). Dazu bewegt sie die Köpfe auf den Bändern 2–4 zurück nach links bis zum jeweils ersten Blank, dann gleichzeitig nach rechts, bis entweder unter den Köpfen wieder je ein Blank steht oder unter zwei Köpfen verschiedene Zeichen ($\square$ und 1). ◁

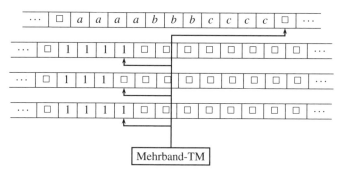

Abb. 2.14 Mehrband-TM zu Beispiel 2.6.2

Eine Mehrband-Turing-Maschine leistet nicht mehr als eine Einband-Turing-Maschine:

Satz 2.6.1
Jede Mehrband-Turing-Maschine M_M kann durch eine Einband-Turing-Maschine M_E simuliert werden.

Beweis. Sei k die Anzahl der Bänder von M_M. Wir können uns vorstellen, dass die Bänder in einem festen Raster übereinander stehen und die Köpfe sich nach links und rechts bewegen. M_E speichert in jedem Feld ihres Bandes den Inhalt von k übereinander stehenden Feldern zusammen mit den Kopfpositionen von M_M. Dazu verwendet M_E das Bandalphabet $\Gamma_E = (\Gamma_M \times \{-, \uparrow\})^k$, wobei das

2.6 Turing-Maschinen

Zeichen ↑ jeweils eine Kopfpositionen markiert.

...	c	c	b	a	a	b	b	a	c	c	a	a	b	...
...	−	−	−	↑	−	−	−	−	−	−	−	−	−	...
...	y	x	z	z	y	x	x	y	y	z	x	x	y	...
...	−	−	−	−	−	−	−	−	↑	−	−	−	−	...
...	−	1	1	0	1	0	0	0	1	1	0	−	−	...
...	−	−	−	−	−	↑	−	−	−	−	−	−	−	...

Um auf diesem Band mit nur einem Kopf einen Schritt von M_M zu simulieren, bewegt M_E den Kopf über alle Felder, die eine Kopfmarkierung ↑ enthalten. Dabei merkt sich M_E jeweils das Zeichen über der Markierung ↑, indem M_E in einen entsprechenden Zustand übergeht. In einem weiteren Durchlauf über das Band verändert M_E diese Zeichen und die Kopfmarkierungen entsprechend der Überführungsfunktion von M_M. □

In Aufgabe 2.6.3 sollen Sie zeigen, dass M_E für diese Simulation $O(n^2)$ Schritte ausführt.

....

Aufgabe 2.6.1
Oberhuber meint: „Turing-Maschinen sind Unsinn, es gibt keine unendlich langen Bänder. Alle existierenden Computer sind endliche Automaten." Was meinen Sie dazu?

Aufgabe 2.6.2^{--}
Ist Oberhubers Argument aus Aufgabe 2.5.5 für deterministische Turing-Maschinen korrekt? Zeigt dies, dass die Typ-0-Sprachen unter Komplement abgeschlossen sind?

Aufgabe 2.6.3^{-}
Zeigen Sie: Um n Schritte einer Mehrband-Turing-Maschine zu simulieren, muss eine Einband-Turing-Maschine $O(n^2)$ Schritte ausführen.

Aufgabe 2.6.4^{--}
Welche Sprachen können Kellerautomaten mit $k \geq 2$ Stacks erkennen? Ist $k > 2$ sinnvoll?

Aufgabe 2.6.5^{-}
Bei einer Turing-Maschine mit zweiseitig unendlichem Band ist Bandsalat entstanden. Der Techniker will deshalb das Band zerschneiden und eine Hälfte wegwerfen. Kann diese Turing-Maschine mit einseitig unendlichem Band genau so viel berechnen wie vorher?

2.7 Prüfungsfragen

1. Was ist eine formale Sprache? Nennen Sie ein Beispiel. Warum befassen wir uns mit formalen Sprachen?

2. Welche formalen Sprachen lassen sich endlich beschreiben? Gibt es Sprachen, bei denen dies nicht möglich ist?

3. Wie lassen sich formale Sprachen einteilen?

4. Was ist ein NFA? Wie ist die von einem NFA akzeptierte Sprache definiert? Gibt es NFAs überhaupt? Welchen Sinn hat das? Beschreiben Sie eine typische Anwendung eines NFA.

5. Wie wird der Nichtdeterminismus eines NFA formal wiedergegeben?

6. Wie funktioniert die Umwandlung eines NFA in einen DFA?

7. Wie kann man zeigen, dass DFAs und NFAs genau die regulären Sprachen erkennen?

8. Welches Prinzip steckt hinter der Minimierung eines NFA? Ist der Minimalautomat eindeutig? Welches Problem lässt sich damit entscheiden?

9. Kann man die Sprache aller korrekt geklammerten Ausdrücke mit einem DFA erkennen? Begründung!

10. Skizzieren Sie den Beweis des Pumping-Lemmas.

11. Welche andere Möglichkeit kennen Sie, um reguläre Sprachen zu beschreiben? Geben Sie die Definition wieder!

12. Welches Automatenmodell würden Sie verwenden, um die Sprache $\{a^n b^n \mid n \in \mathbb{N}\}$ zu erkennen und warum? Wie erkennt der Automat diese Sprache?

13. Wie kann man zeigen, dass es für jede kontextfreie Sprache L einen PDA gibt, der L erkennt? Wie wird dabei ausgenutzt, dass L kontextfrei ist? Ist dieser Beweis konstruktiv?

14. Wieso kann man einen PDA nicht einfach mit der für NFAs bekannten Konstruktion in einen deterministischen PDA umwandeln? Kann man grundsätzlich einen nichtdeterministischen PDA in einen deterministischen PDA umwandeln?

2.7 Prüfungsfragen

15. Wie kann man das Wortproblem bei kontextfreien Sprachen entscheiden? Beschreiben Sie kurz das Verfahren und das Prinzip, auf dem es beruht. Welche Laufzeit hat es und warum? Wie nennt man diese Art von Algorithmen?

16. Zeigen Sie, dass reguläre Sprachen unter Durchschnitt abgeschlossen sind. Sind kontextfreie Sprachen unter Durchschnitt abgeschlossen? Ist „Abschluss unter unendlicher Vereinigung" ein sinnvoller Begriff?

17. Geben Sie eine Sprache an, die ein PDA nicht erkennen kann.

18. Erkennen deterministische Turing-Maschinen die gleiche Sprachklasse wie nichtdeterministische Turing-Maschinen? Wie kann man das beweisen?

19. Warum ist eine Mehrband-Turing-Maschine nicht mächtiger als eine Einband-Turing-Maschine? Wie wird das bewiesen?

3 Berechenbarkeit, Entscheidbarkeit und Komplexität

3.1 Berechenbarkeit

Bis jetzt haben wir Automaten und Turing-Maschinen zur Erkennung von Sprachen verwendet. Dabei haben wir gesehen, dass Turing-Maschinen leistungsfähiger sind als alle anderen Modelle. Im Folgenden werden wir Turing-Maschinen zur Berechnung von Funktionen verwenden und mit anderen Berechnungsmodellen vergleichen. Dabei zeigt sich, dass mit Turing-Maschinen nicht weniger Funktionen berechnet werden können als mit anderen Modellen.

3.1.1 Turing-Berechenbarkeit und Programmiersprachen

Wir haben in Abschnitt 2.6 erwähnt, dass Turing die nach ihm benannte Maschine als universelles Berechnungsmodell vorgeschlagen hat. Viele andere Berechnungsmodelle wurden vorgeschlagen (Random Access Machine (RAM), Goto-Berechenbarkeit, While-Berechenbarkeit, μ-rekursive Funktionen, λ-Kalkül), die sich alle als gleichwertig mit der Turing-Berechenbarkeit erwiesen. Die Begriffe „Turing-berechenbar" und „berechenbar" werden deshalb synonym verwendet. Dass Turing-Maschinen in der Komplexitätstheorie auch heute noch verwendet werden, liegt neben ihrem einfachen Aufbau auch daran, dass für

Turing-Maschinen keine Annahmen über die Komplexität von elementaren Operationen wie Addition und Multiplikation gemacht werden müssen.
Die Notwendigkeit, den Begriff „Berechenbarkeit" präzise zu definieren, ergab sich um 1900, als David Hilbert auf dem internationalen Mathematikerkongress in Paris 23 mathematische Probleme vorstellte, deren Lösung er als besondere Herausforderung ansah. Das berühmt gewordene 10. Hilbert'sche Problem lautet: Gibt es ein Verfahren, das in einer endlichen Anzahl von Operationen eine ganzzahlige Nullstelle eines Polynoms in mehreren Variablen findet? Die Forderung nach einer endlichen Anzahl von Operationen schließt Näherungsverfahren aus. Zum Beispiel besitzt das Polynom $x^3y + y^2z + z^2 - 14$ eine Nullstelle für $x = 2, y = 1, z = -3$. Erst 70 Jahre später wurde bewiesen, dass ein solches Verfahren nicht existieren kann (Y. V. Matiyasevich, 1970). Schon 1931 bewies Kurt Gödel in seinem berühmten *Unvollständigkeitssatz*, dass es für jedes Axiomensystem der Zahlentheorie wahre Sätze gibt, die nicht beweisbar sind, die sich aus diesen Axiomen also nicht herleiten lassen.
Diese Erkenntnisse wurden erst möglich, nachdem die Begriffe „Algorithmus" bzw. „berechenbar" definiert wurden.

Sei $A \subseteq \Sigma^*$. Eine Funktion $f : A \to \Sigma^*$ heißt *berechenbar*, wenn es eine Turing-Maschine gibt, die für alle Eingaben $w \in A$ hält und danach nur die Ausgabe $f(w)$ auf dem Band steht.

Um Turing-Maschinen auch für andere Objekte verwenden zu können, müssen diese als Wort über Σ^* codiert werden. Für ein Objekt x sei $\langle x \rangle$ die *Codierung* von x. Wir verlangen, dass $\langle x \rangle$ charakteristisch für x ist (es darf nicht zwei Objekte mit der gleichen Codierung geben).

Eine Funktion $f : X \to Y$ heißt berechenbar, wenn es Codierungen (diese können verschieden sein) auf X bzw. Y gibt, so dass die Funktion $\langle x \rangle \mapsto \langle f(x) \rangle$ berechenbar ist.[1]

Beispiel 3.1.1
Die Addition $(x, y) \mapsto x + y$ ist berechenbar, indem die Argumente x, y binär codiert und mit einem Trennzeichen versehen werden. Die Turing-Maschine rechnet wie bei einer schriftlichen Addition. Nachdem der binär codierte Funktionswert $x + y$ auf das Band geschrieben ist, werden die restlichen Felder gelöscht und angehalten.
Für Abschnitt 3.3 ist es wichtig, zu wissen, dass die Länge der Binärcodierung $bin(x)$ in $O(\log(x))$ liegt. Der exakte Wert ist $|bin(x)| = \lfloor \log_2(x) \rfloor + 1$ für $x \in \mathbb{N}$. ◁

Die *Church-Turing-These* besagt, dass mit jedem beliebigen Berechnungsmodell nicht mehr berechnet werden kann als mit einer Turing-Maschine. Diese These

3.1 Berechenbarkeit

lässt sich weder beweisen noch widerlegen, da sich „jedes beliebige Berechnungsmodell" nicht formalisieren lässt. Die Church-Turing-These wird manchmal verwendet, wenn eine Funktion intuitiv berechenbar erscheint, man sich aber die Mühe ersparen will, explizit eine Turing-Maschine oder ein anderes, äquivalentes Berechnungsmodell anzugeben. In den meisten Fällen ist es jedoch nicht nötig, auf die Church-Turing-These zurückzugreifen, um Berechenbarkeit zu begründen – dann nämlich, wenn wir ein entsprechendes Programm in einer prozeduralen Programmiersprache angeben können.

Um zu sehen, dass Turing-Maschinen genauso leistungsfähig sind wie Programmiersprachen, betrachten wir als Zwischenschritt die Verwendung einer Turing-Maschine als *Unterprogramm*. Wie in einer Programmiersprache können wir einzelne Turing-Maschinen als Haupt- bzw. Unterprogramm auffassen und zu einer Mehrband-Turing-Maschine zusammenschalten.

Um eine Unterprogramm Turing-Maschine T_U aufzurufen, schreibt die Hauptprogramm-Turing-Maschine T_H die Rücksprungadresse (einen Zustand von T_H) auf ein Band und geht in den Startzustand von T_U über. Für eigene Berechnungen und Variablen verwendet T_U einen Teil der Bänder von T_H. Damit T_U nach getaner Arbeit zum Hauptprogramm zurückkehrt, werden die Endzustände von T_U zu Nicht-Endzuständen, die die Rücksprungadresse auslesen und in diesen Zustand übergehen. Wenn wir das Bandalphabet um die Menge aller Zustände erweitern, ist dieser Rücksprung ein einfacher Übergang $\delta(z_E, z') = (z', z', N)$.

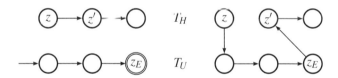

Wir bezeichnen diesen Vorgang weiterhin mit „die Turing-Maschine T_U hält", um Formulierungen einfach zu halten.

Für den nächsten Abschnitt ist wichtig, dass Hauptprogramm Turing-Maschine T_H und Unterprogramm Turing-Maschine T_U so umgebaut werden können, dass T_U nach jedem Schritt zur T_H zurückkehrt. Dadurch verhält sich die Turing-Maschine wie ein Debugger, der ein Unterprogramm schrittweise ausführt.

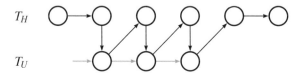

Mit Hilfe von Unterprogrammen kann eine Turing-Maschine ein *Assembler-Programm* simulieren. Assembler-Programme sind Programme in der Sprache des jeweiligen Mikroprozessors, aus denen Assembler und Linker ausführbaren Maschinencode erzeugen. Hochsprachen wie C++ und Delphi werden über Zwischenschritte in Maschinencode übersetzt, auch der Java HotSpot Compiler erzeugt zur Laufzeit Maschinencode.

Ein Assembler-Programm besteht im Wesentlichen aus logischen und arithmetischen Befehlen, Vergleichen und Sprungbefehlen, mit denen Register und Speicher manipuliert werden. Registern und Speicher entsprechen den Bändern einer Turing-Maschine, Sprungbefehlen entsprechen Zustandsübergängen.

Eine If-else-Anweisung kann durch Zustandsübergänge simuliert werden. Zum Beispiel realisieren die folgenden Zustände eine If-else-Anweisung mit den Alternativen $x = 0$, $x = 1$, wobei x auf dem Band steht.

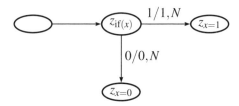

Damit lassen sich die logischen Operatoren and, or und not darstellen, zum Beispiel

```
bool and(bool x, bool y) {
  if(x==1)
    if(y==1) return 1;
  return 0;
}
```

Ferner ist leicht zu sehen, dass eine Turing-Maschine den Inhalt zweier Bänder miteinander vergleichen und die Funktion $n \mapsto n + 1$ berechnen kann. Dadurch kann eine Turing-Maschine zum Beispiel das Programm

```
    n=0;
M:  unterprogramm();
    n++;
    if(n<10) goto M;
```

simulieren, also eine For-Schleife ausführen. Damit lassen sich Addition und Multiplikation berechnen, woraus sich Subtraktion und Division (in den ganzen Zahlen) ergeben.

Dies sind bereits die wichtigsten Befehle der meisten Assembler-Sprachen. Zum Beispiel entspricht obige Schleife in einer x86-ähnlichen Assembler-Sprache dem Programm

3.1 Berechenbarkeit

```
     mov   $0,AX
M:   call  unterprogramm
     inc   AX
     cmp   $10,AX
     jl    M
```

Hierbei ist AX ein Prozessorregister, und die Befehle mov, inc, comp, jl bedeuten *move, increase, compare, jump if less*.
Bei dieser Argumentation haben wir die Annahme gemacht, dass es für jedes Programm in einer Hochsprache ein äquivalentes Assembler-Programm gibt. Dies ist ein Ergebnis aus einem anderen Bereich der Informatik, dem Compilerbau.
Auch umgekehrt gilt, dass eine Programmiersprache eine deterministische Turing-Maschine simulieren kann[2]. Dies gilt allerdings nur für die Programmiersprache als abstraktes Computermodell, nicht für Programme, die von einem realen Computer mit endlichem Speicher ausgeführt werden.
Das unendliche Band simulieren wir durch ein unendlich großes Feld oder ein Feld, das bei Bedarf vergrößert werden kann, den Kopf als Index in diesem Feld. Die Überführungsfunktion lässt sich durch eine Tabelle beschreiben. Damit simulieren wir die Turing-Maschine, bis sie einen Endzustand erreicht.

```
void Turing_Maschine() {
  int Band[(-∞,∞)];
  BigInteger KopfPosition;
  int Zustand;
  const int Endzustand=...;
  int delta[][][] = {...};

  Zustand=0;  // Startzustand
  while(Zustand ≠ Endzustand) {
    z = Zustand;
    x = Band[KopfPosition];
    Zustand = delta[z][x][0];
    Band[KopfPosition] = delta[z][x][1];
    KopfPosition += delta[z][x][2];  // 0,⊥1
  }
}
```

3.1.2 Goto- und While-Programme[(+)]

Zum Schluss behandeln wir kurz die Goto- und While-Programme. Dieser Abschnitt ist optional und kann übersprungen werden. Alle hier eingeführten An-

---
2 Man kann den Begriff „Programmiersprache" auch auf diese Weise definieren.

weisungen werden wie zu erwarten interpretiert.

Ein *Goto-Programm* besteht aus Zuweisungen $x_i = c$, $x_i = x_j \pm c$, Sprüngen **goto** M oder bedingten Sprüngen **if** $(x_i == c)$ **goto** M.

Wir haben auf Seite 106 gesehen, dass eine Turing-Maschine Sprünge und If-else-Anweisungen simulieren sowie Addition und Subtraktion berechnen kann. Damit kann eine Turing-Maschine Goto-Programme simulieren.

Ein *While-Programm* besteht aus Zuweisungen $x_i = c$, $x_i = x_j \pm c$ oder Schleifen

while $(x_i \neq c)$ $\{...\}$

Die Schleifenvariable darf manipuliert werden.

Da eine Schleife

while $(x \neq c)$ {
  ...
}

durch

M: ...
if $(x \neq c)$ **goto** M

ersetzt werden kann, kann jedes While-Programm in ein Goto-Programm übersetzt werden.

Zuletzt zeigen wir, dass While-Programme auch Turing-Maschinen simulieren können. Der Turing-Maschinen-Simulator aus Abschnitt 3.1.1 ist – bis auf die Felder Band und delta – ein While-Programm. Das Feld delta kann durch endlich viele Variablen ersetzt werden, die Zugriffe darauf durch if-Anweisungen und diese wiederum durch While-Schleifen. Eine if-Anweisung wie zum Beispiel

if $(x == 5)$ P

kann ersetzt werden durch

$y = x$
while $(x == 5)$ {
  P
  $y = x$
  $x = 0$
}
$x = y$

Um das unendlich große Feld Band zu ersetzen, müssen wir anders vorgehen. Zunächst können wir die zu simulierende Turing-Maschine so umbauen, dass

3.1 Berechenbarkeit

sie links und rechts Randmarkierungen # verwendet, die den bereits benutzten Teil des Bandes begrenzen und nach außen verschoben werden können. Diesen Teil des Bandes interpretieren wir als Darstellung einer Zahl zur Basis $|\Gamma - \{\#\}|$ und speichern ihn in einer Variable *Band*.

| ... | □ | # | 0 | 3 | B | □ | 8 | F | ... | 7 | # | □ | ... |

Man kann sich überlegen, dass ein While-Programm mit Hilfe von Schleifen und der Addition die Funktionen div und mod berechnen kann. Um auf eine in der Variablen *Band* gespeicherte Bandposition zuzugreifen, verwenden wir div und mod.

Beispiel 3.1.2
Sei der Einfachheit halber $\Gamma - \{\#\} = \{0, \ldots, 9\}$, wobei □ durch eine dieser Zahlen dargestellt werde. Der beschriebene Teil des Bandes enthalte 0731502. Um führende Nullen zu berücksichtigen, schreiben wir eine Eins vor diese Zahl. Nun soll die „3" extrahiert werden.

10^6	10^5	10^4	10^3	10^2	10^1	10^0
1	0	7	3	1	5	0	2

Dazu rechnen wir 10731502 div 10^4 = 1073 und 1073 mod 10 = 3.
Um einer Verlängerung des beschriebenen Teils des Bandes nach rechts bzw. links wiederzugeben, wird diese Zahl mit 10 multipliziert bzw. die führende Eins gelöscht und 10^8 addiert. ◁

Damit haben wir skizziert, dass die folgenden Umformungen möglich sind:

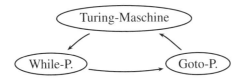

Dies fassen wir zusammen in
Satz 3.1.1
Goto-, While- und Turing-Berechenbarkeit sind äquivalent.

3.1.3 Loop-Berechenbarkeit

Eine andere Art von Berechenbarkeit, die sich als weniger mächtig als die (Turing-)Berechenbarkeit herausgestellt hat, ist die Loop-Berechenbarkeit. Loop-Berechenbarkeit wird über Loop-Programme definiert.

Für eine Konstante $c \in \mathbb{N}$ und Indizes i, j sind $x_i = c$, $x_i = x_j \pm c$ Loop-Programme. Für ein Loop-Programm P ist

loop x **do** P **end**

ein Loop-Programm.
Diese Anweisungen werden wie zu erwarten interpretiert, wobei die Schleifenvariable x in der Loop-Schleife nicht manipuliert werden darf.

Loop-Programme können daher nicht eine Endlosschleife geraten.

Beispiel 3.1.3
Ein Loop-Programm, das $x_1 \cdot x_2$ berechnet. Das Ergebnis steht danach in x_0:

$x_0 = 0$
loop x_1 **do**
 loop x_2 **do**
  $x_0 = x_0 + 1$
 end
end

Nicht erlaubt ist dagegen:

loop x_1 **do**
 $x_1 = 1$
end

◁

Das Konstrukt

if $(a > 0)$ P

können wir mit einem Loop-Programm simulieren durch

$b = 0$
loop a **do** $b = 1$ **end**
loop b **do** P **end**

Durch eine Diagonalisierung (Abschnitt 1.1.4) zeigen wir:

Satz 3.1.2
Es gibt eine Turing-berechenbare Funktion, die nicht Loop-berechenbar ist.

Beweis. Es genügt, sich dabei auf Funktionen von $\mathbb{N}$ nach $\mathbb{N}$ zu beschränken. Wir fassen dazu x_0 als einzige Ausgabe eines Loop-Programms auf. Da sich jedes Loop-Programm durch einen endlichen String codieren lässt, gibt es abzählbar viele Loop-Programme. Ferner gibt es eine berechenbare Aufzählung $P_1, P_2, P_3, \ldots$ der Loop-Programme. Denn eine Turing-Maschine M_e kann, indem sie rechnet wie bei einer Addition, alle endlichen Strings w in lexikografischer Ordnung aufzählen. Da die Menge der Loop-Programme eine kontextfreie Sprache ist, kann M_e prüfen, ob w ein Loop-Programm darstellt und diese

3.1 Berechenbarkeit

durchnummerieren. Sei f_n die von P_n berechnete Funktion. Dann ist die Funktion $f(n) = f_n(n) + 1$ nicht Loop-berechenbar, aber Turing-berechenbar: Die entsprechende Turing-Maschine verwendet M_e, um P_n zu erzeugen, berechnet $f_n(n)$, indem sie P_n interpretiert und addiert 1. □

Eine explizit gegebene Funktion, die nicht Loop-berechenbar ist, ist die Ackermann-Funktion (Aufgabe 3.1.6).

Die besondere Eigenschaft der Loop-Programme, immer zu einem Ende zu kommen, erweist sich für deren Berechnungskraft damit als Nachteil. Allgemeiner folgt mit der Church-Turing-These, dass jede Programmiersprache, die nur haltende Programme zulässt, nicht *berechnungsuniversell* ist, also weniger mächtig ist als eine Turing-Maschine. Den Begriff „Programmiersprache" können wir hierbei recht weit fassen und auch auf Funktionen ausdehnen, die durch primitiv-rekursive Funktionen definiert sind.

Die primitiv-rekursiven Funktionen waren, wie die Loop-Programme, ein Ansatz, Berechenbarkeit zu definieren. Im Wesentlichen ist eine Funktion f ist *primitiv-rekursiv*, wenn $f(n+1)$ aus $f(n)$ hervorgeht. Die formale Definition ist aufwendig, dehalb geben wir hier nur zwei Beispiele an:

Beispiel 3.1.4
Die Multiplikation ist primitiv-rekursiv:

$$m(a,b) = \begin{cases} 0 & \text{für } b = 0 \\ a + m(a, b-1) & \text{für } b > 0 \end{cases}$$

Die Fakultät ist primitiv-rekursiv:

$$f(n) = \begin{cases} 1 & \text{für } n = 0 \\ m(n, f(n-1)) & \text{für } n > 0 \end{cases}$$

◁

Da eine primitive Rekursion stets zum Ende kommt, folgt wie in Satz 3.1.2, dass es eine Turing-berechenbare Funktion gibt, die nicht primitiv-rekursiv ist. Tatsächlich kann man zeigen, dass Loop-Berechenbarkeit und Berechenbarkeit durch primitiv-rekursive Funktionen äquivalent sind.

....

Aufgabe 3.1.1⁻⁻
Welche der folgenden Funktionen sind berechenbar, welche möglicherweise nicht?

a) $f(n) =$ Anzahl der Yetis, die im Himalaya oberhalb von n Metern Höhe leben

b) $g(n) = \begin{cases} 1 & n = p - q \text{ für Primzahlen } p, q \\ 0 & \text{sonst} \end{cases}$

Aufgabe 3.1.2*

Für ein Alphabet Σ und $x \in \Sigma^*$ ist die *Kolmogorov-Komplexität* $K(x)$ die Länge (Anzahl Zeichen) des kürzesten Programms (in einer beliebigen, aber festen Programmiersprache[3]), das x ausgibt.
Zeigen Sie, dass K nicht berechenbar ist.

Hinweis: Nehmen Sie an, dass K berechenbar ist. Verwenden Sie dieses Programm als Unterprogramm in einem weiteren Programm, mit dem Sie diese Annahme zum Widerspruch führen.

Aufgabe 3.1.3*

Sei $BB(n)$ die größte Anzahl von Einsen, die eine Turing-Maschine mit n Zuständen und Bandalphabet $\Gamma = \{1, \square\}$ auf ein zu Beginn leeres Band schreibt und danach anhält.
Zeigen Sie, dass BB nicht berechenbar ist.

Aufgabe 3.1.4⁻

Zeigen Sie, dass es kein Loop-Programm gibt, das für jedes $n \in \mathbb{N}$ das n-te Loop-Programm simuliert.
Nehmen Sie an, dass ein Loop-Programm feststellen kann, ob ein String ein zulässiges Loop-Programm ist.[4]

Aufgabe 3.1.5⁻

Sei (f_n) eine Folge von Loop-berechenbaren Funktionen $f_n : \mathbb{N} \to \mathbb{N}$, so dass f_n durch ein Loop-Programm mit n Loop-Schleifen, nicht aber durch ein Loop-Programm mit $n - 1$ Loop-Schleifen berechnet werden kann.
Zeigen oder widerlegen Sie: Die Funktion g mit $g(k, n) = f_k(n)$ ist Loop-berechenbar.

Aufgabe 3.1.6**

Die *Ackermann-Funktion* (W. Ackermann, 1928) ist das historisch erste Beispiel einer Funktion, die nicht Loop-berechenbar ist. In einer vereinfachten Form ist sie definiert durch

$$a(x, y) = \begin{cases} y + 1 & \text{für } x = 0 \\ a(x - 1, 1) & \text{für } x > 0, y = 0 \\ a(x - 1, a(x, y - 1)) & \text{für } x > 0, y > 0 \end{cases}$$

Berechnen Sie

---

[3] Man kann $K(x)$ auch über Turing-Maschinen definieren. Dabei muss man anders vorgehen, da die Codierung $\langle M \rangle$ einer Turing-Maschine M (Abschnitt 3.2), die $x_1 x_2 \ldots x_n$ ausgibt, durch die Nummerierung der Zustände die Länge $O(n \log(n))$ hat.

[4] Die Syntax eines Loop-Programms kann in linearer Zeit geprüft werden. Man kann zeigen, dass alle in linearer Zeit berechenbaren Funktionen Loop-berechenbar sind.

a) $a(1,y)$ b) $a(2,y)$ c) $a(3,y)$ d) $a(4,y)$

Aufgabe 3.1.7**
Sei a die Ackermann-Funktion (Aufgabe 3.1.6). Zeigen Sie, dass die Funktion g mit $g_x(y) = a(x,y)$ für jedes $x > 0$ Loop-berechenbar ist.
Warum ist dies kein Widerspruch zur Aussage „$a(x,y)$ ist nicht Loop-berechenbar"?

3.2 Entscheidbarkeit

In diesem Abschnitt stoßen wir nun an die Grenzen der Turing-Maschinen und damit auch an die Grenzen der Berechenbarkeit. Wir werden sehen, dass es zahlreiche Probleme gibt, die algorithmisch überhaupt nicht lösbar sind – darunter auch Probleme, die sich in der Praxis stellen.

3.2.1 Das Halteproblem

Bevor wir das Halteproblem formal behandeln, zeigen wir an einem Beispiel, dass es überhaupt nicht einfach ist, einem Programm anzusehen, ob es jemals anhält. Das folgende Programm sucht nach einem Gegenbeispiel für die von Fermat 1640 aufgestellte Behauptung, dass

$$x^n + y^n = z^n$$

für $n \geq 3$ und $x,y,z \in \mathbb{N}$ keine Lösung besitzt (Fermats letzter Satz). Wir nehmen an, dass das Programm mit beliebig großen natürlichen Zahlen rechnen kann.

```
void fermat() {
  BigInteger k,n,sum,x,y,z;

  for(k=6; ;k++) {
    for(n=3; n<=k-3; n++) {
      sum = k-n;
      for(x=1; x<=sum-2; x++) {
        for(y=x; y<=sum-2; y++) {
          z = sum-x-y;
          if(Pow(x,n)+Pow(y,n)==Pow(z,n)) {
            WriteLine("Gegenbeispiel gefunden");
            return;
          }
        }
      }
```

}
   }
  }
 }

Das Programm hält genau dann, wenn Fermats Behauptung falsch ist. Ein Beweis, dass das Programm nicht hält, ist damit ein Beweis des letzten Satzes von Fermat, was erst 355 Jahre später mit einem über 100 Seiten langen und sehr komplizierten Beweis gelang. Insbesondere gilt, dass jedes Programm, das das Halteproblem entscheidet, einen Beweis für Fermats letzten Satz liefert. Es überrascht daher nicht, dass das Halteproblem algorithmisch nicht zu lösen (unentscheidbar) ist. Um das zu beweisen, müssen wir einige Begriffe einführen. Erste Anwendungen und Beispiele kommen später.

Eine Sprache L heißt *entscheidbar* (oder *rekursiv*), wenn es eine Turing-Maschine M mit $z_{ja} \in E$, $z_{nein} \in Z - E$ gibt, so dass gilt:

- Für jede Eingabe $w \in L$ hält M in z_{ja}
- Für jede Eingabe $w \notin L$ hält M in z_{nein}

Dies ist äquivalent zu $L = L(M)$, und M hält für jede Eingabe.
Eine Sprache L heißt *unentscheidbar*, wenn L nicht entscheidbar ist.

Eine Sprache L heißt *semi-entscheidbar* (oder *rekursiv aufzählbar*), wenn es eine Turing-Maschine M mit $z_{ja} \in E$ gibt, so dass gilt:

- Für jede Eingabe $w \in L$ hält M in z_{ja}
- Für jede Eingabe $w \notin L$ hält M nicht in z_{ja}

Dies ist äquivalent zu $L = L(M)$. Die semi-entscheidbaren Sprachen sind damit genau die Typ-0-Sprachen. Für Eingaben $w \notin L$ kann M in einem Zustand halten, der kein Endzustand ist, oder endlos laufen.

Anschaulich bedeuten diese Begriffe Folgendes:

- L ist entscheidbar, wenn eine Turing-Maschine für jedes $w \in L$ mit „ja, $w \in L$" oder „nein, $w \notin L$" antwortet und sich niemals irrt.

- L ist semi-entscheidbar, wenn eine Turing-Maschine für $w \in L$ mit „ja, $w \in L$" antwortet. Für $w \notin L$ kann sie mit „nein, $w \notin L$" antworten oder schweigen, um nichts Falsches zu sagen.

Eine semi-entscheidbare Sprache kann damit entscheidbar, aber auch unentscheidbar sein. Wir werden noch Beispiele für Sprachen kennenlernen, die noch nicht einmal semi-entscheidbar (und daher erst recht nicht entscheidbar) sind.

3.2 Entscheidbarkeit

Im Folgenden verwenden wir die Zustandsbezeichnungen z_{ja} und z_{nein} auch für Unterprogramm-Maschinen (Abschnitt 3.1.1), wobei jede eine Sprache entscheidende Unterprogramm- oder Hauptprogramm-Maschine ihre eigenen Zustände z_{ja} und z_{nein} besitzt.

Die Bezeichnung „L ist rekursiv aufzählbar" kommt daher, dass eine Turing-Maschine L *aufzählen* kann, das bedeutet (s. auch Aufgabe 3.2.2):

Satz 3.2.1
Für jede semi-entscheidbare Sprache L gibt es eine Turing-Maschine, die nacheinander alle Wörter in L auf ein Ausgabeband schreibt (aufzählt).

Beweis. Da L semi-entscheidbar ist, gibt es eine Turing-Maschine M_L mit $L = L(M_L)$. Damit konstruieren wir eine Turing-Maschine M, die in einer Schleife eine Variable n hochzählt. In der Schleife erzeugt M alle $w \in \Sigma^*$ mit $|w| \leq n$ und lässt M_L mit Eingabe w höchstens n Schritte laufen. Wenn M_L in z_{ja} hält, schreibt M das Wort w auf das Ausgabeband. Ein Wort $w \in L$ wird damit für $n = \max\{|w|, LZ(w)\}$ ausgegeben, wobei $LZ(w)$ die Laufzeit von M_L für die Eingabe w sei. □

Zwei wichtige Aussagen sind:

Lemma 3.2.2
Wenn L entscheidbar ist, dann ist auch $\bar{L}$ entscheidbar.

Beweis. Sei dazu M eine Turing-Maschine, die L entscheidet. Indem wir in M z_{ja} mit z_{nein} vertauschen, erhalten wir eine Turing-Maschine M', die $\bar{L}$ entscheidet. □

Lemma 3.2.3
L ist entscheidbar genau dann, wenn L und $\bar{L}$ semi-entscheidbar sind.

Beweis. Die Richtung „$\Rightarrow$" folgt aus Lemma 3.2.2 und der Definition. Für die Richtung „$\Leftarrow$" seien M und M' Turing-Maschinen, die L bzw. $\bar{L}$ semi-entscheiden. Damit konstruieren wir eine Turing-Maschine M_d, die für die Eingabe w abwechselnd M und M' einen Schritt laufen lässt, bis eine der beiden in z_{ja} hält (da entweder $w \in L$ oder $w \notin L$ gilt). Dann hält auch M_d, und zwar in z_{ja}, wenn M in z_{ja} gehalten hat, sonst in z_{nein}. □

In Aufgabe 2.2.4 wird gezeigt, dass es Sprachen gibt, die durch keine Grammatik erzeugt werden. Da die Turing-Maschinen genau die Sprachen erkennen, die überhaupt durch eine Grammatik darstellbar sind (Typ-0), folgt daraus, dass es Sprachen gibt, die nicht semi-entscheidbar und damit auch nicht entscheidbar sind. Wir betrachten nun ein konkretes Beispiel einer unentscheidbaren Sprache, dem *Halteproblem*:

$$H = \{\langle M \rangle \# w \mid \text{Die Turing-Maschine } M \text{ hält für die Eingabe } w\}$$

Um M zu codieren, werden Zustände und Bandalphabet durchnummeriert. Ohne Einschränkung hat M genau einen Startzustand und genau einen Endzustand. Die Codierung von M ist dann die Codierung der Überführungsfunktion δ als Liste $\langle z_1, a_1, \delta(z_1, a_1), \ldots \rangle$. Eine Turing-Maschine U kann diese Codierung lesen und die Arbeitsweise von M für die Eingabe w simulieren. U heißt *universelle Turing-Maschine*. Ferner halte U in z_{ja}, wenn M hält. Damit ist gezeigt:

Lemma 3.2.4
H ist semi-entscheidbar.

Eine H entscheidende Turing-Maschine müsste zusätzlich in z_{nein} halten, wenn M für die Eingabe w nicht hält. Bevor wir zeigen, dass dies nicht möglich ist (H unentscheidbar ist), betrachten wir einen Spezialfall des Halteproblems:

Satz 3.2.5
Das spezielle Halteproblem

$$K = \{\langle M \rangle \mid M \text{ ist eine Turing-Maschine und hält für die Eingabe } \langle M \rangle\}$$

ist unentscheidbar.

Beweis. Angenommen, K ist entscheidbar durch eine Turing-Maschine M_K.

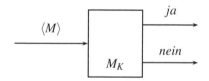

Daraus konstruieren wir eine Turing-Maschine M^*, die M_K als Unterprogramm benutzt und die

- in eine Endlosschleife übergeht, wenn M_K in z_{ja} hält,
- hält, wenn M_K in z_{nein} hält.

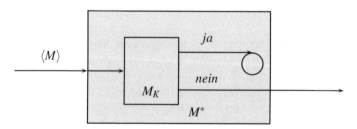

Nun starten wir M^* mit der Eingabe $\langle M^* \rangle$ und schauen, was passiert:

- Wenn M^* für die Eingabe $\langle M^* \rangle$ hält, dann hält M_K in z_{ja} und M^* geht in eine Endlosschleife über, hält also doch nicht. Widerspruch.
- Wenn M^* für die Eingabe $\langle M^* \rangle$ nicht hält, dann hält M_K in z_{nein} und M^* hält ebenfalls, Widerspruch.

Damit ist gezeigt, dass es M_K nicht geben kann und dass K unentscheidbar ist. □

Damit kann auch das allgemeine Halteproblem H nicht entscheidbar sein, denn wenn keine Turing-Maschine die Frage „hält M für die Eingabe $\langle M \rangle$?" beantworten kann, dann gilt das erst recht für „hält M für die Eingabe w?". Das formale Werkzeug für Schlüsse dieser Art ist die Reduktion. In Satz 3.2.8 werden wir damit die Unentscheidbarkeit des Halteproblems beweisen.

3.2.2 Reduzierbarkeit

Wenn wir von einer Sprache B nachweisen können, dass mit einer Turing-Maschine M_B, die B entscheidet, auch eine Sprache A entschieden werden kann, dann haben wir A auf B reduziert. Wir können uns vorstellen, dass die Turing-Maschine M_A, die die Sprache A entscheiden soll, M_B als Unterprogramm benutzt und eine Frage stellt. Es gibt verschiedene Arten der Reduzierbarkeit. Wir

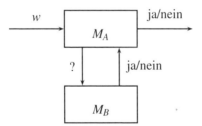

betrachten hier eine Reduzierbarkeit, die obiger Vorstellung nur teilweise entspricht.
Dabei wird das Problem „$w \in A$?" durch eine berechenbare Funktion f übersetzt in ein gleichwertiges Problem „$f(w) \in B$?" und M_B zur Entscheidung vorgelegt. Die Antwort von M_B ist dann auch die Antwort von M_A.

Für Sprachen A, B heißt A *(many-one)-reduzierbar* auf B, wenn es eine berechenbare Funktion $f : \Sigma^* \to \Sigma^*$ gibt, so dass für alle $w \in \Sigma^*$ gilt:

$$w \in A \iff f(w) \in B$$

Wir schreiben dafür $A \leq_m B$. Die Funktion f heißt *Reduktion* von A nach B.

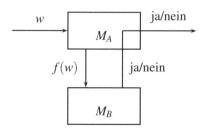

Abb. 3.1 Reduktion $A \leq_m B$

Anstelle von many-one-reduzierbar verwendet Sipser [12] den passenderen Begriff *mapping reducible*, der aber nicht allgemein üblich ist.
Eine wichtige Folgerung daraus ist: Wenn B entscheidbar ist und $A \leq_m B$, ist auch A entscheidbar. Eine Turing-Maschine M_A, die A entscheidet, lässt sich konstruieren wie in Abbildung 3.1 dargestellt. M_A berechnet für die Eingabe w das Wort $f(w)$ und gibt es M_B ein. Wegen $w \in A \iff f(w) \in B$ hält M_A genau dann in z_{ja} (z_{nein}), wenn auch M_B in z_{ja} (z_{nein}) hält. Die Aussage folgt entsprechend für semi-entscheidbare Sprachen.
Damit haben wir gezeigt:

Satz 3.2.6
Seien A, B Sprachen mit $A \leq_m B$. Dann gilt

1. Wenn B entscheidbar ist, ist auch A entscheidbar.

2. Wenn B semi-entscheidbar ist, ist auch A semi-entscheidbar.

Im Umkehrschluss heißt das:

Korollar 3.2.7
Seien A, B Sprachen mit $A \leq_m B$. Dann gilt

1. Wenn A unentscheidbar ist, ist auch B unentscheidbar.

2. Wenn A nicht semi-entscheidbar ist, ist auch B nicht semi-entscheidbar.

Korollar 3.2.7 ist das grundlegende Hilfsmittel, um die Unentscheidbarkeit einer Sprache B nachzuweisen. Dazu müssen wir eine Reduktion f von einer unentscheidbaren Sprache A finden. Dabei ist wichtig, dass in $w \in A \iff f(w) \in B$ beide Richtungen gelten – es nützt nichts, wenn nur eine Richtung gilt:

Beispiel 3.2.1
Sei A eine unentscheidbare Sprache und $w_0 \in A$.

a) Mit $f(w) = w_0$ gilt $w \in A \Rightarrow f(w) \in \{w_0\}$.

3.2 Entscheidbarkeit

b) Mit $g(w) = w$ gilt $w \in A \Leftarrow g(w) \in \{w_0\}$.

Trotzdem folgt weder aus a) noch aus b) $A \leq_m \{w_0\}$, denn A ist unentscheidbar und die endliche Menge $\{w_0\}$ nicht. ◁

Außerdem muss die Reduktion f berechenbar sein:

Beispiel 3.2.2
Sei A wieder eine unentscheidbare Sprache und

$$f(w) = \begin{cases} 1 & \text{für } w \in A \\ 0 & \text{sonst} \end{cases}$$

Damit gilt $w \in A \iff f(w) \in \{1\}$, aber nicht $A \leq_m \{1\}$. Denn f ist nicht berechenbar, da A unentscheidbar ist ◁

Als erste Anwendung von Korollar 3.2.7 zeigen wir (s. auch die Bemerkung auf Seite 117):

Satz 3.2.8
Das allgemeine Halteproblem H ist unentscheidbar.

Beweis. Wir zeigen $K \leq_m H$. Das ist hier einfach: Die Funktion $f(\langle M \rangle) = \langle M \rangle \# \langle M \rangle$ ist berechenbar, und es gilt $\langle M \rangle \in K \iff \langle M \rangle$ ist Codierung einer Turing-Maschine, die für die Eingabe $\langle M \rangle$ hält $\iff f(\langle M \rangle) \in H$. □

Mit Lemma 3.2.3 und Lemma 3.2.4 folgt daraus:

Korollar 3.2.9
$\bar{H}$ ist nicht semi-entscheidbar.

Im Folgenden nehmen wir zwei Vereinfachungen vor:

- Im Text identifizieren wir die Codierung $\langle M \rangle$ einer Turing-Maschine M mit M selbst. Wir schreiben also „die Turing-Maschine $f(\langle M \rangle)$" anstatt „die durch $f(\langle M \rangle)$ codierte Turing-Maschine". Dies vermeidet umständliche Formulierungen. In der mathematischen Beschreibung unterscheiden wir weiterhin zwischen $\langle M \rangle$ und M.

- Im Komplement von Sprachen ignorieren wir Wörter, die keine zulässige Codierung sind. Zum Beispiel ist $\bar{H} = \Sigma^* - H = \{\langle M \rangle \# w \mid M$ hält nicht für Eingabe $w\} \cup X$, wobei die Wörter in X nicht die Form $\langle M \rangle \# w$ haben. Letzteres kann eine Turing-Maschine prüfen und in einer Reduktion $\bar{H} \leq_m A$ können diese Wörter auf ein beliebiges Element in A abgebildet werden. Als neue Grundmenge können wir daher die entscheidbare Menge $\Sigma^* - X$ verwenden.

im Folgenden weisen wir mit Korollar 3.2.7 und Satz 3.2.8 die Unentscheidbarkeit weiterer Sprachen nach. Bei den dabei verwendeten Reduktionen ist es einfacher, die Gültigkeit der Richtung $w \in A \Leftarrow f(w) \in B$ in der logisch äquivalenten Form $w \notin A \Rightarrow f(w) \notin B$ zu verifizieren.

Lemma 3.2.10
$H_\Box = \{\langle M \rangle \mid M$ hält für die Eingabe $\Box$ (leeres Band)$\}$ ist unentscheidbar.

Beweis. Hier sieht man auf den ersten Blick nicht, wie die Reduktion zustande kommen soll, denn $H_\Box$ ist ein Spezialfall von H. Damit gilt $H_\Box \leq_m H$, nur nützt diese Aussage nichts. Die Reduktion kann aber nicht nur die Eingabe, sondern auch die Turing-Maschine selbst verändern. Das nutzen wir aus, um $H \leq_m H_\Box$ zu zeigen: Sei $f(\langle M \rangle \# w)$ eine Turing-Maschine, die w auf das (leere) Band schreibt und dann M aufruft. Damit gilt: $\langle M \rangle \# w \in H \iff M$ hält für Eingabe $w \iff f(\langle M \rangle \# w)$ hält auf leerem Band $\iff f(\langle M \rangle \# w) \in H_\Box$. Da $f(\langle M \rangle \# w)$ auf einfache Weise aus $\langle M \rangle$ hervorgeht, ist f berechenbar, und es gilt $H \leq_m H_\Box$. □

Wie in Korrolar 3.2.9 folgt, dass $\bar{H}_\Box$ nicht semi-entscheidbar ist. Mit diesem Lemma können wir die Unentscheidbarkeit einiger anderer Sprachen zeigen:

Beispiel 3.2.3
$H_{\Sigma^*} = \{\langle M \rangle \mid M$ hält für alle Eingaben$\}$ ist unentscheidbar.
Wir reduzieren von $H_\Box$: Dazu sei $f(\langle M \rangle)$ eine Turing-Maschine, die ihre Eingabe löscht und sich danach wie M verhält. Damit gilt $\langle M \rangle \in H_\Box \iff M$ hält auf leerem Band $\iff f(\langle M \rangle) \in H_{\Sigma^*}$. Da $H_\Box$ unentscheidbar ist, ist auch H_{Σ^*} unentscheidbar. ◁

Beispiel 3.2.4
Sei $L = \{a^n b^n \mid n \in \mathbb{N}\}$. Dann ist $A = \{\langle M \rangle \mid L(M) = L\}$ unentscheidbar. Auch hier konstruieren wir eine Reduktion von $H_\Box$. Sei M_L eine Turing-Maschine, die L akzeptiert. Die Turing-Maschine $f(\langle M \rangle)$ lässt zuerst M_L für die Eingabe $w \in \Sigma^*$ laufen. Wenn M_L die Eingabe akzeptiert hat, löscht $f(\langle M \rangle)$ das Band und lässt M laufen, ansonsten hält $f(\langle M \rangle)$ nicht. Dann gilt: $\langle M \rangle \in H_\Box \iff f(\langle M \rangle)$ akzeptiert $L \iff f(\langle M \rangle) \in A$. ◁

Allgemein gilt, dass schon $\{\langle M \rangle \mid M$ besitzt eine nicht triviale Eigenschaft $X\}$ unentscheidbar ist. Eine Eigenschaft X ist nicht trivial, wenn manche Turing-Maschinen X besitzen, andere nicht und wenn X nur von der Aufgabe abhängt, die die Turing-Maschinen erfüllen (Sprache erkennen, Funktion berechnen). Genauer:

Satz 3.2.11 (Satz von Rice)
Sei $\mathscr{X}$ eine Menge von Typ-0-Sprachen. Wenn es Turing-Maschinen M_1, M_2 gibt mit

3.2 Entscheidbarkeit

(i) $L(M_1) \in \mathscr{X}$

(ii) $L(M_2) \notin \mathscr{X}$

dann ist
$$\{\langle M \rangle \mid L(M) \in \mathscr{X}\}$$
unentscheidbar.
Eine entsprechende Aussage gilt, wenn $\mathscr{X}$ eine Menge berechenbarer Funktionen ist.

Beweis (Skizze). Sei $\emptyset \notin \mathscr{X}$. Wir verwenden die gleiche Reduktion wie in Beispiel 3.2.4, wobei wir hier die Sprache $L(M_1)$ verwenden. Es gilt: $\langle M \rangle \in H_\square \iff f(\langle M \rangle)$ akzeptiert $L(M_1)$, woraus $L(f(\langle M \rangle)) \in \mathscr{X}$ folgt. Wegen $\langle M \rangle \notin H_\square \Rightarrow L(f(\langle M \rangle)) = \emptyset \notin \mathscr{X}$ gilt auch die Umkehrung. Damit haben wir $H_\square \leq \{\langle M \rangle \mid L(M) \in \mathscr{X}\}$ gezeigt.
Für $\emptyset \in \mathscr{X}$ folgt die Aussage entsprechend, indem wir $L(M_2)$ verwenden und dann von $\bar{H}_\square$ reduzieren. Die Aussage für berechenbare Funktionen folgt durch Reduktion von $\{\langle M \rangle \mid L(M) \in \mathscr{X}\}$. Dabei wird M so umgebaut, dass M genau dann eine 1 auf das Band schreibt, wenn M in einem Endzustand hält. $\square$

Um besser zu verstehen, wie der Satz von Rice angewendet wird und wie nicht, betrachten wir wieder verschiedene Beispiele:

Beispiel 3.2.5

- $L_1 = \{\langle M \rangle \mid L(M) \text{ ist kontextfrei}\}$ ist unentscheidbar. Hier ist $\mathscr{X}$ die Menge aller kontextfreier Sprachen und $L_1 = \{\langle M \rangle \mid L(M) \in \mathscr{X}\}$. Da es Turing-Maschinen gibt, die kontextfreie Sprachen erkennen, und solche, die es nicht tun, ist L_1 unentscheidbar.

- Dagegen ist $L_2 = \{\langle M \rangle \mid L(M) \text{ ist semi-entscheidbar}\}$ entscheidbar. Denn da die semi-entscheidbaren Sprachen genau die Typ-0-Sprachen sind, erkennt jede Turing-Maschine eine semi-entscheidbare Sprache. Auch eine Turing-Maschine, die eine Funktion berechnet, kann man auffassen als Turing-Maschine, die eine Sprache akzeptiert. Daher ist L_2 schlicht die Menge aller Codierungen von Turing-Maschinen.

- $L_3 = \{\langle M \rangle \mid M \text{ berechnet } 3n+5\}$ ist unentscheidbar. Hier ist $\mathscr{X} = \{n \mapsto 3n+5\}$ und $L_3 = \{\langle M \rangle \mid M \text{ berechnet eine Funktion aus } \mathscr{X}\}$ ist unentscheidbar, da es Turing-Maschinen gibt, die $3n+5$ berechnen, und andere, die nicht $3n+5$ berechnen.

- Sei A eine entscheidbare Menge und $L_4 = \{\langle M \rangle \mid M \text{ entscheidet } A\}$. Kann man den Satz von Rice anwenden? Dazu müssen wir eine kleine Reduktion einschieben, denn L_4 hat nicht die Gestalt aus Satz 3.2.11. Für $\langle M \rangle \in L_4$

sei $f(\langle M \rangle)$ eine Turing-Maschine, die M ausführt und 1 auf das Band schreibt, wenn M in z_{ja} hält, sonst 0. Dann ist $f(L_4) = \{\langle M \rangle \mid M$ berechnet $1_A\}$ mit

$$1_A(w) = \begin{cases} 1 & \text{für } w \in A \\ 0 & \text{sonst} \end{cases}$$

Da A entscheidbar ist, ist 1_A berechenbar. Ferner gibt es Turing-Maschinen, die 1_A berechnen, und andere, die nicht 1_A berechnen, also ist L_4 unentscheidbar.

- Und was sagt Satz 3.2.11 über $L_5 = \{\langle M \rangle \mid M$ hat 12 Zustände$\}$ aus? Nichts, denn L_5 lässt sich nicht in die Gestalt aus Satz 3.2.11 bringen. L_5 ist entscheidbar, da die Anzahl der Zustände direkt aus der Codierung abgelesen werden kann. ◁

Eine für die Praxis wichtige Folgerung aus dem Satz von Rice ist die Unentscheidbarkeit der *Programmverifikation*: Da Programme ebenso mächtig sind wie Turing-Maschinen (Abschnitt 3.1.1) gibt es keinen Algorithmus, der für ein beliebiges Programm P entscheidet, ob P einer nicht trivialen Spezifikation genügt.

Beispiel 3.2.6
Die Sprache $L = \{\langle P \rangle \mid$ Es gibt eine Eingabe, für die P einen Laufzeitfehler verursacht$\}$ ist unentscheidbar. Hier müssen wir L erst als Menge von Turing-Maschine interpretieren. Dazu definieren wir das Ereignis „Laufzeitfehler" als das Berechnen eines besonderen Wertes nan. Eine Turing-Maschine, die etwa eine Division berechnet, kann prüfen, ob der Nenner gleich null ist und nur in diesem Fall nan auf das Band schreiben. Mit $X = \{f \mid$ Es gibt ein n mit $f(n) =$ nan$\}$ ist dann $L = \{\langle M \rangle \mid M$ berechnet eine Funktion aus $X\}$. ◁

Dies schließt jedoch nicht aus, dass für einzelne Programme eine Programmverifikation möglich sein kann. Programme zur *statischen Analyse* interpretieren ein Programm abstrakt und können für manche Module feststellen, ob diese einen Fehler verursachen. Solche Programme werden bei der Entwicklung sicherheitskritischer Software eingesetzt.

Um nachzuweisen, dass eine Sprache A nicht semi-entscheidbar ist, gibt es zwei Möglichkeiten: Wenn $\bar{A}$ semi-entscheidbar ist, kann man zeigen, dass A unentscheidbar ist und die Behauptung mit Lemma 3.2.3 folgern. Die andere Möglichkeit ist eine Reduktion von $\bar{H}$ oder einer anderen Sprache, die nicht semi-entscheidbar ist (Korollar 3.2.7).

Beispiel 3.2.7
Sei $A = \{\langle M \rangle \mid M$ hält für keine Eingabe$\}$.

3.2 Entscheidbarkeit

Wir betrachten kurz die erste Möglichkeit. Nach Satz 3.2.11 ist $B = \{\langle M \rangle \mid L(M) = \emptyset\}$ unentscheidbar. Wir zeigen $B \leq_m A$: sei $f(\langle M \rangle)$ eine Turing-Maschine, die erst M ausführt und dann in eine Endlosschleife übergeht, wenn M in einem Zustand $z \in Z - E$ gehalten hat. Damit gilt $\langle M \rangle \in B \iff f(\langle M \rangle) \in A$, folglich ist A unentscheidbar. Es bleibt zu zeigen, dass $\bar{A} = \{\langle M \rangle \mid$ es gibt eine Eingabe, für die M hält$\}$ semi-entscheidbar ist. Dazu gehen wir vor wie im Beweis von Satz 3.2.1: Sei M^* eine Turing-Maschine, die in einer Schleife eine Variable n hochzählt. In der Schleife erzeugt M^* alle $w \in \Sigma^*$ mit $|w| \leq n$ und lässt M mit Eingabe w höchstens n Schritte laufen. Wenn M hält (von sich aus), hält M^* in z_{ja}. Damit ist $\bar{A}$ semi-entscheidbar, also kann A nicht auch semi-entscheidbar sein. – Wenn Sie bis hierher folgen konnten, haben Sie einiges gelernt. Wesentlich einfacher ist die zweite Möglichkeit: Wir zeigen $\bar{H}_\square \leq_m A$. Dazu sei $g(\langle M \rangle)$ eine Turing-Maschine, die ihre Eingabe löscht und sich danach wie M verhält. Dann gilt $\langle M \rangle \in \bar{H}_\square \iff M$ hält nicht auf leerem Band $\iff g(\langle M \rangle)$ hält für keine Eingabe $\iff g(\langle M \rangle) \in A$. Da $\bar{H}_\square$ nicht semi-entscheidbar ist, ist auch A nicht semi-entscheidbar. ◁

....

Aufgabe 3.2.1⁻
Oberhuber behauptet: „Es kann keine universelle Turing-Maschine U geben. Denn sei (f_n) eine Abzählung aller berechenbarer Funktionen $f_n : \mathbb{N} \to \mathbb{N}$. Indem U die Turing-Maschine simuliert, die f_n berechnet und Eins addiert, könnte U die Funktion g mit $g(n) = f_n(n) + 1$ berechnen. Diese Funktion ist aber nicht berechenbar, weil sie nicht in der Aufzählung enthalten ist."
Hat er recht?

Aufgabe 3.2.2⁻
Zeigen Sie: Eine Sprache A ist genau dann entscheidbar, wenn es eine Turing-Maschine gibt, die A in lexikografischer Ordnung aufzählt.

Aufgabe 3.2.3⁻
Finden Sie mit dem Ergebnis aus Aufgabe 3.1.3 einen neuen Beweis für Satz 3.2.8.

Aufgabe 3.2.4°
Welche Aussagen sind richtig?

a) Jede kontextfreie Sprache ist entscheidbar.

b) Jede unentscheidbare Sprache enthält eine entscheidbare Teilmenge.

c) Jede Teilmenge einer entscheidbaren Sprache ist entscheidbar.

d) Für jede unentscheidbare Sprache A gibt es eine echte Obermenge, die ebenfalls unentscheidbar ist.

e) Aus $A \leq_m B$ und B regulär folgt A regulär.

f) Aus A entscheidbar und $A \cap B$ entscheidbar folgt B entscheidbar.

g) Es gibt ein $w \in \Sigma^*$, so dass für alle $\langle M \rangle \in H_\square$ gilt: M hält für die Eingabe w.

Aufgabe 3.2.5°
Zeigen oder widerlegen Sie:

a) $A \leq_m H$ für jede semi-entscheidbare Sprache A

b) $H \leq_m A$ für jede unentscheidbare Sprache A

Aufgabe 3.2.6⁻⁻
Bei der Firma Datengrab wurden beim letzten Downsizing alle Programmierer entlassen. Zurück blieben 8722 völlig undurchsichtige Programme, von denen niemand weiß, was sie tun. Berater Oberhuber schlägt vor, ein Programm zu schreiben, das in einer endlichen Menge von Programmen alle Programme aufspürt, die das Gleiche tun.
Zeigen Sie, dass das Vorhaben grundsätzlich undurchführbar ist.

Aufgabe 3.2.7*
Sei $A = \{\langle M_1 \rangle \# \langle M_2 \rangle \mid L(M_1) = L(M_2)\}$.

a) Zeigen Sie, dass weder A noch $\bar{A}$ semi-entscheidbar sind.

b) Oberhuber behauptet: „Das Programm

```
foreach (w ∈ Σ*) {
    if ((w ∈ L(M₁) && w ∉ L(M₂)) ||
        (w ∉ L(M₁) && w ∈ L(M₂)))
        WriteLine("L(M₁) ≠ L(M₂)!");
}
```

stellt fest, ob $L(M_1)$ ungleich $L(M_2)$ ist. Also ist $\bar{A}$ doch semi-entscheidbar."

Wo liegt der Fehler in Oberhubers Argument?

Aufgabe 3.2.8*
Welche der folgenden Sprachen sind entscheidbar?

a) $L_1 = \{\langle M \rangle \# w \mid M$ schreibt für die Eingabe w irgendwann 5 auf das Band$\}$

b) $L_2 = \{\langle M \rangle \mid M$ bewegt für keine Eingabe den Kopf nach links$\}$

c) $L_3 = \{\langle M \rangle \mid M$ hält für jede Eingabe nach mindestens 20 Schritten$\}$

d) $L_4 = \{\langle M \rangle \mid M$ hält für jede Eingabe nach höchstens 20 Schritten$\}$

Aufgabe 3.2.9[**]
Sei $L_k = \{\langle M \rangle \mid L(M) \neq L(M')$ für alle Turing-Maschinen M' mit höchstens k Zuständen$\}$. Ist L_k für alle $k \in \mathbb{N}$ unentscheidbar?

Aufgabe 3.2.10[***]
Sei H_{Σ^*} die Sprache aus Beispiel 3.2.3. Zeigen Sie, dass weder H_{Σ^*} noch $\bar{H}_{\Sigma^*}$ semi-entscheidbar sind.

3.3 Komplexitätstheorie

Nachdem wir in Abschnitt 3.2 gesehen haben, dass manche Probleme algorithmisch überhaupt nicht zu lösen sind, untersuchen wir im Folgenden, mit welchem Aufwand grundsätzlich lösbare Probleme gelöst werden können. Auch ein lösbares Problem kann einen so großen Rechenaufwand erfordern, dass es praktisch nicht zu lösen ist. Eines der Ziele der Komplexitätstheorie ist es, praktisch lösbare von praktisch nicht lösbaren Problemen zu unterscheiden und diese in Klassen einzuteilen. Wir werden eine Klasse besonders schwieriger Probleme kennenlernen, für die bisher keine Algorithmen mit akzeptabler Rechenzeit bekannt sind. Ob sich an diesem Status etwas ändern kann, hängt vor allem von der Lösung eines offenen Problems, der **P** = **NP**-Frage, ab.
im Folgenden verwenden wir die Abkürzungen **DTM** für „deterministische Turing-Maschine" und **NTM** für „nichtdeterministische Turing-Maschine".

3.3.1 Die Klassen **P** und **NP**

Um die Klassen **P** und **NP** zu definieren, müssen wir zuerst die Laufzeit oder Zeit-Komplexität von DTM und NTM definieren. Die Laufzeit messen wir als Funktion in der Eingabelänge, wobei wir nur Eingaben betrachten müssen, die die Turing-Maschine akzeptiert.

Eine DTM M hat eine *Laufzeit* von $T(n)$, wenn M für alle Eingaben $w \in L(M)$ höchstens $T(|w|)$ Schritte ausführt.

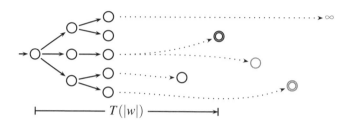

Abb. 3.2 Laufzeit einer NTM

Die tatsächliche Anzahl Schritte, die M für eine Eingabe $w \in L(M)$ ausführt, kann kleiner sein als $T(|w|)$, wir verlangen lediglich, dass T eine obere Schranke ist. Für Eingaben $w \notin L(M)$ kann M beliebig, auch unendlich viele Schritte ausführen. In Satz 3.3.1 zeigen wir jedoch, dass M so umgebaut werden kann, dass die Anzahl Schritte für jede Eingabe $w \in \Sigma^*$ durch $T(|w|)$ begrenzt ist.
Bei einer NTM M kann der Berechnungsbaum für eine Eingabe $w \in L(M)$ mehrere Wege unterschiedlicher Länge bis zu einem Endzustand enthalten. Wir verallgemeinern obige Definition, indem wir fordern, dass mindestens ein solcher Berechnungspfad höchstens die Länge $T(|w|)$ hat (Abbildung 3.2).

Eine NTM M hat eine *Laufzeit* von $T(n)$, wenn M für alle Eingaben $w \in L(M)$ jeweils einen Berechnungspfad besitzt, der nicht länger als $T(|w|)$ ist.

Um die Anzahl Schritte einer DTM oder NTM auch für Eingaben $w \notin L(M)$ zu begrenzen, führen wir einen Zähler mit:

Satz 3.3.1
Sei M eine NTM mit Laufzeit $T(n)$. Dann gibt es eine NTM M' mit $L(M) = L(M')$, die für alle Eingaben $w \in \Sigma^*$ keinen Berechnungspfad besitzt, der länger als $T(|w|)$ ist.

Beweis. Wir bauen M so um, dass für jede Eingabe $w \in \Sigma^*$ die Anzahl der bereits ausgeführten Schritte gezählt wird. Jeder Berechnungspfad, der nicht innerhalb von $T(|w|)$ Schritten zu einem Endzustand führt, wird abgebrochen und in einem Nicht-Endzustand gehalten. Die so erhaltene NTM M' erkennt die gleiche Sprache wie M und besitzt keinen Berechnungspfad, der länger als $T(|w|)$ ist. □

Damit können wir nun die Klassen **P** und **NP** definieren. **P** ist die Menge aller Sprachen, die eine *deterministische* Turing-Maschine, **NP** die Menge aller Sprachen, die eine *nichtdeterministische* Turing-Maschine in polynomieller Zeit erkennt.[5] Polynomielle Zeit bedeutet, dass die Laufzeit durch ein Polynom be-

---

5 Sagen Sie in einer Prüfung niemals, dass **NP** „nicht polynomiell" bedeutet! **NP** steht für „nichtdeterministisch polynomiell".

3.3 Komplexitätstheorie

grenzt ist. Nach Satz 3.3.1 spielt es dabei keine Rolle, ob die Laufzeit über akzeptierende Eingaben oder über alle Eingaben definiert ist. Konstanten und Terme niedrigerer Ordnung lassen wir in der O-Notation verschwinden.

$$\mathbf{P} = \bigcup_{k \geq 1} \{L \mid L = L(M) \text{ für eine DTM } M \text{ mit Laufzeit } O(n^k)\}$$

$$\mathbf{NP} = \bigcup_{k \geq 1} \{L \mid L = L(M) \text{ für eine NTM } M \text{ mit Laufzeit } O(n^k)\}$$

Mit Satz 3.3.1 folgt daraus

Korollar 3.3.2
$\mathbf{P} = \bigcup_{k \geq 1} \{L \mid L \text{ ist entscheidbar durch eine DTM mit Laufzeit } O(n^k)\}$
$\mathbf{NP} = \bigcup_{k \geq 1} \{L \mid L \text{ ist entscheidbar durch eine NTM mit Laufzeit } O(n^k)\}$

Beweis. Wir führen alle Endzustände von M' in z_{ja}, alle Nicht-Endzustände, in denen M' hält, in z_{nein}. □

Weil jede DTM auch eine NTM ist, gilt $\mathbf{P} \subseteq \mathbf{NP}$. Ob diese Inklusion echt ist, ist seit Langem ein ungelöstes Problem. Immer wieder tauchen Beweise für oder gegen die allgemeine Vermutung $\mathbf{P} \neq \mathbf{NP}$ auf, die sich bisher immer als fehlerhaft herausgestellt haben. Etwas Licht ins Dunkel wirft Korollar 3.3.5.
Die Menge der Polynome ist *abgeschlossen unter Verkettung*, das heißt, für Polynome $f(n), g(n)$ ist auch $(f \circ g)(n) = f(g(n))$ ein Polynom. Daher macht es für die Klassen $\mathbf{P}$ und $\mathbf{NP}$ keinen Unterschied, ob diese über die Laufzeit einer Einband-Turing-Maschine oder der einer Mehrband-Turing-Maschine definiert sind. Denn nach Aufgabe 2.6.3 kann eine Einband-Turing-Maschine M_E n Schritte eine Mehrband-Turing-Maschine M_M in der Zeit $O(n^2)$ simulieren. Wenn die Laufzeit von M_M ein Polynom $p(n)$ ist, dann liegt die Laufzeit von M_E in $O(p^2(n))$ und ist damit auch ein Polynom, sowohl für DTM als auch für NTM. Eine weitere wichtige Eigenschaft ist die Abgeschlossenheit gegenüber Reduktionen in polynomieller Zeit, die in Abschnitt 3.3.3 besprochen werden. Wegen dieser Eigenschaften sind viele Komplexitätsklassen, nicht nur $\mathbf{P}$ und $\mathbf{NP}$, mit Hilfe von Polynomen definiert.
Die Klasse $\mathbf{P}$ wird seit den sechziger Jahren als Klasse der *effizient* lösbaren Probleme betrachtet, die Probleme außerhalb von $\mathbf{P}$ als nicht effizient lösbar. Folgende Gründe haben dazu geführt:

- Zwar wird niemand einen Algorithmus mit Laufzeit $\Theta(n^{10})$ als effizient ansehen, jedoch scheinen solche Probleme in der Praxis nicht aufzutreten.

So schreiben Hopcroft/Motwani/Ullman [13]: „Practical problems requiring polynomial time are almost always solvable in an amount of time that we can tolerate". Die Erfahrung im Algorithmenentwurf hat ferner gezeigt, dass sich Probleme, für die ein polynomieller Algorithmus existiert, oft sogar in der Zeit $O(n^3)$ lösen lassen [14].

- Für einen Algorithmus mit Laufzeit n^k lassen sich auf einem doppelt so schnellem Rechner bei gleicher Rechenzeit $2^{1/k}$-mal so viele Elemente berechnen. Dagegen lässt sich nur ein Element mehr berechnen, wenn der Algorithmus die Laufzeit 2^n besitzt. Die Anzahl Elemente, die sich bei gleicher Rechenzeit berechnen lassen, wächst bei den polynomiellen Algorithmen also um einen Faktor, bei den exponentiellen Algorithmen lediglich um einen Summanden.

- Die Klasse **P** ist aus den oben genannten Gründen robust gegenüber der Änderung des Maschinenmodells. Ein Problem, das sich durch ein Java-Programm effizient lösen lässt, lässt sich effizient auch auf einer Einband-Turing-Maschine lösen.

Dennoch ist dies nur eine grobe Einteilung, die auch nicht immer angemessen ist, wie folgende Überlegungen zeigen:

- Aus dem Zeithierarchiesatz [12] folgt, dass es für jedes k ein Problem in **P** gibt, das sich durch einen $O(n^{k+1})$-Algorithmus lösen lässt, nicht jedoch durch einen $O(n^k)$-Algorithmus. Damit gibt es beliebig viele Probleme in **P**, die praktisch nicht lösbar sind.

- Für praktische Zwecke kann ein Algorithmus mit exponentieller Laufzeit schneller sein als ein Algorithmus mit polynomieller Laufzeit. Zum Beispiel besitzt die Funktion 1.3^n für $n < 43$ kleinere Werte als n^3 (Abbildung 3.3). Bereits für $n = 200$ liegt die Rechenzeit eines 1.3^n-Algorithmus dagegen auf absehbare Zeit jenseits von Gut und Böse.

- Die Definition der Klasse **P** verlangt eine polynomielle obere Schranke für alle Eingaben. Falls sich ein Problem L etwa für unendlich viele, aber sehr seltene Eingaben nur durch einen Algorithmus mit exponentieller Laufzeit lösen lässt und sonst in linearer Zeit, so liegt L nicht in **P**.

Aus den genannten Gründen lässt sich mit Hilfe der Klasse **P** keine scharfe Grenze ziehen zwischen effizient und nicht effizient lösbaren Problemen. Stattdessen gibt es eine Fülle weiterer Komplexitätsklassen, um eine genauere Einteilung zu erreichen.
Beispiele für Sprachen in **P** sind leicht zu finden.

3.3 Komplexitätstheorie

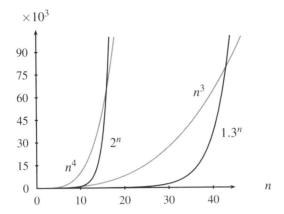

Abb. 3.3 Polynome (grau) und Exponentialfunktionen

Beispiel 3.3.1
Folgende Sprachen liegen in **P**:

- Die Sprache $\{a^n b^n c^n \mid n \in \mathbb{N}\}$, die von der Mehrband-Turing-Maschine aus Beispiel 2.6.2 mit Laufzeit $O(n)$ erkannt wird.

- Jede Typ-2-Sprache, da der CYK-Algorithmus das Wortproblem für Typ-2-Sprachen in der Zeit $O(n^3)$ entscheidet, wobei n die Wortlänge ist.

- Die Sprache $3CLIQUE = \{\langle G \rangle \mid \text{der Graph } G \text{ enthält eine 3-Clique}\}$. Hierfür ist es vorteilhaft, G als Adjazenzmatrix zu codieren. Wenn n die Anzahl der Knoten des Graphen ist, dann liegt die Laufzeit eines Algorithmus, der eine 3-Clique sucht, in $O(\binom{n}{3}) \subseteq O(|\langle G \rangle|^2)$ und ist damit durch ein Polynom in der Eingabelänge beschränkt.

  Auch wenn G als Adjazenzliste gegeben ist, liegt $3CLIQUE$ in **P**, da aus einer Adjazenzliste in der Zeit $O(n^2)$ eine Adjazenzmatrix konstruiert werden kann. ◁

Ebenso gibt es zahlreiche Sprachen in **NP**, die nicht offensichtlich in **P** liegen. Um dies zu sehen, ist das Verständnis des Nichtdeterminismus einer NTM besonders wichtig.
Eine sehr anschauliche Vorstellung von der Arbeitsweise einer NTM M ist, dass M jeweils den nächsten Schritt errät, um nach Möglichkeit einen Endzustand zu erreichen (vgl. S. 58 für das Verhalten eines NFA). Diese zusätzliche Fähigkeit kann eine NTM ausnutzen, um einen Endzustand schneller als eine vergleichbare DTM zu erreichen.

Beispiel 3.3.2
Als ebenso anschauliches Beispiel betrachten wir das Panzerschloss, mit dem der Autor sein Rennrad an der Uni abschließt. Dieses Schloss kann durch einen

Zahlencode der Länge $n = 4$ geöffnet werden. Wie würde eine Turing-Maschine diesen Code knacken?

- Eine DTM würde alle Kombinationen durchprobieren und hätte nach $O(10^n)$ Schritten das Schloss geöffnet.
- Dagegen würde eine NTM den Code Stelle für Stelle raten, prüfen, ob sich das Schloss öffnen lässt und wäre dadurch schon nach $O(n)$ Schritten fertig.

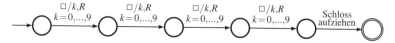

Der letzte Schritt, das Prüfen, ob sich das Schloss aufziehen lässt, stellt sicher, dass nur ein richtig geratener Code zum Erfolg bzw. nur der Berechnungspfad in den Endzustand führt, bei dem der korrekte Code auf das Band geschrieben wird. ◁

Diese wichtige Technik heißt *Guess and Check* und dient dem Nachweis $L \in \mathbf{NP}$ für eine Sprache bzw. einem Problem L. Dazu wird eine NTM konstruiert, die für jede mögliche Lösung des Problems einen Berechnungspfad besitzt (*Guess*) und nur dann in den Endzustand übergeht, wenn eine mögliche Lösung auch tatsächlich das Problem löst (*Check*). Eine typische Formulierung ist „die NTM wählt nichtdeterministisch eine Lösung aus und überprüft diese".

Beispiel 3.3.3
Sei $CLIQUE = \{\langle G, k \rangle \mid$ der Graph G enthält eine k-Clique$\}$. Hierbei codieren wir G wie in Beispiel 3.3.1 durch die Adjazenzmatrix, k durch $\text{bin}(k)$. Mit dem gleichen Argument wie für die Sprache $3CLIQUE$ lässt sich nicht $CLIQUE \in \mathbf{P}$ zeigen, denn $\binom{n}{k}$ ist nicht durch ein Polynom beschränkt, das nur von der Eingabelänge $|\langle G, k \rangle| = n^2 \log k$ abhängt. Tatsächlich folgt aus $CLIQUE \in \mathbf{P}$ sogar $\mathbf{P} = \mathbf{NP}$, was in den folgenden Abschnitten gezeigt wird. Eine DTM M kann $CLIQUE$ dagegen in polynomieller Zeit erkennen. Für eine Eingabe $\langle G, k \rangle$ hat M dazu die Möglichkeit, jede Teilmenge aus k Knoten von G auf das Band zu schreiben. Danach prüft M, ob diese Knoten paarweise verbunden sind. Anschaulich können wir diese Arbeitsweise formulieren durch „M wählt nichtdeterministisch k Knoten aus und überprüft, ob diese paarweise verbunden sind." In diesem Fall geht M in den Endzustand über. Die Laufzeit von M ist $O(k)O(\binom{k}{2}) = O(k^3) \subseteq O(n^3) \subseteq O(|\langle G, k \rangle|^2)$. ◁

3.3.2 Eine andere Charakterisierung von NP

Interessanterweise lässt sich die Klasse **NP** auch ohne die Verwendung NTM charakterisieren. Für eine Sprache $L \in \mathbf{NP}$ geben wir dazu einer DTM eine

3.3 Komplexitätstheorie

zusätzliche Information c_w, mit der sie $w \in L$ in polynomieller Zeit verifizieren kann. Diese zusätzliche Information c_w heißt *Beweis* oder *Zertifikat* für $w \in L$. Neben der Guess and Check Technik erhalten wir damit eine weitere Methode, um $L \in$ **NP** für eine Sprache L zu zeigen. In allen folgenden **NP**-Vollständigkeitsbeweisen werden wir diese Methode verwenden.

Beispiel 3.3.4 (Fortsetzung von Beispiel 3.3.3)
Ein Beweis oder Zertifikat für $\langle G,k \rangle \in CLIQUE$ ist die k-Clique selbst. Eine DTM kann in der Zeit $O\left(\binom{k}{2}\right) = O(k^2) \subseteq O(|\langle G,k \rangle^2|)$ prüfen, ob k Knoten paarweise verbunden sind. ◁

Über die Verifikation von Zertifikaten in polynomieller Zeit lässt sich **NP** äquivalent beschreiben. Für das Zertifikat c_w können wir grundsätzlich die von der NTM „erratene" Lösung verwenden. Umgekehrt kann eine NTM das von der DTM verwendete Zertifikat nichtdeterministisch auswählen und überprüfen.

Satz 3.3.3
Es gilt $L \in$ **NP** genau dann, wenn es eine DTM M mit polynomieller Laufzeit gibt und $L = \{w \mid \text{es gibt ein } c_w \in \Sigma^*, \text{ so dass } M \text{ das Wort } w\#c_w \text{ akzeptiert}\}$.

Beweis.

$\Rightarrow$: Wegen $L \in$ **NP** gibt es eine NTM M' mit polynomieller Laufzeit, die L akzeptiert. Für jedes $w \in L$ sei c_w ein (beliebiger) Berechnungspfad von M' für die Eingabe w. Dann ist die Länge von c_w durch ein Polynom in $|w|$ beschränkt. Die DTM M simuliert M', indem sie für eine Eingabe $w \in L$ den Berechnungspfad c_w nachvollzieht. Da c_w in einem Endzustand von M' endet, akzeptiert M die Eingabe w. Dazu führt M $O(|c_w|)$ Schritte aus, und die Laufzeit von M ist ebenfalls durch ein Polynom in $|w|$ beschränkt.

$\Leftarrow$: Sei die Laufzeit von M beschränkt durch cn^k für Konstanten c,k. Ferner sei M' eine NTM, die für jede Eingabe $w \in L$ ein c_w mit $|c_w| \leq cn^k$ nichtdeterministisch auswählt und damit M simuliert. Wenn M $w\#c_w$ akzeptiert, akzeptiert auch M' w. Damit gilt $L = L(M')$, und die Länge aller Berechnungspfade von M' liegen in $O(n^k)$. □

Die DTM M heißt *Verifier*. Wegen des eben bewiesenen Satzes ist **P** die Menge aller Sprachen, die eine DTM in polynomieller Zeit *akzeptieren* und **NP** die Menge aller Sprachen, die eine DTM in polynomieller Zeit *verifizieren* kann.

3.3.3 NP-Vollständigkeit

Die **NP**-vollständigen Probleme sind eine Klasse von Problemen innerhalb von **NP**, die mindestens so schwierig sind wie alle anderen Probleme in **NP**. Genauer

heißt das: Jedes Entscheidungsproblem für eine Sprache $A \in$ **NP** kann in polynomieller Zeit zurückgeführt (reduziert) werden auf ein Entscheidungsproblem für eine beliebige **NP**-vollständige Sprache L.
Die Reduzierbarkeit in polynomieller Zeit entspricht der Many-one-Reduzierbarkeit aus Abschnitt 3.2.2 mit dem Unterschied, dass die Reduktion nicht nur berechenbar, sondern berechenbar in polynomieller Zeit ist.

Für Sprachen A, B heißt A *reduzierbar in polynomieller Zeit* auf B, wenn es eine von einer DTM in polynomieller Zeit berechenbare Funktion $f : \Sigma^* \to \Sigma^*$ gibt, so dass für alle $w \in \Sigma^*$ gilt:

$$w \in A \iff f(w) \in B$$

Wir schreiben dafür $A \leq_p B$. Die Funktion f heißt *Reduktion in polynomieller Zeit* von A nach B.

Manche Autoren verwenden die Begriffe *many-one* oder *mapping reduzierbar in polynomieller Zeit*.
Wie in Satz 3.2.6 folgt: Wenn B in **P** liegt und $A \leq_p B$, dann liegt auch A in **P**. Denn eine DTM M_A, die A in polynomieller Zeit entscheidet, lässt sich konstruieren wie in Abbildung 3.1 auf Seite 118 dargestellt. Für die Eingabe w berechnet M_A das Wort $f(w)$ in polynomieller Zeit und gibt es einer DTM M_B ein, die B in polynomieller Zeit entscheidet. Die kombinierte Laufzeit der DTM M_A und M_B ist deshalb ebenfalls polynomiell. Wegen $w \in A \iff f(w) \in B$ hält M_A genau dann in z_{ja} (z_{nein}), wenn auch M_B in z_{ja} (z_{nein}) hält. Die Aussage folgt entsprechend für **NP**.
Wir haben damit gezeigt:

Satz 3.3.4
Seien A, B Sprachen mit $A \leq_p B$. Dann gilt

1. Aus $B \in$ **P** folgt $A \in$ **P**.

2. Aus $B \in$ **NP** folgt $A \in$ **NP**.

Damit kommen wir zum wichtigsten Begriff dieses Kapitels.

Eine Sprache L heißt **NP**-*vollständig*, wenn gilt:

(1) $L \in$ **NP**

(2) $A \leq_p L$ für alle $A \in$ **NP**

Gilt nur (2), dann heißt L **NP**-*hart*.

3.3 Komplexitätstheorie

NP-harte Probleme sind typischerweise solche, für die man noch nicht einmal $L \in \mathbf{NP}$ zeigen kann.
Aus Satz 3.3.4 folgt, dass jeder Polynomzeit-Algorithmus für ein **NP**-vollständiges Problem einen Polynomzeit-Algorithmus für jedes Problem in **NP** liefert, das heißt:

Korollar 3.3.5
Wenn L **NP**-vollständig ist und $L \in \mathbf{P}$, dann gilt $\mathbf{P} = \mathbf{NP}$.

Beweis. $\mathbf{P} \subseteq \mathbf{NP}$ gilt nach Definition, damit bleibt die Umkehrung zu zeigen. Sei dazu $A \in \mathbf{NP}$. Da L **NP**-vollständig ist, gilt $A \leq_p L$. Wegen $L \in \mathbf{P}$ folgt daraus $A \in \mathbf{P}$ nach Satz 3.3.4. □

Korollar 3.3.5 spielt eine wichtige Rolle in der **P** versus **NP**-Frage. Da es trotz großer Anstrengungen bisher nicht gelungen ist, $L \in \mathbf{P}$ für eine **NP**-vollständige Sprache L zu zeigen, nimmt man an, dass $\mathbf{P} \neq \mathbf{NP}$ gilt. Für die Praxis bedeutet „L ist **NP**-vollständig", dass es niemanden gibt, der für L einen effizienten Algorithmus angeben kann und wir deshalb keinen effizienten Algorithmus erwarten können. Auch in der Komplexitätstheorie gibt es zahlreiche Resultate, die auf der Prämisse $\mathbf{P} \neq \mathbf{NP}$ beruhen. Daneben ist diese Vermutung ein wichtiger Grund, Ergebnisse, aus denen $\mathbf{P} = \mathbf{NP}$ folgt, noch einmal gründlich zu prüfen. Ein Beweis für $\mathbf{P} = \mathbf{NP}$, aus dem sich polynomielle Algorithmen (mit niedrigen Exponenten) für alle Probleme in **NP** ableiten ließen, hätte weitreichende praktische Folgen. Zum einen wären zahlreiche kombinatorische Optimierungsprobleme effizient lösbar, zum anderen aber auch die meisten Kryptoverfahren nicht mehr sicher. Public-Key-Verschlüsselung, digitale Unterschrift, Online-Banking und elektronisches Geld wäre mit den gegenwärtigen Verfahren dann nicht mehr vertrauenswürdig. Davon betroffen wäre insbesondere auch das Zero-Knowledge-Protokoll aus Abschnitt 1.4.4, da $GI = \{\langle G_1, G_2\rangle \mid G_1, G_2$ sind isomorph$\}$ in **NP** liegt. Ein Zertifikat für $\langle G_1, G_2\rangle \in GI$ ist ein Isomorphismus von G_1 auf G_2.
Abbildung 3.4 zeigt die vermutete Lage der bisher betrachteten Komplexitätsklassen.
Wenn man bereits eine **NP**-vollständige Sprache L kennt, zeigt man wie in der Theorie der Entscheidbarkeit die **NP**-Vollständigkeit einer Sprache C durch eine Reduktion in polynomieller Zeit von L. Die Begründung dazu liefert

Satz 3.3.6
Wenn L **NP**-vollständig ist und $L \leq_p C$ für $C \in \mathbf{NP}$, dann ist auch C **NP**-vollständig.

Beweis. Da $C \in \mathbf{NP}$ bereits nach Voraussetzung gilt, bleibt zu zeigen: $A \leq_p C$ für alle $A \in \mathbf{NP}$. Dies folgt aus der Transitivität von $\leq_p$:

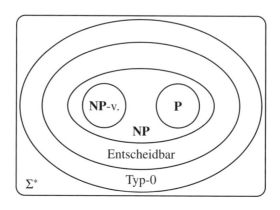

Abb. 3.4 Situation für **P** $\neq$ **NP**

Sei $A \in$ **NP**. Da L **NP**-vollständig ist, gibt es eine Reduktion f in polynomieller Zeit von A nach L. Wegen $L \leq_p C$ gibt es ebenso eine Reduktion g in polynomieller Zeit von L nach C. Dann ist $g \circ f$ eine Reduktion in polynomieller Zeit von A nach C. Damit gilt $A \leq_p C$.

$$A \underbrace{\leq_p}_{} L \underbrace{\leq_p}_{} C$$
$$\overbrace{}^{f} \overbrace{}^{g}$$
$$g \circ f$$
□

Alles, was wir jetzt noch brauchen, ist eine **NP**-vollständige Sprache. In dem folgenden, grundlegenden Satz zeigen wir, dass die Sprache der erfüllbaren Formeln der Aussagenlogik (Abschnitt 1.2) in 3-KNF **NP**-vollständig ist. Eine Formel F in 3-KNF hat die Form

$$F = (l_1 \vee l_2 \vee l_3) \wedge (l_4 \vee l_5 \vee l_6) \wedge \ldots \wedge (l_{k-2} \vee l_{k-1} \vee l_k)$$

Dabei ist l_j ein *Literal*, das ist eine Variable oder eine negierte Variable. Eine *Klausel* ist eine $\vee$-Verknüpfung mehrerer Literale, wie zum Beispiel $(x_4 \vee x_7 \vee \overline{x_2})$. Eine Formel liegt in *konjunktiver Normalform (KNF)* vor, wenn sie aus $\wedge$-Verknüpfungen von Klauseln besteht. Wenn alle Klauseln aus genau 3 Literalen bestehen, liegt die Formel in *3-KNF* vor.

Beispiel 3.3.5
Eine erfüllbare Formel in 3-KNF ist

$$F = (\overline{x_1} \vee x_2 \vee x_3) \wedge (x_1 \vee \overline{x_2} \vee x_3) \wedge (x_1 \vee x_2 \vee \overline{x_3})$$
$$\wedge (x_1 \vee x_2 \vee x_3) \wedge (\overline{x_1} \vee \overline{x_2} \vee \overline{x_3})$$

3.3 Komplexitätstheorie

Eine erfüllende Belegung ist $x_1 = 1, x_2 = 1, x_3 = 0$. ◁

Satz 3.3.7
Die Sprache

$$3SAT = \{\langle F \rangle \mid F \text{ ist eine erfüllbare Formel der Aussagenlogik in 3-KNF}\}$$

ist **NP**-vollständig.

Beweis. Da der Beweis sehr technisch ist, geben wir nicht sämtliche Details wieder. Wir müssen zeigen:

1. $3SAT \in \mathbf{NP}$
2. $A \leq_p 3SAT$ für alle $A \in \mathbf{NP}$

Der Beweis von (1.) ist einfach: Sei F eine erfüllbare Formel in 3-KNF und c_F eine erfüllende Belegung für F. Eine Verifier-DTM M kann in $O(|\langle F \rangle|)$ Schritten prüfen, ob c_F eine erfüllende Belegung für F ist. Mit Satz 3.3.3 folgt $3SAT \in \mathbf{NP}$. Der aufwendige Teil ist der Beweis von (2.). Für eine Sprache $A \in \mathbf{NP}$ müssen wir dazu eine in polynomieller Zeit berechenbare Formel $F(w)$ konstruieren, so dass gilt

$$w \in A \iff F(w) \in 3SAT$$

Wir konstruieren zunächst eine Formel in KNF und formen diese dann in 3-KNF um. Die Idee dabei ist folgende: Wegen $A \in \mathbf{NP}$ gibt es eine NTM M_A, die A in polynomieller Zeit akzeptiert. Die Formel $F(w)$ beschreibt die möglichen Berechnungspfade der NTM M_A für die Eingabe w. Ein Berechnungspfad, der zu einem Endzustand führt, entspricht einer erfüllbaren Belegung für $F(w)$. Die Berechnungspfade von M_A betrachteten wir dazu als Folge von Konfigurationen. Eine *Konfiguration* von M_A ist ein Wort

$$x_1 x_2 \ldots x_{j-1} z x_{j+1} x_{j+2} \ldots x_k$$

wobei $x_1 x_2 \ldots x_{j-1}$ der Bandinhalt links vom Kopf, $x_j = z$ der aktuelle Zustand und $x_{j+1} \ldots x_k$ der Bandinhalt über und rechts vom Kopf ist, zunächst noch ohne Blanks.

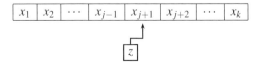

Sei wegen $A \in \mathbf{NP}$ die Laufzeit von M_A durch ein Polynom in $O(n^m)$ für ein $m \in \mathbb{N}$ beschränkt. Dann liegt auch die Länge einer Konfiguration in $O(n^m)$. Indem wir Konfigurationen auf beiden Seiten mit Blanks auffüllen, erreichen wir, dass alle Konfigurationen die gleiche Länge haben. Ein Berechnungspfad von M_A, der zu einem Endzustand führt, ist eine Folge von Konfigurationen, die mit der Startkonfiguration $z_0 w_1 w_2 \ldots w_n \square \ldots \square$ beginnt und mit einer Konfiguration endet, die einen Endzustand enthält. Ohne Einschränkung sei z_E der einzige Endzustand. Wenn wir diese Konfigurationen untereinander schreiben, erhalten wir eine Tabelle T der Größe $O(n^m) \times O(n^m)$ (Abbildung 3.5).

$\square$	z_0	w_1	w_2	w_3	$\ldots$	w_n	$\square$	$\square$
$\square$	a	z_1	w_2	w_3	$\ldots$	w_n	$\square$	$\square$
$\square$	a	b	z_2	w_3	$\ldots$	w_n	$\square$	$\square$
$\square$	$\vdots$	$\vdots$	$\vdots$	$\vdots$	$\vdots$	$\vdots$	$\vdots$	$\vdots$
$\square$	c	a	c	b	$\ldots$	z_{16}	a	$\square$
$\vdots$	$\vdots$	$\vdots$	$\vdots$	$\vdots$	$\vdots$	$\vdots$	$\vdots$	$\vdots$
b	a	a	z_E	b	$\ldots$	b	c	c

Abb. 3.5 Tabelle T

Um T durch eine Formel zu repräsentieren, definieren wir für jede Position i, j und jedes $x \in \Gamma \cup Z$ eine Indikatorvariable $X_{i,j,x} \in \{0, 1\}$ durch

$$X_{i,j,x} = 1 \iff T[i,j] = x$$

wie in Abbildung 3.6 dargestellt.

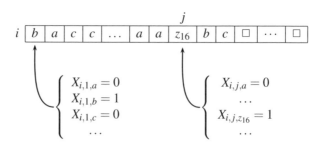

Abb. 3.6 Indikatorvariablen $X_{i,j,x}$

Für jedes i, j muss genau eine dieser Indikatorvariablen wahr sein. Dies wird

3.3 Komplexitätstheorie

durch die Formel

$$F_{Pos} = \bigwedge_{i,j} \left[\left(\bigvee_x X_{i,j,x} \right) \wedge \left(\bigwedge_{x \neq y} \neg(X_{i,j,x} \wedge X_{i,j,y}) \right) \right]$$

beschrieben. Die Variablen unter den großen Und- und Oder-Symbolen geben, wie beim Summenzeichen, den Bereich an, über den sich die Verknüpfung erstreckt[6] (s. Notationsverzeichnis). F_{Pos} ist genau dann wahr, wenn für alle Positionen i,j gilt: Mindestens eine Indikatorvariable ist wahr (erstes rundes Klammerpaar) und keine zwei verschiedenen Indikatorvariablen sind wahr (zweites rundes Klammerpaar). Mit den Regeln von de Morgan können wir das zweite runde Klammerpaar schreiben als $(\overline{x_{i,j,x}} \vee \overline{x_{i,j,y}})$. Mit dieser Umformung ist F_{Pos} eine $\wedge$-Verknüpfung von Klauseln und damit eine Formel in KNF. Da T $O(n^{2m})$ Einträge enthält und $|\Gamma \cup Z|$ konstant ist, gilt $|F_{Pos}| \in O(n^{2m})$.
In $F(w)$ müssen wir außerdem die Startkonfiguration, die Überführungsfunktion sowie eine Endkonfiguration repräsentieren, die den Endzustand z_E enthält. Dazu konstruieren wir weitere Teilformeln $F_{Start}, F_\delta, F_{End}$, die zusammen mit F_{Pos} die Formel $F(w)$ definieren durch

$$F(w) = F_{Pos} \wedge F_{Start} \wedge F_\delta \wedge F_{End}$$

Die Formel F_{Start} für die Startkonfiguration erhalten wir, indem wir die Indikatorvariablen für jede Position in der ersten Zeile von T festlegen:

$$F_{Start} = X_{1,1,z_0} \wedge X_{1,2,w_1} \wedge X_{1,3,w_2} \wedge \cdots \wedge X_{1,n+1,w_n} \wedge X_{1,n+2,\square} \wedge \cdots \wedge X_{1,\ldots,\square}$$

F_{Start} befindet sich bereits in KNF, wobei die Klauseln aus genau einem Literal bestehen. Für die Endkonfiguration verlangen wir, dass eine Position j in der letzten Zeile den Endzustand z_E enthält:

$$F_{End} = \bigvee_j X_{\ldots,j,z_E}$$

F_{End} ist eine einzelne, große Klausel und liegt daher ebenfalls in KNF vor. Da in T jede Zeile $O(n^m)$ Einträge enthält, gilt $|F_{Start}|, |F_{End}| \in O(n^m)$.
Um zu sehen, wie F_δ konstruiert wird, betrachten wir zwei aufeinanderfolgende Konfigurationen. Da sich der Kopf in einem Schritt um höchstens eine Position nach links oder rechts bewegen kann, genügt es, dabei ein 2×3 Felder großes Fenster in T zu betrachten (Abbildung 3.7). Alle Felder außerhalb dieses Fensters bleiben unverändert.

---

6 Diese Zeichen haben eine ähnliche Bedeutung wie die Allquantoren und Existenzquantoren der Prädikatenlogik. Hier ist die Struktur aber festgelegt, insbesondere sind die Mengen, aus denen i, j, x gewählt werden, endlich.

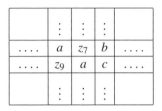

Abb. 3.7 $\delta(z_7, b) \ni (z_9, c, L)$

Wir nennen ein Fenster *zulässig*, wenn die Überführungsfunktion δ eine Regel enthält, durch deren Anwendung die zweite Zeile aus der ersten hervorgehen kann. Ein zulässiges Fenster können wir durch eine Formel W beschreiben, indem wir mit Indikatorvariablen den Inhalt des Fensters aufführen. Für das Fenster in Abbildung 3.7 gilt zum Beispiel

$$W = \quad X_{i,j,a} \quad \wedge \quad X_{i,j+1,z_7} \quad \wedge \quad X_{i,j+2,b}$$
$$\wedge \quad X_{i+1,j,z_9} \quad \wedge \quad X_{i+1,j+1,a} \quad \wedge \quad X_{i+1,j+2,c}$$

In T müssen alle Fenster zulässig sein. Dies drücken wir in der Formel F_δ aus, indem wir verlangen, dass es an jeder Position i, j ein zulässiges Fenster W gibt. Für die zulässigen Fenster W werden dabei alle endlich vielen Möglichkeiten aufgeführt, die sich aus der Überführungsfunktion δ ergeben.

$$F_\delta = \bigwedge_{i,j} \bigvee_{\text{zulässige } W \text{ an Position } i,j} W$$

Um F_δ in KNF zu bringen, formen wir den Teilausdruck

$$\bigvee_{\substack{\text{zulässige } W \text{ an} \\ \text{Position } i,j}} W \quad = \quad ((\dots) \vee \cdots \vee (\dots)) \vee (X_{\dots} \wedge \cdots \wedge X_{\dots})$$

mit dem verallgemeinerten Distributivgesetz

$$A \vee (X_1 \wedge \cdots \wedge X_k) = (A \vee X_1) \wedge \cdots \wedge (A \vee X_k)$$

schrittweise in KNF um und damit auch F_δ. Da die Länge des umgeformten Teilausdruck $\bigvee W$ nur von der Überführungsfunktion abhängt, gilt $|F_\delta| \in O(n^{2m})$. Wenn nun die Formel $F(w) = F_{Pos} \wedge F_{Start} \wedge F_\delta \wedge F_{End}$ erfüllbar ist, dann gibt es eine Konfigurationstabelle, die

- in der ersten Zeile die Startkonfiguration von M_A für die Eingabe w enthält und

3.3 Komplexitätstheorie

- in der jede weitere Zeile aus der darüber stehenden Zeile durch die Anwendung einer Regel der Überführungsfunktion entstanden ist und

- die in der letzten Zeile eine Konfiguration enthält, die den Endzustand z_E enthält.

Das bedeutet, dass es für die Eingabe w einen Berechnungspfad gibt, der zum Endzustand führt, was äquivalent ist zu $w \in A$. Umgekehrt gilt: Wenn es eine derartige Konfigurationstabelle gibt, dann ist auch die Formel $F(w)$ erfüllbar. Folglich gilt

$$w \in A \iff F(w) \text{ ist eine erfüllbare Formel in KNF}$$

Da die Längen aller Teilformeln in $O(n^{2m})$ liegen, gilt $|F(w)| \in O(n^{2m})$. Es bleibt zu zeigen, dass $F(w)$ in 3-KNF umgeformt werden kann und dabei $|F(w)| \in O(n^{2m})$ erhalten bleibt.

Eine Klausel, die weniger als drei Literale enthält, können wir mit dem ersten Literal so lange auffüllen, bis sie genau drei Literale enthält, wie zum Beispiel in $(x_1 \vee x_5) = (x_1 \vee x_5 \vee x_1)$. Die Länge von $F(w)$ wird dadurch um höchstens einen konstanten Faktor größer.

Wenn eine Klausel mehr als drei Literale enthält, führen wir eine neue Variable y ein und zerlegen die Klausel schrittweise durch

$$(l_1 \vee l_2 \vee \cdots \vee l_k) = (l_1 \vee l_2 \vee \cdots \vee l_{k-2} \vee y) \wedge (l_{k-1} \vee l_k \vee \bar{y}) \quad (k \geq 3)$$

Die linke Seite ist genau dann erfüllbar, wenn die rechte Seite erfüllbar ist, da mindestens ein Literal wahr sein muss. Die Teilformel wird in jedem Schritt um $O(1)$ länger. Ferner entsteht dadurch nach $O(k)$ Schritten eine Teilformel in 3-KNF, die deshalb um höchstens einen konstanten Faktor größer ist.
Mit diesen Umformungen liegt $F(w)$ in 3-KNF vor und es gilt $|F(w)| \in O(n^{2m})$. Die Rechenzeit zur Konstruktion von $F(w)$ ist damit durch ein Polynom in $n = |w|$ beschränkt. $F(w)$ ist berechenbar, weil die Teilformeln $F_{Pos}, F_{Start}, F_\delta, F_{End}$ auf einfache Weise aus w und δ hervorgehen und die Umformungen in 3-KNF rein schematisch ablaufen. Damit haben wir $A \leq_p 3SAT$ gezeigt und bewiesen, dass $3SAT$ **NP**-vollständig ist. $\square$

Ergänzend sei bemerkt, dass

$$2SAT = \{\langle F \rangle \mid F \text{ ist eine erfüllbare Formel der Aussagenlogik in 2-KNF}\}$$

in **P** liegt.

3.3.4 Weitere NP-vollständige Probleme

Mit der Sprache 3*SAT* kennen wir nun eine **NP**-vollständige Sprache, mit der wir die **NP**-Vollständigkeit anderer Sprachen durch eine Reduktion in polynomieller Zeit zeigen können (Satz 3.3.6). In den meisten Fällen ist dies wesentlich einfacher als ein direkter Beweis wie in Satz 3.3.7. Als einfache Folgerung zeigen wir

Korollar 3.3.8 (Satz von Cook)
Die Sprache

$$SAT = \{\langle F \rangle \mid F \text{ ist eine erfüllbare Formel der Aussagenlogik}\}$$

ist **NP**-vollständig.

Beweis. Mit dem gleichen Argument wie in Satz 3.3.7 folgt $SAT \in \mathbf{NP}$. Da $\{\langle F \rangle \mid F$ ist eine Formel in 3-KNF$\}$ in linearer Zeit entscheidbar ist, ist die Reduktion

$$f(F) = \begin{cases} F & \text{für } F \text{ in 3-KNF} \\ 0 & \text{sonst} \end{cases}$$

in linearer Zeit berechenbar, und es gilt $F \in 3SAT \Rightarrow f(F) \in SAT$. Für $F \notin 3SAT$ gibt es zwei Möglichkeiten:

- F ist nicht erfüllbar. Dann ist $f(F) \notin SAT$.
- F liegt nicht in 3-KNF vor. Dann ist $f(F) = 0 \notin SAT$.

Damit gilt $3SAT \leq_p SAT$. □

Auch hier können wir im Komplement von Sprachen Wörter ignorieren, die nicht einer in polynomieller Zeit entscheidbaren Grundmenge angehören (vgl. Seite 119 im Zusammenhang mit der Many-one-Reduktion). Zum Beispiel ist $\overline{3SAT} = \{\langle F \rangle \mid F$ ist eine unerfüllbare Formel in 3-KNF$\} \cup X$, wobei die Wörter in X keine Formeln in 3-KNF sind. Im Beweis zu Korollar 3.3.8 haben wir die Wörter in X auf 0 abgebildet. Vereinfachend können wir als neue Grundmenge aber auch die in polynomieller Zeit entscheidbare Menge $\Sigma^* - X$ verwenden.
Die Sprache SAT ist das historisch erste Beispiel einer **NP**-vollständigen Sprache (S. A. Cook, 1971). Wenig später wurde die **NP**-Vollständigkeit von zahlreichen weiteren Sprachen bewiesen. In einigen anderen Lehrbüchern wird zuerst der Satz von Cook bewiesen und dann durch eine Reduktion von SAT die **NP**-Vollständigkeit von $3SAT$ gezeigt. Einfacher ist es jedoch, wie hier umgekehrt vorzugehen, da der direkte Beweis der **NP**-Vollständigkeit von $3SAT$ (Satz 3.3.7) nur wenig komplizierter ist als ein direkter Beweis des Satzes von Cook

3.3 Komplexitätstheorie 141

und Letzterer sehr einfach durch Reduktion von $3SAT$ bewiesen werden kann (Korollar 3.3.8).
In vielen Fällen lässt sich die **NP**-Vollständigkeit einer Sprache durch eine Reduktion von $3SAT$ einfacher zeigen als durch eine Reduktion von SAT. Als weiteres Beispiel betrachten wir die Sprache $CLIQUE = \{\langle G,k \rangle \mid$ der Graph G enthält eine k-Clique$\}$ (s. Beispiel 3.3.3). Für die Reduktion von $3SAT$ betrachten wir eine Formel in 3-KNF mit genau k Klauseln. Jede Klausel $a \vee b \vee c$ definiert im Graphen eine Gruppe aus drei Knoten a,b,c. Kanten gibt es nur zwischen je zwei einander nicht widersprechenden Literalen (zum Beispiel zwischen x_2, x_2 oder x_3, x_5, aber nicht $x_2, \overline{x_2}$) aus verschiedenen Gruppen. Eine k-Clique des so konstruierten Graphen liefert dann eine erfüllende Belegung der Formel. Bevor wir dies beweisen, betrachten wir ein

Beispiel 3.3.6
Sei $F = (\overline{x_1} \vee x_2 \vee x_3) \wedge (x_1 \vee \overline{x_2} \vee x_3) \wedge (x_1 \vee x_2 \vee \overline{x_3}) \wedge (x_1 \vee x_2 \vee x_3) \wedge (\overline{x_1} \vee \overline{x_2} \vee \overline{x_3})$
die Formel aus Beispiel 3.3.5. Durch die Reduktion wird der Graph G_F in Abbildung 3.8 konstruiert. Der Reihenfolge der Klauseln ist nummeriert. In dem Liniengewirr (nehmen Sie ggf. ein Lineal zu Hilfe) erkennt man zum Beispiel, dass der Knoten $\overline{x_1}$ aus der ersten Dreiergruppe nicht mit x_1 aus der zweiten, dritten und vierten Gruppe verbunden ist, aber mit $\overline{x_1}$ der fünften Gruppe. Außerdem gibt es eine 5-Clique (fett eingezeichnet). Diese liefert eine erfüllende Belegung von F, indem die in der 5-Clique vorkommenden Literale auf wahr gesetzt werden, also $x_1 = 1, x_2 = 1, x_3 = 0$ wie in Beispiel 3.3.5.

Satz 3.3.9
Die Sprache

$$CLIQUE = \{\langle G,k \rangle \mid G \text{ enthält eine } k\text{-Clique}\}$$

is **NP**-vollständig.

Beweis. $CLIQUE \in \mathbf{NP}$ haben wir bereits in Beispiel 3.3.3 bewiesen. Wir zeigen nun $3SAT \leq_p CLIQUE$.
Sei

$$F = \bigwedge_{i=1}^{k} (l_{i1} \vee l_{i2} \vee l_{i3})$$

eine erfüllbare Formel in 3-KNF mit k Klauseln. Die Knotenmenge des Graphen $f(F) = G_F$ ist die Menge

$$V(G_F) = \bigcup_{i=1}^{k} \{(i,1),(i,2),(i,3)\}$$

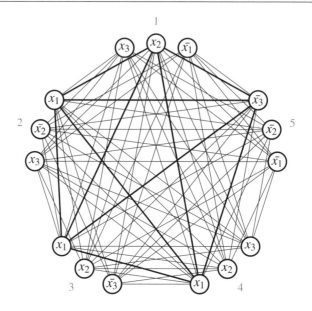

Abb. 3.8 Graph G_F zu Beispiel 3.3.6

aller Indizes der Literale in F. Die Kantenmenge ist die Menge

$$E(G_F) = \left\{ \{(i_1, j_1), (i_2, j_2)\} \mid i_1 \neq i_2 \wedge l_{i_1 j_1} \neq \neg l_{i_2 j_2} \right\}$$

Die Bedingung $i_1 \neq i_2$ bedeutet, dass die zugehörigen Literale verschiedenen Klauseln angehören, die Bedingung $l_{i_1 j_1} \neq \neg l_{i_2 j_2}$ bedeutet, dass die Literale einander nicht widersprechen.
Sei nun $x_1, \ldots, x_n$ eine erfüllende Belegung für F. Dann gibt es in jeder Klausel i ein wahres Literal $l_{i j_i}$. Da die Literale $l_{1 j_1}, l_{2 j_2}, \ldots, l_{k j_k}$ verschiedenen Klauseln angehören und einander nicht widersprechen, bilden die Knoten $(1, j_1), (2, j_2), \ldots, (k, j_k)$ eine k-Clique.
Sei umgekehrt $(1, j_1), (2, j_2), \ldots, (k, j_k)$ eine k-Clique. Dann können wir die Literale $l_{1 j_1}, l_{2 j_2}, \ldots, l_{k j_k}$ auf wahr setzen und erhalten damit eine erfüllende Belegung für F.
Da G_F weniger als $\binom{3k}{2}$ Kanten enthält, ist die Reduktion f in polynomieller Zeit konstruierbar und wir haben $3SAT \leq_p CLIQUE$ gezeigt. □

Weitere **NP**-vollständige Graphenprobleme sind Hamilton-Pfad und Hamilton-Kreis. Ein Hamilton-Pfad ist ein Weg, der jeden Knoten genau einmal enthält (Abschnitt 1.4.1). Wir betrachten zunächst das Hamilton-Pfad-Problem in einem gerichteten Graphen.

3.3 Komplexitätstheorie

Satz 3.3.10
Die Sprache

$$DHAMPATH = \{\langle G \rangle \mid \text{Der gerichtete Graph } G \text{ enthält einen Hamilton-Pfad}\}$$

ist **NP**-vollständig.

Beweis. Es gilt $DHAMPATH \in \mathbf{NP}$, da eine Verifier-Turing-Maschine in polynomieller Zeit prüfen kann, ob ein Weg jeden Knoten genau einmal enthält. Wir zeigen nun $3SAT \leq_p DHAMPATH$.
Sei $F \in 3SAT$. Für die Reduktion nach $DHAMPATH$ konstruieren wir einen gerichteten Graphen G, indem wir

- für jede Variable x_i in F eine Rautenstruktur

- für jede Klausel c_j einen Knoten

sowie Start- und Zielknoten s, t einführen, wie in Abbildung 3.9 dargestellt. Jeder Hamilton-Pfad in G muss in s beginnen und t enden. Die Rautenstruktur und die zugehörigen Kanten zu den Klausel-Knoten sind unten genauer dargestellt. Die horizontale Reihe einer x_i zugeordneten Rautenstruktur kann von links nach rechts oder umgekehrt durchlaufen werden. Ein Durchlauf von links nach rechts entspricht einer Belegung von x_i mit 1, in der umgekehrten Richtung einer Belegung mit 0. Außerdem ist die horizontale Reihe mit den Klausel-Knoten verbunden. Für jedes Vorkommen von x_i in einer Klausel c_j werden zwei Knoten mit c_j in der Durchlaufrichtung von links nach rechts verbunden, für $\overline{x_i}$ in der Richtung von rechts nach links (Abbildung 3.9 unten). Links und rechts jedes Paars von Verbindungsknoten liegt stets ein nur mit den Nachbarn in der horizontalen Reihe verbundener Knoten. Wenn x_i mit 1 belegt ist, können daher alle Knoten in der horizontalen Reihe von links nach rechts und alle Klausel-Knoten durchlaufen werden, die x_i enthalten. Entsprechendes gilt für $\overline{x_i}$. Wenn ein Klausel-Knoten c_j bereits von einer anderen Rautenstruktur besucht wurde, muss c_j nicht nocheinmal besucht werden.
Für eine erfüllende Belegung von F erhalten wir daher einen Hamilton-Pfad von s nach t in G, indem wir die horizontalen Reihen entsprechend der zugehörigen Variablenbelegung in einer Richtung durchlaufen und dabei alle noch nicht besuchten Klausel-Knoten in der Durchlaufrichtung besuchen (Abbildung 3.10). Da in einer erfüllenden Belegung alle Klauseln wahr sind (da ein Literal wahr ist), werden auf diese Weise alle Klausel-Knoten besucht.
Für die umgekehrte Richtung müssen wir zeigen, dass ein Hamilton-Pfad in G die horizontale Reihe jeder Rautenstruktur stets von einem Ende zum anderen durchläuft und dabei höchstens Umwege über Klausel-Knoten geht, die in der Durchlaufrichtung liegen.

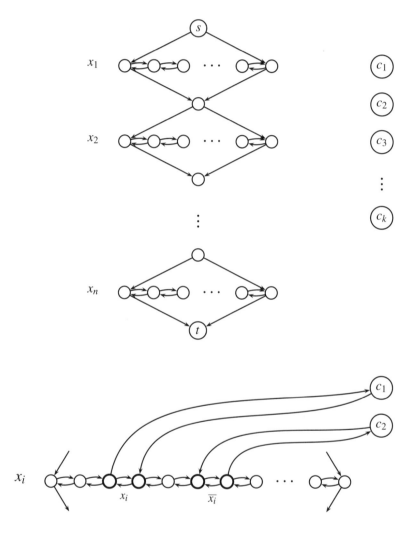

Abb. 3.9 Konstruktion der Reduktion $3SAT \leq_p DHAMPATH$

3.3 Komplexitätstheorie

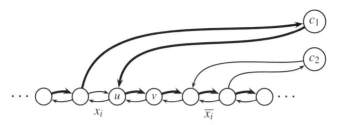

Abb. 3.10 Durchlauf für x_i wahr

Zunächst stellen wir fest, dass ein Hamilton-Pfad nicht über einen Klausel-Knoten in eine andere Rautenstruktur springen kann. Sei angenommen, dass in Abbildung 3.10 der Hamilton-Pfad von links kommend die horizontale Reihe der x_i-Rautenstruktur über c_1 verlässt. Damit kann der Weg den Knoten u aber nicht enthalten, da der Rückweg über c_1 versperrt ist und der Weg über v in einer Sackgasse endet, da der Weg in diesem Fall den Knoten t nicht mehr erreichen kann. Die anderen Fälle werden entsprechend behandelt.

Auf dem Weg von einem zum anderen Ende kann der Hamilton-Pfad ferner seine Durchlaufrichtung nicht ändern, da sonst Knoten mehrfach durchlaufen würden. Wenn der Hamilton-Pfad beim Durchlauf der horizontalen Reihe einer x_i-Rautenstruktur von links nach rechts einen Umweg über einen Klausel-Knoten c_j geht, dann wird in der Formel F die Klausel c_j wahr, wenn x_i mit 1 belegt wird. Für die umgekehrte Durchlaufrichtung wird entsprechend c_j wahr, wenn x_i mit 0 belegt wird. Da der Hamilton-Pfad alle Klausel-Knoten c_j, $1 \leq j \leq k$, durchläuft, gilt: Wir erhalten eine erfüllende Belegung für die Formel F, wenn die Variablen x_i, $1 \leq i \leq n$, entsprechend der Durchlaufrichtungen der x_i-Rautenstrukturen, belegt werden. Damit haben wir gezeigt:

$$F \text{ erfüllbar} \iff G \text{ enthält einen Hamilton-Pfad}$$

Jede horizontale Reihe einer Rautenstruktur enthält $O(k)$ Knoten. Da F eine Formel in 3-KNF ist, enthält F höchstens $3k$ Variablen. Folglich enthält G $O(k^2)$ Knoten und lässt sich in polynomieller Zeit konstruieren. Damit haben wir $3SAT \leq_p DHAMPATH$ gezeigt und zusammen mit $DHAMPATH \in \mathbf{NP}$ folgt die Behauptung. □

Aus dem Beweis dieses Satzes erhalten wir

Korollar 3.3.11
Die Sprache

$DHAMCYCLE = \{\langle G \rangle \mid \text{Der gerichtete Graph } G \text{ enthält einen Hamilton-Kreis}\}$

ist **NP**-vollständig.

Beweis. Anstelle einer Reduktion von *DHAMPATH* nach *DHAMCYCLE* verändern wird den Beweis von Satz 3.3.10. Aus dem Graphen G erzeugen wir einen Graphen G', indem wir eine gerichtete Kante von t nach s hinzufügen. Dann gilt: Wenn G einen Hamilton-Pfad besitzt, dann besitzt G' einen Hamilton-Kreis. Umgekehrt muss jeder Hamilton-Kreis in G' über die Kante (t,s) laufen, da dies die einzige Kante ist, die aus t führt. Damit gilt auch die Umkehrung. Der Graph G kann daher durch G' ersetzt werden, womit wir einen Beweis für die Aussage *DHAMCYCLE* ist **NP**-vollständig erhalten. □

Satz 3.3.12
Die Sprache

$HAMCYCLE = \{\langle G \rangle \mid \text{Der ungerichtete Graph } G \text{ enthält einen Hamilton-Kreis}\}$

ist **NP**-vollständig.

Beweis. Wie in Satz 3.3.10 folgt $HAMCYCLE \in \mathbf{NP}$.
Wir zeigen $DHAMCYCLE \leq_p HAMCYCLE$, indem wir einen gerichteten Graphen G in einen ungerichteten Graphen G' umwandeln. Jeder Knoten v in G wird durch drei Knoten v^{in}, v^{mid}, v^{out} in G' ersetzt:

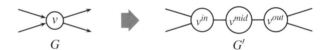

Wenn G einen Hamilton-Kreis

$$v_1, v_2 \ldots, v_n, v_1 \tag{3.1}$$

enthält, dann ist

$$v_1^{in}, v_1^{mid}, v_1^{out}, v_2^{in}, v_2^{mid}, v_2^{out}, \ldots, v_n^{in}, v_n^{mid}, v_n^{out}, v_1^{in} \tag{3.2}$$

ein Hamilton-Kreis in G'.
Sei umgekehrt angenommen, dass G' einen Hamilton-Kreis besitzt. Da v_1^{mid} nur von seinen beiden Nachbarn erreichbar ist, seien ohne Einschränkung v_1^{in}, v_1^{mid} die beiden ersten Knoten des Hamilton-Kreises. Dann muss der Kreis, nachdem er von v_1^{in} kommend v_1^{mid} erreicht hat, den Knoten v_1^{out} passieren und einen neuen Knoten durchlaufen, den wir ohne Einschränkung v_2^{in} nennen. Durch Induktion folgt, dass der Hamilton-Kreis die Form (3.2) besitzt, die in G dem Hamilton-Kreis (3.1) entspricht. Damit ist

$$\langle G \rangle \in DHAMCYCLE \iff \langle G' \rangle \in HAMCYCLE$$

gezeigt. Da die Reduktion in polynomieller Zeit berechenbar ist, gilt $DHAMCYCLE \leq_p HAMCYCLE$. □

3.3 Komplexitätstheorie

Ein sehr ähnliches Problem ist *Travelling Salesman (TSP)*. Gegeben ist dabei eine $n \times n$-Matrix (d_{uv}) von Entfernungen zwischen n Punkten und gesucht eine kürzeste Rundreise (oder ein kürzester Pfad) durch alle Punkte. Ein Eintrag $d_{uv} = \infty$ bedeutet, dass es keine Verbindung zwischen Punkt u und Punkt v gibt. Das Travelling-Salesman-Problem ist eines der klassischen kombinatorischen Probleme und besitzt zahlreiche Anwendungen:

Beispiel 3.3.7
Anwendungen des TSP sind:

- Ein Roboter soll an Stellen Löcher in eine Platine bohren, an denen später elektronische Bauelemente eingelötet werden. Um die dafür benötigte Zeit zu minimieren, soll er dabei einen möglichst kurzen Weg zurücklegen. Dazu muss ein TSP für die zu bohrenden Löcher gelöst werden.

- Auf einer Fertigungsstraße sollen Produkte $P_1, \ldots, P_n$ hergestellt werden. Dabei muss die Fertigungsstraße jeweils umgerüstet werden. Sei d_{ij} der Zeitaufwand, um die Fertigungsstraße für das Produkt P_j umzurüsten, nachdem das Produkt P_i hergestellt wurde. Um eine Reihenfolge festzulegen, die die Summe der Rüstzeiten minimiert, muss ein TSP für die Matrix (d_{ij}) gelöst werden. Hierbei muss das Verfahren für asymmetrische Matrizen geeignet sein.

- DNA kann bis zu einer Länge von etwa 500 Basenpaaren automatisch sequenziert werden. Um längerer Stücke zu sequenzieren, wird die DNA vervielfältigt und anschließend in Bruchstücke geschnitten, die automatisch sequenziert werden (*Shotgun Sequencing*). Um aus diesen Fragmenten die ursprüngliche DNA zu rekonstruieren, wird nach einer kürzesten Sequenz gesucht, die jedes dieser Fragmente enthält (*Shortest Common Superstring*). Obwohl die Lösung im Allgemeinen nicht eindeutig ist und nicht mit der ursprünglichen DNA übereinstimmen muss, hat sich dieses Verfahren in der Praxis bewährt.

  Vereinfacht lässt sich das Problem wie folgt beschreiben: Sei $F = \{f_1, \ldots, f_n\}$ eine Menge von Strings, von denen ohne Einschränkung kein String Teilstring eines anderen ist (diese Strings können aus F entfernt werden, da sie nichts zur Lösung beitragen). Gesucht ist ein kürzester String s, der jeden String in F als Teilstring enthält. Wenn d_{ij} die Länge von f_i minus der Überlappung von f_i und f_j ist, ergibt sich s als Lösung des TSP für die Matrix (d_{ij}). ◁

Um aus diesem Optimierungsproblem ein Entscheidungsproblem zu machen, fragen wir danach, ob es eine Rundreise mit einer Länge $\leq k$ gibt.

Satz 3.3.13
Sei (d_{uv}) eine $n \times n$-Matrix mit $d_{uv} > 0$ für $u \neq v$ und $d_{uu} = 0$. Die Sprache

$$TSP = \{\langle(d_{uv}),k\rangle \mid \text{Es gibt } n \text{ Indizes } v_1,\ldots,v_n \text{ mit}$$
$$d_{v_1v_2} + d_{v_2v_3} + \cdots + d_{v_nv_1} \leq k\}$$

ist **NP**-vollständig.

Beweis. Es gilt $TSP \in$ **NP**, da eine Verifier-DTM in polynomieller Zeit überprüfen kann, ob für eine Folge von n Indizes $d_{v_1v_2} + d_{v_2v_3} + \cdots + d_{v_nv_1} \leq k$ gilt.
Sei G ein Graph mit Adjazenzmatrix (a_{uv}) und

$$d_{uv} = \begin{cases} 1 & \text{für } a_{uv} = 1 \\ \infty & \text{sonst} \end{cases}$$

Dann gilt

$$\langle G \rangle \text{ enthält einen Hamilton-Kreis} \iff \langle(d_{uv}),n\rangle \in TSP$$

und damit $HAMCYCLE \leq_p TSP$. □

Zum Abschluss betrachten wir das Problem *SUBSET SUM* (auch *RUCKSACK* genannt), für das es ebenfalls praktische Anwendungen gibt. Ein *SUBSET SUM*-Problem ist zum Beispiel die Auswahl von auf der Festplatte gespeicherten Dateien, die eine 700 MB CD-R genau ausfüllen oder der Kauf von Gegenständen, mit dem ein Budget zum Jahresende restlos aufgebraucht wird[7]. Eine Verallgemeinerung ist die Auswahl von Gegenständen, die ein Gewichtslimit nicht überschreiten, aber einen bestimmten Wert übersteigen (Aufgabe 3.3.11).
Um den folgenden Satz zu beweisen, zeigen wir $3SAT \leq_p SUBSET\ SUM$.

Satz 3.3.14
Die Sprache

$$SUBSET\ SUM = \bigcup_{n \geq 1} \{\langle z_1,\ldots,z_n,t\rangle \mid \text{Es gibt ein } S \subseteq \{1,\ldots,n\} \text{ mit} \sum_{i \in S} z_i = t\}$$

ist **NP**-vollständig.

Die Reduktion illustrieren wir zunächst an einem
Beispiel 3.3.8
Sei $F = (\overline{x_1} \vee x_2 \vee x_3) \wedge (x_1 \vee \overline{x_2} \vee x_3) \wedge (x_1 \vee x_2 \vee \overline{x_3}) \wedge (x_1 \vee x_2 \vee x_3) \wedge (\overline{x_1} \vee \overline{x_2} \vee \overline{x_3})$
die Formel aus Beispiel 3.3.5 mit der erfüllenden Belegung $x_1 = 1, x_2 = 1, x_3 = 0$
und den Klauseln $c_1,\ldots,c_5$. Aus dieser Formel konstruieren wir die Tabelle 3.1.

---

[7] Eine wichtige Übung in der öffentlichen Verwaltung.

3.3 Komplexitätstheorie

	x_1	x_2	x_3	c_1	c_2	c_3	c_4	c_5
x_1	1				1	1	1	
$\overline{x_1}$	1			1				1
x_2		1		1		1	1	
$\overline{x_2}$		1			1			1
x_3			1	1	1		1	
$\overline{x_3}$			1			1		1
a_1				1				
b_1				1				
a_2					1			
b_2					1			
a_3						1		
b_3						1		
a_4							1	
b_4							1	
a_5								1
b_5								1
t	1	1	1	3	3	3	3	3

Tab. 3.1 Beispiel zur Reduktion $3SAT \leq_p SUBSET\ SUM$

Die Zeilen x_1 bis b_5 entsprechen den Gegenständen, unter denen eine Auswahl zu treffen ist, die letzte Zeile der Summe, die zu erreichen ist. Eine 1 in Zeile x_i ($\overline{x_i}$) und Spalte c_j bedeutet, dass das Literal x_i ($\overline{x_i}$) in Klausel c_j vorkommt. Durch diese Einträge im oberen rechten Viertel der Tabelle ist F vollständig beschrieben. In den Zeilen x_i und $\overline{x_i}$ tragen wir eine 1 in Spalte x_i ein, in den Zeilen a_i und b_i eine 1 in Spalte c_i.
In einer erfüllenden Belegung ist

1. jede Variable mit 0 oder 1 belegt und

2. jede Klausel wahr.

Einer erfüllenden Belegung von F entspricht eine Auswahl der Zeilen x_1 bis b_5, so dass gilt:

1. In den Spalten x_1 bis x_3 ist die Summe der Einträge gleich 1 und

2. in den Spalten c_1 bis c_5 ist die Summe der Einträge gleich 3.

Die Variablen a_1 bis b_5 dienen lediglich dazu, die Summe bis auf den Wert 3 aufzufüllen.

Da die Summe jeder Spalte höchstens 3 ist, können wir alle Positionen der Tabelle, die noch keinen Eintrag enthalten, mit 0 auffüllen und jede Zeile als Dezimalzahl interpretieren. Das zugehörige *SUBSET SUM*-Problem lautet dann: Gibt es eine Auswahl der Variablen x_1 bis b_5, so dass die Summe gleich t ist? ◁

Beweis (Satz 3.3.14). Da eine Verifier-DTM in polynomieller Zeit prüfen kann, ob S' die geforderte Eigenschaft hat, gilt *SUBSET SUM* $\in$ **NP**.
Sei F eine Formel in 3-KNF mit Variablen $x_1,\ldots,x_k$ und Klauseln $c_1,\ldots,c_l$. Wir konstruieren daraus Variablen $x_1,\overline{x_1},\ldots,x_k,\overline{x_k},a_1,b_1,\ldots,a_l,b_l$ und t wie in Beispiel 3.3.8. Da jede der $k+l+1$ Variablen $O(k+l)$ Stellen besitzt, ist diese Konstruktion in polynomieller Zeit möglich. Dann gilt:

- Wenn F erfüllbar ist, gibt es eine Auswahl der Variablen $x_1,\overline{x_1},\ldots,x_k,\overline{x_k}$, so dass für die Summe s gilt: Jede der ersten k Ziffern ist genau 1, jede der letzten l Ziffern von s ist mindestens 1 und höchstens 3. Zusammen mit einer Auswahl der Variablen $a_1,b_1,\ldots,a_l,b_l$ erhalten wir die Summe t und damit $\langle x_1,\overline{x_1},\ldots,x_k,\overline{x_k},a_1,b_1,\ldots,a_l,b_l,t\rangle \in$ *SUBSET SUM*.

- Wenn es eine Auswahl der Variablen $x_1,\overline{x_1},\ldots,x_k,\overline{x_k},a_1,b_1,\ldots,a_l,b_l$ mit Summe t gibt, dann gilt:
  - Für jedes i ist entweder x_i oder $\overline{x_i}$ in der Auswahl und
  - für die Summe s der Variablen $x_1,\overline{x_1},\ldots,x_k$ in der Auswahl gilt: Jede der letzten l Ziffern von s ist mindestens 1.

  Indem wir in F die Variable x_i mit 1 (0) belegen, wenn x_i ($\overline{x_i}$) in der Auswahl enthalten ist, erhalten wir eine Belegung, für die jede Klausel wahr ist, also eine erfüllenden Belegung, und damit $\langle F\rangle \in 3SAT$.

Damit haben wir $3SAT \leq_p SUBSET\ SUM$ gezeigt. □

Mit *SUBSET SUM* lässt sich die **NP**-Vollständigkeit vieler ähnlicher Probleme nachweisen, zum Beispiel

Satz 3.3.15
Die Sprache

$$PARTITION = \{\langle x_1,\ldots,x_n\rangle \mid \text{Es gibt ein } T \subseteq \{1,\ldots,n\} \text{ mit } \sum_{i\in T} x_i = \sum_{i\notin T} x_i\}$$

ist **NP**-vollständig.

Beweis. Wie im Beweis von Satz 3.3.14 folgt *PARTITION* $\in$ **NP**.
Mit $\langle z_1,\ldots,z_n,t\rangle \mapsto \langle z_1,\ldots,z_n,t+1,\sum_i z_i - t + 1\rangle$ gilt:

3.3 Komplexitätstheorie

- Wenn S eine Lösung von *SUBSET SUM* ist, folgt

$$\sum_{i \in S} z_i + \left(\sum_{i=1}^{n} z_i - t + 1\right) = \sum_{i=1}^{n} z_i + 1$$

$$\sum_{i \notin S} z_i + t + 1 = \sum_{i=1}^{n} z_i + 1$$

und damit $\langle z_1, \ldots, z_n, t+1, \sum_i z_i - t + 1 \rangle \in \textit{PARTITION}$.

- In einer Lösung von *PARTITION* können $t+1$ und $\sum_i z_i - t + 1$ nicht zusammen in einer Partition liegen, da ihre Summe größer als $\sum_i z_i + 1$ ist. Folglich gibt es ein S, so dass ohne Einschränkung gilt

$$\sum_{i \in S} z_i + \left(\sum_{i=1}^{n} z_i - t + 1\right) = \sum_{i \notin S} z_i + t + 1$$

woraus

$$2\sum_{i \in S} z_i = 2t$$

folgt und damit $\langle z_1, \ldots, z_n, t \rangle \in \textit{SUBSET SUM}$.

Damit haben wir *SUBSET SUM* $\leq_p$ *PARTITION* gezeigt. □

....

Aufgabe 3.3.1⁻
Zeigen Sie, dass die Funktionen $n^{\log n}, n!, (\log n)^n$ für kein k in $O(n^k)$ liegen.

Aufgabe 3.3.2⁻⁻
Zeigen Sie, dass **NP** unter Sternbildung abgeschlossen ist.

Aufgabe 3.3.3⁻
Zeigen Sie, dass **P** unter Komplement abgeschlossen ist. Warum lässt sich Ihr Beweis nicht auf **NP** übertragen?

Aufgabe 3.3.4**
Sei

$$\mathbf{EXP} = \bigcup_{k \geq 1} \left\{ L \mid L = L(M) \text{ für eine DTM } M \text{ mit Laufzeit } 2^{O(n^k)} \right\}$$

Zeigen Sie **NP** $\subseteq$ **EXP**.

Aufgabe 3.3.5*
Zeigen Sie, dass

$$L = \{\langle M,x\rangle \mid \text{Die DTM } M \text{ hält für die Eingabe } x \text{ nach } \leq 2^{|x|} \text{ Schritten}\}$$

nicht in **P** liegt.

Aufgabe 3.3.6⁻⁻
Sei $L = \{\langle F\rangle \mid F$ ist eine aussagenlogische Formel mit mindestens zwei erfüllenden Belegungen$\}$. Zeigen Sie, dass L **NP**-vollständig ist.

Aufgabe 3.3.7°
Sei $\mathbf{co-NP} = \{L \mid \bar{L} \in \mathbf{NP}\}$.

a) Zeigen Sie: Wenn **co−NP** eine **NP**-vollständige Sprache enthält, gilt **co−NP = NP**.[8]

b) Zeigen Sie: Aus **co−NP** $\neq$ **NP** folgt **P** $\neq$ **NP**.

Aufgabe 3.3.8**
Die Sprache *ILP* (*Integer Linear Programming*) besteht aus linearen Ungleichungssystemen, die eine Lösung in ganzzahligen Werten besitzen. Zum Beispiel ist

$$2x_1 + x_3 \leq x_2$$
$$2x_2 + 3x_3 \leq -6$$
$$-x_1 - x_2 - x_3 \leq 1$$

ein Element von *ILP*, da es die ganzzahlige Lösung $x_1 = 1, x_2 = 0, x_3 = -2$ besitzt.

Zeigen Sie, dass *ILP* **NP**-vollständig ist.[9]

Hinweis: Reduktion von 3*SAT*.

Aufgabe 3.3.9⁻⁻
Zeigen Sie, dass die Reduktion aus dem Beweis von Satz 3.3.12 nicht funktioniert, wenn jeder Knoten in G durch nur zwei Knoten in G' ersetzt wird.

Aufgabe 3.3.10°
Zeigen Sie, dass

$$HAMPATH = \{\langle G\rangle \mid \text{Der ungerichtete Graph } G \text{ enthält einen Hamilton-Pfad}\}$$

NP-vollständig ist.

---

8 Ob **co−NP = NP** gilt, ist ein weiteres, ungelöstes Problem.
9 Dagegen ist die Sprache der linearen Ungleichungssystemen mit Variablen, die rationale Werte annehmen, mit dem *Simplex-Verfahren* effizient lösbar.

Aufgabe 3.3.11⁻⁻
Zeigen Sie, dass

$$KP = \bigcup_{n \geq 1} \{ \langle g_1, \ldots, g_n, G, w_1, \ldots, w_n, W \rangle \mid$$
$$\text{Es gibt ein } S \subseteq \{1, \ldots, n\} \text{ mit } \sum_{i \in S} g_i \leq G \text{ und } \sum_{i \in S} w_i \geq W \}$$

NP-vollständig ist.

3.4 Prüfungsfragen

1. Welche Idee hatte Turing bei der Entwicklung seines Modells und warum werden Turing-Maschinen auch heute noch verwendet?

2. Was besagt die Church-Turing-These?

3. Nehmen wir an, wir definieren Berechenbarkeit über Java-Programme. Wie kann man argumentieren, dass diese Berechenbarkeit äquivalent ist zur Turing-Berechenbarkeit?

4. Zeigen Sie, dass es eine Turing-berechenbare Funktion gibt, die nicht Loop-berechenbar ist.

5. Was bedeutet formal, dass eine Turing-Maschine hält? Kann es sein, dass eine Turing-Maschine hält, ohne einen Endzustand erreicht zu haben?

6. Was ist das Halteproblem? Welche Folgen hätte es, wenn das Halteproblem entscheidbar wäre? Zeigen Sie, dass das spezielle Halteproblem unentscheidbar ist.

7. Wie kann man ohne das Halteproblem zeigen, dass es es unentscheidbare Sprachen gibt?

8. Was ist eine Many-one-Reduktion? Welche Idee steckt dahinter? Wie kann man damit Unentscheidbarkeit nachweisen? Zeigen Sie, dass das allgemeine Halteproblem unentscheidbar ist.

9. Kann eine unentscheidbare Sprache semi-entscheidbar sein?

10. Gibt es Sprachen, die noch nicht einmal semi-entscheidbar sind?

11. Warum heißen die semi-entscheidbaren Sprachen auch rekursiv aufzählbar?

12. Wenn die Steuerungssoftware für einen Operationsroboter oder ein Kernkraftwerk abstürzt, können die Folgen katastrophal sein. Kann man ein Programm schreiben, das prüft, ob ein beliebiges anderes Programm abstürzen kann?

13. Wie ist die Laufzeit einer NTM definiert? Warum müssen wir Eingaben, die nicht in der Sprache liegen, dabei nicht berücksichtigen?

14. Wie sind die Klassen **P** und **NP** definiert? Warum spielen Polynome dabei eine so große Rolle?

15. Wie wird die Klasse **P** üblicherweise interpretiert? Gibt es eine ähnliche Interpretation für die Klasse **NP**?

16. Wieso definiert man **P** nicht als Klasse aller Probleme, die ein Programm in Zeit $O(n^3)$ lösen kann?

17. Beschreiben Sie zwei Techniken, um $L \in$ **NP** für eine Sprache L nachzuweisen.

18. Gibt es Sprachen, die nicht in **NP** liegen?

19. Was ist eine Reduktion in polynomieller Zeit? Was ist der Unterschied zur Many-one-Reduktion? Zeigen Sie, dass $\leq_p$ transitiv ist.

20. Wie zeigt man damit, dass ein Sprache **NP**-vollständig ist? Was braucht man dazu?

21. Zeigen Sie damit, dass *SAT* **NP**-vollständig ist.

22. Welche anderen **NP**-vollständigen Probleme kennen Sie? Suchen Sie sich ein Problem aus und zeigen Sie, dass es **NP**-vollständig ist.

23. Wie verhalten sich die Typ-0-Sprachen, die entscheidbaren Sprachen, die Klassen **P**, **NP** sowie die **NP**-vollständigen Sprachen zueinander?

4 Lösungen der Aufgaben

4.1 Grundlagen

4.1.1 Beweistechniken

Aufgabe 1.1.1
Die korrekte Induktionsvoraussetzung ist nicht „$M - \{x\}$ besteht nur aus ungeraden Zahlen", sondern „$M = \{1,\ldots,n\}$ besteht nur aus ungeraden Zahlen".

Aufgabe 1.1.2
Der Fehler liegt im Induktionsschritt: Für $n = 1$ ist $M_1 \cap M_2$ leer.

Aufgabe 1.1.3
Mit

- $n + \emptyset = n$
- $n + \{m\} = \{n + m\}$

ist $(N_0, +)$ isomorph zu $(\mathbb{N}_0, +)$.

Aufgabe 1.1.4
Alle Gäste müssen ihre Zimmer räumen und umziehen: Die Gäste in Zimmer k ziehen um in Zimmer $2k$. Die Neuankömmlinge ziehen in die Zimmer $2k - 1$.

Aufgabe 1.1.5
Da M höchstens abzählbar ist, gibt es eine Funktion g mit $M = \{g(1), g(2), g(3), \ldots\}$. Indem wir alle Elemente, die nicht zu A gehören, in der Folge $(g(n))$ streichen und diese neu durchnummerieren, erhalten wir eine neue Folge $(h(n))$ mit $A = \{h(1), h(2), h(3), \ldots\}$. Damit ist A höchstens abzählbar.

Aufgabe 1.1.6
Wir zeigen, dass bereits das Intervall $[0,1)$ überabzählbar ist. Angenommen, $[0,1)$ ist höchstens abzählbar. Offensichtlich ist $[0,1)$ nicht endlich, nach Annahme daher abzählbar. Dann können wir alle Dezimalbrüche in $[0,1)$ untereinander schreiben und einen neuen Dezimalbruch konstruieren, der sich für alle n in der n-ten Stelle vom n-ten Dezimalbruch unterscheidet:

0. **4** 7 2 9 0 4 5 5 8 7 $\cdots$
0. 1 **1** 2 0 3 9 7 8 6 4 $\cdots$
0. 2 9 **0** 0 3 1 0 3 6 6 $\cdots$
0. 0 9 0 **8** 4 5 0 9 8 5 $\cdots$
0. 0 0 0 3 **3** 6 2 4 1 4 $\cdots$
$\vdots\ \vdots\ \vdots\ \vdots\ \vdots\ \vdots\ \vdots\ \vdots\ \vdots\ \vdots\ \vdots\ \ddots$

0. 0 0 1 0 0 $\cdots$

Dieser Dezimalbruch ist nicht in der Abzählung enthalten, daher ist $[0,1)$ und erst recht $\mathbb{R}$ überabzählbar.

Aufgabe 1.1.7
Sei $\{a_1, a_2, \dots\}$ eine Abzählung von A. Jede Bijektion $f: A \to \mathbb{N}$ lässt sich charakterisieren durch die Folge $(f(a_n))_{n \in \mathbb{N}}$, also als Folge mit Gliedern in $\mathbb{N}$. In Beispiel 1.1.9 wurde aber gezeigt, dass bereits die Menge aller Folgen mit Gliedern in $\{0,1\}$ überabzählbar ist. Damit gibt es überabzählbar viele Bijektionen von A auf $\mathbb{N}$.

4.1.2 Aussagenlogik

Aufgabe 4.1.1
$R \wedge \neg G \to (A \wedge \neg B) \vee (\neg A \wedge B)$
Die Aussagenvariablen R, G, A, B stehen für „es regnet", „es liegt Glatteis", „ich fahre Auto", „ich nehme den Bus".

Aufgabe 1.2.1
Wir zeigen die stärkere Behauptung: Sei F eine Formel der Aussagenlogik, die keine Negation und keine Konstante 0 enthält. F ist wahr, wenn alle Variablen in F mit wahr belegt werden.
Beweis durch strukturelle Induktion:

- Jede Variable ist erfüllbar, indem sie mit wahr belegt wird. Die Konstante 1 ist für alle Belegungen wahr. Für die Konstante 0 ist die Prämisse nicht erfüllt.

4.1 Grundlagen

- Gelte die Behauptung für Formeln F, G. Dann gilt die Behauptung auch für $F \wedge G$ und $F \vee G$. Für $\neg F$ gilt sie ebenfalls, da wieder die Prämisse nicht erfüllt ist.

Um zu sehen, dass die Behauptung auch für die Konstante 0 sowie für $\neg F$ gilt, formulieren wir die Behauptung als „wenn F eine Formel ist und F keine Negation und keine Konstante 0 enthält und in F alle Variablen mit wahr belegt werden (*Prämisse*), dann gilt: F ist wahr (*Conclusio*)". Eine Folgerung mit einer falschen Prämisse ist aber immer wahr (siehe Einleitung zu Kapitel 1.1).

Aufgabe 1.2.2
Um dies zu beweisen, beweisen wir die stärkere Behauptung:
Sei F eine Formel der Aussagenlogik. Dann gibt es Formeln F_+, F_- mit $F_+ \equiv F$, $F_- \equiv \neg F$, so dass in F_+, F_- Negationen nur unmittelbar vor Variablen vorkommen.

Beweis (strukturelle Induktion).

- Die Behauptung gilt für die Elemente der Grundmenge (Konstanten 0,1, Variablen), da diese bereits in der richtigen Form sind.
- Seien F, G Formeln. Nach Induktionsvoraussetzung gibt es Formeln F_+, G_+, F_-, G_- mit $F \equiv F_+$, $G \equiv G_+$, $F_- \equiv \neg F$, $G_- \equiv \neg G$, in denen Negationen nur unmittelbar vor Variablen vorkommen. Dann gilt dies auch für $F_+ \wedge G_+$ sowie für $F_- \vee G_-$. Wegen $F \wedge G \equiv F_+ \wedge G_+$ sowie $\neg(F \wedge G) \equiv F_- \vee G_-$ gilt die Behauptung damit für $F \wedge G$. Die Behauptung folgt entsprechend für $F \vee G$. Für $\neg F$ gilt die Behauptung wegen $\neg F \equiv F_-$, $\neg\neg F \equiv F_+$. □

Der Beweis einer stärkeren als der zu beweisenden Behauptung ist ein Trick, der besonders in Induktionsbeweisen oft nützlich ist. Hätten wir versucht, nur die Behauptung aus der Aufgabenstellung zu zeigen, wären wir im Induktionsschritt bei $\neg F$ in Schwierigkeiten geraten.

4.1.3 O-Notation und Landau-Symbole

Aufgabe 1.3.1
In den Teilaufgaben a), b), d) verwenden wir Rechenregel (1.3), in Teilaufgabe c) die Rechenregel (1.2).

a) $O\left(n^k\right)$

b) $\binom{2n}{k} = \frac{2n(2n-1)\cdots(2n-k+1)}{k!} \leq \frac{(2n)^k}{k!} \in O\left(n^k\right)$

c) $\log(n(n+1)) \leq \log(2n)^2 = 2\log 2 + 2\log n \in O(\log n)$

d) $O(f^2)$

Aufgabe 1.3.2
Nein, denn für alle g liegt die Funktion $x \mapsto 0$ in $O(g)$. Damit ist die linke Seite undefiniert.

4.1.4 Graphen

Aufgabe 1.4.1
Es gibt jeweils so viele Graphen wie Adjazenzmatrizen. Die Adjazenzmatrix eines Graphen mit n Knoten ist symmetrisch und hat $\binom{n}{2}$ Einträge über der Hauptdiagonalen.

a) Es gibt zwei Möglichkeiten für jeden Eintrag, also $2^{\binom{n}{2}}$ Graphen.

b) Genau m Einträge müssen 1 sein, also gibt es $\binom{\binom{n}{2}}{m}$ Graphen.

Aufgabe 1.4.2

a) Für $|V| = 1$ ist die Behauptung richtig. Jeder weitere Knoten muss durch mindestens eine Kante mit dem Graphen verbunden werden.

b) Angenommen, G ist kein Baum. Dann enthält G einen Kreis und eine Kante aus diesem Kreis kann entfernt werden. Der so entstandene Graph G' ist zusammenhängend. Da G' aber nur $|V| - 2$ Kanten besitzt, kann G' nach a) nicht zusammenhängend sein.

Aufgabe 1.4.3
Um die Bäume zu rekonstruieren, müssen wir die Codes so in Blöcke unterteilen, dass in jedem Block die 0-1-Bilanz ausgeglichen ist. Der Wurzelbaum in a) ist der Wurzelbaum in Abbildung 1.3. Der Baum in b) ist derselbe Baum, jedoch als Baum und nicht als Wurzelbaum codiert.

Aufgabe 1.4.4
Wir zeigen:
Sei $\langle B \rangle = c_1 \ldots c_{2n}$. Dann gilt: In $c_1 \ldots c_m$ ist die 0-1-Bilanz genau dann ausgeglichen, wenn $m = 2n$.

Beweis. Wir zeigen durch Induktion über den Aufbau des Codes die stärkere Behauptung: In $c_1 \ldots c_m$ gilt

(i) Anzahl der Nullen $\geq$ Anzahl der Einsen und

4.1 Grundlagen

(ii) die 0-1-Bilanz ist genau dann ausgeglichen, wenn $m = 2n$.

- Die Behauptung gilt für $\langle B \rangle = 01$.
- Sei $\langle B \rangle = 0\langle B_1 \rangle \ldots \langle B_k \rangle 1$. Nach Induktionsvoraussetzung (ii) ist die 0-1-Bilanz ausgeglichen in $\langle B_1 \rangle, \ldots, \langle B_k \rangle$ und damit auch in $0\langle B_1 \rangle \ldots \langle B_k \rangle 1$. Sei $c_1^{(1)} \ldots c_{2n_1}^{(1)} c_1^{(2)} \ldots c_{2n_k}^{(k)} = \langle B_1 \rangle \ldots \langle B_k \rangle$. Nach Induktionsvoraussetzung (i) ist in $c_1^{(1)} \ldots c_{m_j}^{(j)}$ die Anzahl Nullen $\geq$ Anzahl Einsen. Folglich gibt es in $0c_1^{(1)} \ldots c_{m_j}^{(j)}$ mehr Nullen als Einsen, woraus (i) und (ii) folgen. □

Damit erhalten wir ein rekursives Verfahren, um B aus $\langle B \rangle$ eindeutig zu rekonstruieren: In der Eingabe $\langle B \rangle$ wird das erste und das letzte Zeichen entfernt. Wenn es dann keine Zeichen mehr gibt (Fall $\langle B \rangle = 01$), wird ein einzelner Knoten zurückgegeben. Anderenfalls werden Blöcke $\langle B_1 \rangle, \ldots, \langle B_k \rangle$ bestimmt, indem jeweils von links nach rechts die erste Stelle gesucht wird, an der die 0-1-Bilanz ausgeglichen ist. Für jeden dieser Blöcke wird das Verfahren rekursiv aufgerufen und die Teilbäume $B_1, \ldots, B_k$ zurückgegeben.

Aufgabe 1.4.5
Ein Isomorphismus von G_3 auf G_4 ist $\varphi = \begin{pmatrix} 1 & 2 & 3 & 4 & 5 \\ 5 & 4 & 2 & 1 & 3 \end{pmatrix}$.

Aufgabe 1.4.6
Eine induktive Definition ist

(i) $(\{v\}, \emptyset)$ ist ein Baum.

(ii) Wenn (V, E) ein Baum ist und $v \in V$, $v' \notin V$, dann ist auch $(V \cup \{v'\}, E \cup \{\{v, v'\}\})$ ein Baum.

Wir zeigen nun die Äquivalenz der Definitionen. Sei D die Definition aus Abschnitt 1.4.2 und D' obige Definition.

- $D \Rightarrow D'$: Wir induzieren nach $|V|$:

  – $n = 1$: Für $n = 1$ ist ohne Einschränkung $G = (\{v\}, \emptyset)$ und damit ein Baum nach Definition D'.

  – $n \to n+1$: Da G zusammenhängt und keine Kreise enthält, gibt es Knoten $v \in V$ und $v' \in V$ mit $\deg(v') = 1$ und $\{v, v'\} \in E$. Dann ist $(V - \{v'\}, E - \{\{v, v'\}\})$ ebenfalls ein Baum nach Definition D und nach Induktionsvoraussetzung ein Baum nach Definition D'. Damit ist auch G ein Baum nach Definition D'.

- $D' \Rightarrow D$: Wir induzieren strukturell:

(i) $(\{v\}, \emptyset)$ ist ein zusammenhängender Graph, der keine Kreise enthält und damit ein Baum nach Definition D.

(ii) Wenn (V, E) ein Baum nach Definition D' ist, dann ist (V, E) nach Induktionsvoraussetzung zusammenhängend und enthält keine Kreise. Mit $v \in V$, $v' \notin V$ gilt dies auch für $(V \cup \{v'\}, E \cup \{\{v, v'\}\}$.

Aufgabe 1.4.7
Jeden Teilnehmer k mit der geforderten Eigenschaft nennen wir *König*. Wir betrachten die Behauptung als Aussage über einen gerichteten Graphen (V, E) und zeigen die Behauptung durch Induktion nach $n = |V|$:

- $n = 1$: In diesem Fall ist der einzige Knoten König.
- $n \to n+1$: Sei $V' \subset V$ mit $|V'| = n$. Nach Induktionsvoraussetzung gibt es einen König $k' \in V'$. Sei $v \in V - V'$. Wir unterscheiden zwei Fälle:
  - k' hat v besiegt oder ein Nachfolger von k' hat v besiegt. Dann ist k' auch König in V.
  - v hat k' besiegt und v hat alle Nachfolger von k' besiegt. Wir zeigen, dass dann v König in V ist: Sei $u \in V'$. Wir unterscheiden wieder zwei Fälle:
    * k' hat u besiegt. Dann ist u Nachfolger von k' und wurde damit von v besiegt.
    * u hat k' besiegt. Da k' König in V' ist, gibt es einen Nachfolger $w \in V'$ von k', der u besiegt hat. Nach Voraussetzung hat v w besiegt.

  Damit hat v u besiegt oder jemanden, der u besiegt hat.

4.1.5 Prüfungsfragen

1. Die Formeln der Aussagenlogik sind induktiv definiert. Das dazu passende Beweisprinzip heißt strukturelle Induktion, s. Abschnitt 1.1.3. Die strukturelle Induktion ist eine Verallgemeinerung der vollständigen Induktion. Bei der vollständigen Induktion muss nur ein Operator berücksichtigt werden, bei der strukturellen Induktion gibt es mehrere Operatoren, mit denen neue Elemente erzeugt werden.

2. S. Abschnitt 1.2. Ja, indem man Belegungen durchprobiert, bis eine erfüllende Belegung gefunden ist. Wenn die Formel F n Variablen enthält, ist dies in der Zeit $O(2^n |F|)$ möglich, wobei $|F|$ die Länge der Formel ist bzw. die Zeit, um für eine Belegung den Wahrheitswert von F zu bestimmen.

4.1 Grundlagen

3. Ja, Tautologien bzw. Formeln F mit $\neg F$ Tautologie (vgl. Lemma 1.2.1).
4. S. Abschnitt 1.3.
5. In diesem Fall ist f beschränkt.
6. Vorsicht Falle! Um „mindestens" auszudrücken, brauchen wir die Ω-Notation, hier also $\Omega(n \log n)$ (vgl. Beispiel 1.4.6).
7. Nein, aus $f \sim g$ folgt $f \in \Theta(g)$, aber nicht umgekehrt. Zum Beispiel gilt $\sin(n) \in \Theta(1)$, aber $\sin(n)/1$ konvergiert nicht.
8. Dieses Projekt kann man durch einen gerichteten Graphen modellieren, der einen Startknoten s und einen Zielknoten t enthält. Damit das Projekt überhaupt durchgeführt werden kann, darf der Graph keine Kreise enthalten, muss also ein gerichteter azyklischer Graph (DAG) sein.
9. Beispiel 1.4.6, Fortsetzung.
10. Adjazenzmatrix und -liste, s. Abschnitt 1.4.5. Für Bäume verbraucht die Adjazenzliste weniger Speicherplatz.
11. Ja, zum Beispiel sind die Graphen mit den Kantenmengen $\{\{1,2\},\{2,3\}\}$, $\{\{1,3\},\{2,3\}\}$ isomorph, aber die Adjazenzmatrizen und -listen sind unterschiedlich.
12. Zunächst ein paar einfache Tests durchführen, zum Beispiel Anzahl der Knoten ($O(1)$) und Kanten ($O(|E|)$) bestimmen und vergleichen, Anzahl der Knoten mit Grad k, $\min \deg(v) \leq k \leq \max \deg(v)$ bestimmen ($O(\sum \deg(v)) = O(|E|)$, Satz 1.4.3). Zum Schluss alle Isomorphismen testen ($O(|V|!)$), wobei Rechenzeit gespart werden kann, indem nur Knoten mit gleichem Grad aufeinander abgebildet werden. Die angegebenen Zeiten gelten, wenn die Graphen als Adjazenzliste gegeben sind.
13. Durch den Vergleich der Codes, s. Abschnitt 1.4.3.
14. Blätter sind nach Definition die Knoten vom Grad Eins. Wenn der Baum als Adjazenzliste gegeben ist, kann in der Zeit $O(\sum \deg(v)) = O(|E|)$ (Satz 1.4.3) für jeden Knoten der Grad bestimmt werden.
15. Den Berechnungsbaum eines Algorithmus, der für manche Eingaben ewig rechnet, kann man als unendlichen Graphen modellieren. Um unendliche Graphen zu durchsuchen, kann man eine Breitensuche, aber keine Tiefensuche verwenden (s. Abschnitt 1.4.6).
16. Indem man in einem beliebigen Knoten eine Breitensuche startet und zählt, ob dabei alle Knoten besucht werden oder prüft, ob $d[v] \leq \infty$ für alle v.

4.2 Formale Sprachen

4.2.1 Sprachen und Mengenoperationen

Aufgabe 2.1.1
Die Mengen Σ^n sind endlich, daher ist Σ^* eine abzählbare Vereinigung höchstens abzählbarer Mengen, die nach Satz 1.1.1 höchstens abzählbar ist. Da für ein $a \in \Sigma$ alle Wörter a^n ($n \in \mathbb{N}$) in Σ^* enthalten sind, ist Σ^* nicht endlich, also abzählbar.

Aufgabe 2.1.2
Nach Aufgabe 2.1.1 gibt es eine Abzählung $\{x_1, x_2, \ldots\}$ von Σ^*. Eine Teilmenge $M \subseteq \Sigma^*$ lässt sich charakterisieren durch eine Folge $(a_n)_{n \in \mathbb{N}}$ mit

$$a_n = \begin{cases} 1 & \text{für } x_n \in M \\ 0 & \text{sonst} \end{cases}$$

Die Menge aller Folgen (a_n) mit $a_n \in \{0, 1\}$ ist nach Beispiel 1.1.9 aber überabzählbar.

Aufgabe 2.1.3
$L(M \cup N) = \{la \mid l \in L, a \in M \vee a \in N\} = \{lm \mid l \in L, m \in M\} \cup \{ln \mid l \in L, n \in N\} = LM \cup LN$.

Aufgabe 2.1.4
Es ist $\emptyset^* = \{\varepsilon\}$ und $\{\varepsilon\}^* = \{\varepsilon\}$. In allen anderen Fällen ist A^* unendlich.

Aufgabe 2.1.5
Aus $A \subseteq B$ folgt zunächst $A^n \subseteq B^n$ für alle $n \geq 0$. Damit folgt

$$A^* = \bigcup_{n=0}^{\infty} A^n \subseteq \bigcup_{n=0}^{\infty} B^n = B^*$$

Aufgabe 2.1.6
Durch Induktion nach n zeigen wir $(\Sigma^*)^n = \Sigma^*$ für $n \in \mathbb{N}$:

- $n = 1$: $(\Sigma^*)^1 = \Sigma^*$

4.2 Formale Sprachen

- $n \to n+1$:

$$\begin{aligned}
(\Sigma^*)^{n+1} &= (\Sigma^*)^n \Sigma^* \\
&= \Sigma^* \Sigma^* && \text{nach Voraussetzung} \\
&= \{ab \mid a,b \in \Sigma^*\} \\
&= \bigcup_{n \geq 0} \bigcup_{m \geq 0} \{ab \mid a \in \Sigma^n, b \in \Sigma^m\} && \text{durch Zerlegung nach } |a|, |b| \\
&= \bigcup_{n \geq 0} \bigcup_{m \geq 0} \Sigma^n \Sigma^m \\
&= \bigcup_{n \geq 0} \bigcup_{m \geq 0} \Sigma^{n+m} \\
&= \bigcup_{k \geq 0} \Sigma^k \\
&= \Sigma^* && \text{nach Definition}
\end{aligned}$$

Nach Definition und dem eben Gezeigten gilt damit

$$(\Sigma^*)^* = \bigcup_{n \geq 0} (\Sigma^*)^n = \bigcup_{n \geq 0} \Sigma^* = \Sigma^*$$

Aufgabe 2.1.7
Wir definieren induktiv eine Menge M und zeigen anschließend $M = \Sigma^*$.
Eine Möglichkeit einer induktiven Definition ist:

(i) $\varepsilon \in M$

(ii) Für $x \in \Sigma$, $w \in M$ ist auch $xw \in M$

Wir zeigen nun die Äquivalenz beider Definitionen:

- $M \subseteq \Sigma^*$: Wir induzieren über den Aufbau der Menge M.
    - Das leere Wort ε liegt in Σ^*.
    - Seien $x \in \Sigma$ und $w \in M$. Nach Induktionsvoraussetzung gilt $w \in \Sigma^*$ und damit $w \in \Sigma^n$ für ein $n \in \mathbb{N}$. Daraus folgt $xw \in \Sigma^{n+1}$ und damit $xw \in \Sigma^*$.

- $\Sigma^* \subseteq M$: Wir induzieren nach der Länge n von Wörter aus Σ^*.
    - $n = 0$: Nach (i) gilt $\varepsilon \in M$.
    - $n \to n+1$: Sei $w \in \Sigma^*$ mit $|w| = n+1$. Dann gibt es ein $x \in \Sigma$ und ein $w' \in \Sigma^n$ mit $w = xw'$. Nach Induktionsvoraussetzung gilt $w' \in M$. Mit (ii) folgt daraus $w = xw' \in M$.

4.2.2 Grammatiken

Aufgabe 2.2.1
a) Ja, denn für jedes $x = x_1 x_2 \ldots x_n \in L$ können wir Regeln

$$S \to x_1 A_2, A_2 \to x_2 A_3 \ldots, A_n \to x_n$$

einführen, womit wir eine reguläre Grammatik G mit $L(G) = L$ erhalten.

b) Nein, ein Gegenbeispiel ist $\{a^n b^n c^n \mid n \in \mathbb{N}\} \subset \{a,b,c\}^*$ (siehe Tabelle 2.2).

c) Nein, ein Gegenbeispiel ist $\{a^n b^n \mid n \in \mathbb{N}\} \supset \{ab\}$.

Aufgabe 2.2.2
S' ist das neue Startsymbol.

$$S' \to \varepsilon \mid S$$
$$S \to SS \mid A \mid B$$
$$A \to aA1 \mid a1$$
$$B \to bB2 \mid b2$$

Aufgabe 2.2.3
Es gibt eine reguläre Grammatik, die dadurch leider recht umständlich ist:

$$S \to 0 \mid \cdots \mid 9 \mid 1D \mid \cdots \mid 9D \mid -P$$
$$P \to 1 \mid \cdots \mid 9 \mid 1D \mid \cdots \mid 9D$$
$$D \to 0 \mid \cdots \mid 9 \mid 0D \mid \cdots \mid 9D$$

Aufgabe 2.2.4
Jede Grammatik lässt sich durch einen endlichen String der Länge n codieren. Für jedes $n \in \mathbb{N}$ gibt es endlich viele Strings dieser Länge, nach Satz 1.1.1 ist damit die Menge aller Grammatiken höchstens abzählbar. Nach Aufgabe 2.1.2 ist die Menge aller Sprachen aber überabzählbar.

Aufgabe 2.2.5
Eine reguläre Grammatik für L ist:

$$S \to aA \mid bS \mid cS \mid \varepsilon$$
$$A \to aA \mid cS \mid \varepsilon$$

4.2 Formale Sprachen

Aufgabe 2.2.6
Die Grammatik mit den Regeln

$$S \to \varepsilon \mid 0A$$
$$A \to 0S$$

ist regulär. Diese formen wir um in die äquivalente Grammatik G mit den Regeln

$$S \to \varepsilon \mid 00S$$

und zeigen $L(G) = L$:

- $L(G) \subseteq L$: Wir induzieren über den Aufbau der Grammatik G.
  - $\varepsilon = 0^0$ liegt in L.
  - Sei $w \in L(G)$. Nach Induktionsvoraussetzung ist $w \in L$ (besteht aus einer geraden Anzahl von Nullen), woraus $00w \in L$ folgt.
- $L \subseteq L(G)$: Das leere Wort lässt sich durch $S \Rightarrow \varepsilon$ ableiten. Ein Wort $0^{2n} \in L$ lässt sich ableiten durch $S \Rightarrow 00S \Rightarrow 0000S \Rightarrow \ldots \Rightarrow 0^{2n}S \Rightarrow 0^{2n}$, wobei im letzten Schritt die Regel $S \to \varepsilon$ verwendet wird.

Aufgabe 2.2.7
Sei G die Grammatik mit den Regeln

$$S \to 0S1 \mid 1S0 \mid SS \mid \varepsilon$$

Wir zeigen $L = L(G)$.

- $L \subseteq L(G)$: Wir induzieren nach $n = |x|$ für $x \in L$:
  - $n = 0$: $x = \varepsilon$ lässt sich durch $S \Rightarrow \varepsilon$ ableiten.
  - $n \to n+1$: Sei $x = x_1 x_2 \ldots x_{n+1}$ und

    $$k = \min\{l \mid x_1 x_2 \ldots x_l \text{ enthält genauso viele Nullen wie Einsen}\}$$

    der erste Index, an dem die Null-Eins-Bilanz ausgeglichen ist.
    * 1. Fall: $k < n+1$. Dann enthält auch $x_{k+1} \ldots x_{n+1}$ genauso viele Nullen wie Einsen. Nach Induktionsvoraussetzung lassen sich $x_1 x_2 \ldots x_k$ und $x_{k+1} \ldots x_{n+1}$ aus S ableiten, mit $S \to SS$ also auch $x = x_1 x_2 \ldots x_{n+1}$.
    * 2. Fall: $k = n+1$. Dann gilt $x_1 = 0, x_{n+1} = 1$ oder $x_1 = 1, x_{n+1} = 0$ und $x_2 \ldots x_n$ enthält genauso viele Nullen wie Einsen. Nach Induktionsvoraussetzung lässt sich $x_2 \ldots x_n$ aus S ableiten und mit $S \to 0S1$ oder $S \to 1S0$ auch $x = x_1 x_2 \ldots x_{n+1}$.

- $L(G) \subseteq L$: Wir induzieren über den Aufbau von G.
  - Das leere Wort ε liegt in L.
  - Seien $w, w' \in L(G)$. Nach Induktionsvoraussetzung sind $w, w' \in L$, woraus $0w1, 1w0, ww' \in L$ folgt.

Aufgabe 2.2.8
In der Grammatik mit den Regeln

$$S \to SlSrrSlS \mid f$$

muss in jeder Ableitung auf alle Variablen die gleiche Regel angewendet werden. Die Terminalzeichen f, l, r stehen für eine Bewegung des Zeichenstifts nach vorne (forward), um 60° nach links bzw. rechts (Turtle-Grafik). Damit lassen sich zum Beispiel die Ableitungen

$$S \Rightarrow SlSrrSlS \Rightarrow flfrrflf$$

und

$$S \Rightarrow SlSrrSlS \Rightarrow SlSrrSlSlSlSrrSlSrrSlSrrSlSlSlSrrSlS$$
$$\Rightarrow flfrrflflflfrrflfrrflfrrflflflfrrflf$$

bilden, die die erste bzw. zweite Koch-Kurve beschreiben.

4.2.3 Reguläre Sprachen

Aufgabe 2.3.1
Aus G_1 lässt sich ein NFA M_1 konstruieren mit $L(M_1) = L(G_1)$. M_1 lässt sich umformen in einen DFA M_2 und daraus eine Grammatik G_2 konstruieren mit $L(G_2) = L(M_2) = L(G_1)$. Da G_2 aus M_2 entstanden ist, ist G_2 eindeutig. Die Anzahl der Variablen von G_2 ist die Anzahl der Zustände von M_2, wenn G_2 nach dem aus Seite 56 beschriebenen Verfahren konstruiert wird.

Aufgabe 2.3.2
Da $x_{n+1} = x_1 \oplus \cdots \oplus x_n$ äquivalent ist zu $x_1 \oplus \cdots \oplus x_{n+1} = 0$, besteht die Sprache L aus allen Strings $x \in \{0,1\}^+$ mit einer geraden Anzahl von Einsen. Ein DFA, der L erkennt, ist

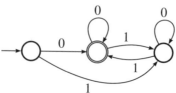

4.2 Formale Sprachen

Aufgabe 2.3.3
Der folgende DFA geht immer dann in einen Endzustand über, wenn auf abb^* ein a folgt oder auf baa^* ein b (die Substrings können sich überschneiden):

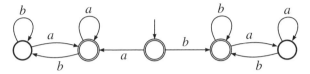

Aufgabe 2.3.4
Der Minimalautomat zu M ist folgender DFA:

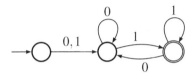

M erkennt alle Wörter aus $\{0,1\}^*$, die mit 1 enden und mindestens 2 Zeichen lang sind. Es ist $L((0|1)(0|1)^*11^*) = L(M)$.

Aufgabe 2.3.5
Allgemein gilt: Ein DFA findet Teilstrings in der Zeit $O(n)$, da bei jedem Übergang ein Zeichen verarbeitet wird. Der naive Suchalgorithmus braucht dagegen $O(nm)$ Schritte, wenn m die Länge des Teilstrings ist.

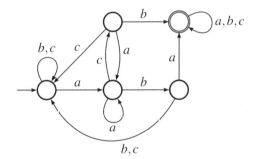

Aufgabe 2.3.6
Da L endlich ist, gibt es nach Aufgabe 2.2.1 eine reguläre Grammatik G mit $L(G) = L$. Aus dieser konstruieren wir einen NFA und daraus einen DFA M mit $L(M) = L$.
Bei der Umwandlung des NFA in den DFA M werden die Rückwärtskanten automatisch eingefügt. Wenn M noch minimiert und für jedes $w \in L$ ein eigener Endzustand eingeführt wird, so entsteht ein DFA, der ähnlich aufgebaut ist wie ein Keyword-Baum. Keyword-Bäume können mit dem Aho-Corasick-Algorithmus

wesentlich effizienter konstruiert werden als durch die Umwandlung eines NFA [4].

Aufgabe 2.3.7
Wenn ein Wort aus $\{a,b\}^* - \{a\}$ ein a enthält, muss es mindestens die Länge 2 haben. Mit dieser Überlegung ist

$$E = b^* \mid (a|b)^*ab(a|b)^* \mid (a|b)^*ba(a|b)^* \mid (a|b)^*aa(a|b)^*$$

Aufgabe 2.3.8
G ist eine Typ-1-Grammatik, aber $L(G)$ ist regulär:
Sei $L = L(aa^*(a|b)bb^*) = \{a^n b^m \mid n,m \in \mathbb{N}, n+m > 2\}$. Wir zeigen $L = L(G)$:

- $L \subseteq L(G)$: Wir unterscheiden zwei Fälle:
  - Für $n = 1$ ist $m \geq 2$ und $a^n b^m$ lässt sich ableiten durch $S \Rightarrow aXb \Rightarrow \ldots \Rightarrow aB^{m-1}b \Rightarrow a^n b^m$.
  - Der Fall $n \geq 2$ folgt entsprechend.

- $L(G) \subseteq L$: Aus S lässt sich mit den ersten beiden Regeln die Zeichenkette axb mit $x \in \{A,B\}^+$ ableiten. Weitere Zeichen lassen sich nur ableiten
  - mit der Regel $aA \to aa$ am linken Ende, wenn x mit A beginnt
  - mit der Regel $Bb \to bb$ am rechten Ende, wenn x mit B endet

  Mit der Regel $BA \to AB$ lässt sich x in die Form $x = AA\ldots ABB\ldots B$ bringen. Damit liegen alle Wörter, die sich aus axb erzeugen lassen, in L.

Die Arbeitsweise der Grammatik G ist Bubblesort nachempfunden. Die Buchstaben a,b in der Regel $S \to aXb$ markieren das linke bzw. rechte Ende.

Aufgabe 2.3.9

a) $L(M_\varepsilon) = L(a^*b^*c^*)$

b) Folgender NFA M ist sogar ein DFA, wenn alle noch fehlenden Übergänge in einen Fehlerzustand führen.

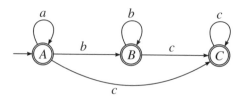

c) Ein ε-NFA kann mit dem Verfahren zur Umwandlung eines NFA in einen DFA ebenfalls in einen DFA umgebaut werden. Die ε-Kanten müssen dabei wie folgt berücksichtigt werden:

4.2 Formale Sprachen

- Jeder Zustand, der über ε-Kanten von einem Startzustand aus erreichbar ist, ist auch ein Startzustand.
- Die Menge der von einem Zustand durch ein Zeichen $a \in \Sigma$ aus erreichbaren Zustände wird erweitert um die Zustände, die durch die Verwendung von ε-Kanten erreichbar sind.

Dieses Verfahren führt, bis auf die Fehlerkanten, zum gleichen Automaten wie in b).

Aufgabe 2.3.10
Sei M ein DFA mit $L(M) = L$ und der Überführungsfunktion δ.

a) Sei ohne Einschränkung z_1 der Zustand von M mit $\delta(z_0, a) = z_1$ (dies schließt $z_0 = z_1$ ein). Indem wir z_1 zum neuen Startzustand machen, erhalten wir einen DFA M_1. Wir zeigen $L(M_1) = L_1$:

- Sei $w \in L(M_1)$. Wegen $\delta(z_0, a) = z_1$ gilt dann $aw \in L(M) = L$ und damit $w \in L_1$.
- Sei $w \in L_1$. Dann gilt $aw \in L$, also $\hat{\delta}(z_1, w) \in E$ und damit $w \in L(M_1)$.

b) Die Konstruktion ist ähnlich zu der im ersten Teil. Hier gehen wir von den Endzuständen aus: Sei $Z_a \subseteq Z$ die Menge von Zuständen, so dass für alle $z \in Z_a$ gilt: $\delta(z, a) \in E$. Indem wir Z_a zur neuen Menge von Endzuständen machen, erhalten wir einen DFA M_2. Wir zeigen $L(M_2) = L_2$:

- Sei $w \in L(M_2)$. Da für jedes $z \in Z_a$ das Zeichen a zu einem Zustand führt, der in M ein Endzustand ist, gilt $wa \in L$ und damit $w \in L_2$.
- Sei $w \in L_2$. Dann gilt $wa \in L$, also gibt es in M für die Eingabe w einen Weg vom Startzustand zu einem Zustand aus Z_a. Damit gilt $w \in L(M_2)$.

Aufgabe 2.3.11
Wir stellen zunächst folgende Überlegung an: Der DFA habe $y \in \{0,1\}^+$ gelesen und liest nun ein weiteres Bit $b \in \{0,1\}$. Dann gilt

$$\mathrm{bin}^{-1}(yb) = 2\,\mathrm{bin}^{-1}(y) + \mathrm{bin}^{-1}(b) \tag{4.1}$$

Entsprechend ändert sich $\mathrm{bin}^{-1}(yb) \bmod 3$. Mit $a = \mathrm{bin}^{-1}(y) \bmod 3$ erhalten wir

a	0	1	2
$2a \bmod 3$	0	2	1
$(2a+1) \bmod 3$	1	0	2

Damit konstruieren wir einen DFA M mit den Zuständen $S, 0, 1, 2$, wobei S der Startzustand und 0 der Endzustand ist. Für die Überführungsfunktion gilt

$$\delta(S, b) = \text{bin}^{-1}(b) \tag{4.2}$$

$$\delta(a, b) = (2a + \text{bin}^{-1}(b)) \bmod 3 \tag{4.3}$$

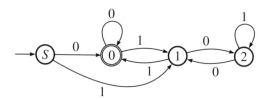

Für jede Eingabe x gilt:

$$\hat{\delta}(S, x) \equiv \text{bin}^{-1}(x) \pmod{3}$$

Beweis (Induktion nach $|x|$).

- $|x| = 1$: Für $x \in \{0, 1\}$ gilt $\hat{\delta}(S, x) = \text{bin}^{-1}(x)$ nach (4.2).

- $|x| \to |x| + 1$: Sei $x = yb$ mit $b \in \{0, 1\}$. Dann gilt

$$\begin{aligned}
\text{bin}^{-1}(x) &\equiv 2 \text{bin}^{-1}(y) + \text{bin}^{-1}(b) && \text{nach (4.1)} \\
&\equiv 2\hat{\delta}(S, y) + \text{bin}^{-1}(b) && \text{nach Induktionsvoraussetzung} \\
&\equiv \delta(\hat{\delta}(S, y), b) && \text{nach (4.3)} \\
&\equiv \hat{\delta}(S, x) \pmod{3} && \square
\end{aligned}$$

Daraus folgt: $L(M) = \{x \mid \hat{\delta}(S, x) = 0\} = \{x \mid \text{bin}^{-1}(x) \equiv 0 \pmod{3}\} = L$.

Aufgabe 2.3.12
Diese Aufgabe kann man ohne oder mit Pumping-Lemma lösen:
Da M nur 4 Zustände besitzt, muss M für ein Wort $x \in L(M)$ mit $|x| = 4$ einen Zustand mehrfach durchlaufen haben. Durch diese Schleife können beliebig lange Wörter aus $L(M)$ erzeugt werden, also ist $L(M)$ unendlich.
Wegen $|x| \geq |Z|$ lässt sich auch das Pumping-Lemma anwenden. Für die Zerlegung $x = uvw$, $|v| \geq 1$ folgt $uv^k w \in L(M)$ für alle k.

Aufgabe 2.3.13
Wir verwenden das Schubfach-Prinzip:
Angenommen, es gibt einen DFA M, der $L = \{a^n b^n \mid n \in \mathbb{N}\}$ erkennt. Nach dem Lesen von a^n befindet sich M in einem von $|Z|$ Zuständen. Da L unendlich ist,

4.2 Formale Sprachen

gibt es zwei verschiedene Wörter $a^{n_1}b^{n_1}, a^{n_2}b^{n_2} \in L$, so dass sich M nach dem Lesen von a^{n_1} bzw. a^{n_2} im gleichen Zustand befindet. Da er nach Annahme $a^{n_1}b^{n_1}$ akzeptiert, muss er von dort aus auch $a^{n_2}b^{n_1}$ akzeptieren, Widerspruch.

Aufgabe 2.3.14
Angenommen, $L = \{a^n b^m \mid n < m\}$ ist regulär. Dann gibt es ein $n \in \mathbb{N}$, so dass sich alle $x \in L$ mit $|x| \geq n$ gemäß Pumping-Lemma zerlegen lassen. Sei $x = a^n b^{n+1} = uvw$. Wegen $|uv| \leq n$ und $|v| \geq 1$ kann v nur aus Buchstaben a bestehen. Da das Wort uv^2w mindestens einen Buchstaben a mehr als x enthält, also mindestens $n+1$ Buchstaben a und genau $n+1$ Buchstaben b, liegt es nicht in L, Widerspruch.

Aufgabe 2.3.15
Angenommen, $L = \{wcw \mid w \in \{a,b\}^*\}$ ist regulär. Sei $n \in \mathbb{N}$ gemäß Pumping-Lemma. Wir betrachten das Wort $x = a^n c a^n \in L$, das sich wegen $|x| = 2n+1 \geq n$ zerlegen lässt gemäß Pumping-Lemma zu $x = uvw$. Wegen $|uv| \leq n$ und $|v| \geq 1$ besteht v nur aus Buchstaben a und w enthält den Buchstaben c. Damit enthält uw höchstens $n-1$ Buchstaben a, die sich vor dem Buchstaben c befinden, und genau n Buchstaben a nach dem Buchstaben c. Folglich liegt uw nicht in L, Widerspruch.

Aufgabe 2.3.16
Sei angenommen, dass die Sprache L der Palindrome regulär ist. Sei $n \in \mathbb{N}$ gemäß Pumping-Lemma und $x = a^n b a^n = uvw$ gemäß Pumping-Lemma. Wegen $|uv| \leq n$ und $|v| \geq 1$ kann v nur aus Buchstaben a bestehen und w enthält den Buchstaben b. Damit enthält uw höchstens $n-1$ Buchstaben a, die sich vor dem Buchstaben c befinden, und genau n Buchstaben a nach dem Buchstaben b. Folglich liegt uw nicht in L, Widerspruch.

Aufgabe 2.3.17
Die Sprache $L = \{a^p \mid p \text{ ist eine Primzahl}\}$ ist nicht regulär, aber L^*. Dazu zeigen wir $L^* = L(\varepsilon|aaa^*)$.

- $L^* \subseteq L(\varepsilon|aaa^*)$: Es ist $\varepsilon \in L(\varepsilon|aaa^*)$. Alle anderen Wörter in L^* haben die Form a^n, wobei n eine Summe von Primzahlen ist. Insbesondere ist $n \geq 2$ und damit $a^n \in L(\varepsilon|aaa^*)$.

- $L(\varepsilon|aaa^*) \subseteq L^*$: Es ist $\varepsilon \in L^*$. Ferner gilt $a^2 \in L$ und $a^3 \in L$. Daraus folgt $a^{2n} \in L^*$ sowie $a^{2n+1} = a^{2(n-1)} a^3 \in L^*$ für alle n.

Aufgabe 2.3.18
Angenommen, L ist regulär. Dann gibt es ein $n \in \mathbb{N}$ gemäß Pumping-Lemma, so dass sich das Wort $x = a^n bbaba^2 ba^3 b \ldots ba^{n-1}$ zerlegen lässt in $x = uvw$ mit $|uv| \leq n$, $|v| \geq 1$. Weil $buwb = ba^{n-|v|}bbaba^2 ba^3 b\ldots a^{n-1} b$ zwei beiderseits von b begrenzte Teilstrings $a^{n-|v|}$ enthält, kann uw nicht in L liegen, Widerspruch.

Aufgabe 2.3.19
Sei M ein DFA mit $L(M) = L$. Indem wir

- alle Endzustände von M zu Startzuständen
- den Startzustand von M zum Endzustand

machen und

- alle Kanten des DFA M umdrehen, das heißt, aus $\delta(z,a) = z'$ wird $\delta'(z',a) = z$

erhalten wir einen NFA M', der L^R erkennt, denn für $w = w_1 \ldots w_n$ gilt:
$w \in L(M) \iff$ es gibt eine Folge von Zuständen $z_{i_0}, z_{i_1}, \ldots, z_{i_n}$ in M mit z_{i_0} Startzustand, z_{i_n} Endzustand und $\delta(z_{i_{k-1}}, w_k) = z_{i_k}$ $(1 \leq k \leq n) \iff$ es gibt eine Folge von Zuständen $z_{i_n}, z_{i_{n-1}}, \ldots, z_{i_0}$ in M' mit z_{i_n} Startzustand, z_{i_0} Endzustand und $\delta'(z_{i_k}, w_k) = z_{i_{k-1}}$ $(1 \leq k \leq n) \iff w^R \in L(M')$.

Aufgabe 2.3.20
Sei M ein DFA mit $L(M) = L$. Wir konstruieren daraus Automaten für Präfix(L) und Suffix(L).

a) Indem wir alle Zustände in M zu Endzuständen machen, erhalten wir einen DFA M_1, der Präfix(L) erkennt: Für $w = w_1 \ldots w_n$ gilt: $w = w_1 \ldots w_n \in$ Präfix(L) $\iff$ in M gibt es eine Folge von Zuständen $z_{i_0}, z_{i_1}, \ldots, z_{i_n}$ mit z_{i_0} Startzustand und $\delta(z_{i_{k-1}}, w_k) = z_{i_k}$ $(1 \leq k \leq n) \iff w \in L(M_1)$.

b) Indem wir alle Zustände in M zu Startzuständen machen, erhalten wir entsprechend einen NFA M_2, der Suffix(L) erkennt

Aufgabe 2.3.21
Sei M ein DFA mit $L(M) = L$. Wir konstruieren einen NFA M' für L', der aus zwei Kopien von M besteht und von jedem Zustand des unteren DFA einen a-Übergang in den gleichen Zustand des oberen DFA besitzt:

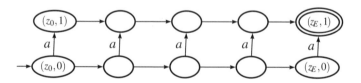

Der Startzustand des kombinierten NFA M' ist der des unteren DFA, die Endzustände sind die des oberen DFA.
Formal lässt sich M' beschreiben durch eine Kreuzproduktkonstruktion:

- Die Zustandsmenge ist $Z' = Z \times \{0,1\}$, die Menge der Endzustände ist $E' = \{(z,1) \mid z \in E\}$, der Startzustand ist $(z_0, 0)$. Dabei interpretieren wir Zustände $(z,0)$ als Zustände des unteren DFA, Zustände $(z,1)$ als Zustände des oberen DFA.

- Die Überführungsfunktion δ' ist gegeben durch

$$\delta'((z,i),x)) = \begin{cases} \{(\delta(z,x),i)\} & \text{für } x \neq a \vee i = 1 \\ \{(\delta(z,x),0)\} \cup \{(z,1)\} & \text{für } x = a \wedge i = 0 \end{cases}$$

$L' = L(M')$ kann man formal ähnlich wie in Aufgabe 2.3.20 zeigen.

4.2.4 Kellerautomaten und kontextfreie Sprachen

Aufgabe 2.4.1
Folgender PDA erkennt $L(G)$ per Endzustand, indem er für jede öffnende Klammer ein A auf den Stack schreibt:

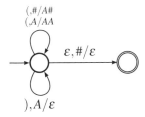

Aufgabe 2.4.2
Sei G die Grammatik mit den Regeln

$$S \to aB, B \to b$$

G hat die geforderten Eigenschaften, G lässt sich aber nicht in Oberhuber-Normalform bringen, weil das einzige Wort in $L(G)$ die Länge 2 hat.

Aufgabe 2.4.3
a) Der folgende PDA schreibt für jedes a zwei A auf den Stack und vergleicht diese mit den Buchstaben b. Er geht in den Endzustand über, wenn der Stack nicht leer ist.

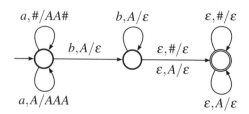

b) Wir konstruieren einen nichtdeterministischen PDA, der für jedes a ein oder zwei A auf den Stack schreibt und diese mit den Buchstaben b vergleicht. Er geht in den Endzustand über, wenn alle A vom Stack entfernt wurden.

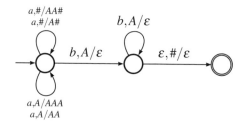

Aufgabe 2.4.4

Wir zeigen zunächst:

Für $w \in \{a,b\}^*$ gilt $w = w^R$ genau dann, wenn $w = xyx^R$ für $x \in \{a,b\}^*, y \in \{\varepsilon, a, b\}$.

Beweis.

$\Rightarrow$: Sei $w = uyv$ mit $|u| = |v|$ und $y = \varepsilon$ falls $|w|$ gerade und $y \in \{a,b\}$ falls $|w|$ ungerade. Dann gilt $uyv = w = w^R = v^R y u^R$, also $w = u y u^R$.

$\Leftarrow$: Aus $w = xyx^R$ folgt $w = w^R$.

Damit konstruieren wir einen PDA und eine Grammatik für L.

a) Um $w = xyx^R$ zu erkennen, schiebt der folgende PDA in z_0 den ersten Teil x der Eingabe auf den Stack, wechselt nichtdeterministisch in z_1, wobei er $y \in \{\varepsilon, a, b\}$ liest und vergleicht den zweiten Teil x^R der Eingabe mit den Zeichen auf dem Stack.

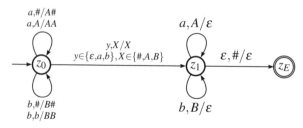

4.2 Formale Sprachen

b) Sei G die Grammatik mit den Regeln

$$S \to aSa \mid bSb \mid \varepsilon \mid a \mid b$$

Wir zeigen $L = L(G)$:

- $L \subseteq L(G)$: Wörter $w \in L$ mit $|w| \leq 1$ lassen sich durch $S \to \varepsilon \mid a \mid b$ ableiten. Ein Wort $w = x_1 x_2 \ldots x_n y x_n x_{n-1} \ldots x_1 \in L$ mit $|w| \geq 2$ und $y \in \{\varepsilon, a, b\}$ lässt sich ableiten durch $S \Rightarrow x_1 S x_1 \Rightarrow x_1 x_2 S x_2 x_1 \Rightarrow \cdots \Rightarrow x$, wobei für $y \neq \varepsilon$ im letzten Schritt eine der Regeln $S \to a \mid b$ benutzt wird.
- $L(G) \subseteq L$: Wir induzieren über den Aufbau der Grammatik G:
  - Die Wörter ε, a, b sind Palindrome.
  - Sei $w \in L(G)$. Nach Induktionsvoraussetzung ist w ein Palindrom. Damit sind auch awa und bwb Palindrome.

Aufgabe 2.4.5

a) Wir verwenden hier die Grammatik aus Aufgabe 2.2.3, die ganze Zahlen erzeugt, und nennen deren Startsymbol Z.

$$S \to SSO \mid Z$$
$$O \to + \mid - \mid *$$

b) Folgendes Programm schiebt alle Zahlen auf den Stack, bis in der Eingabe ein Operator gefunden wird. Dann werden zwei Zahlen vom Stack geholt, mit diesem Operator verknüpft und das Ergebnis zurück in den Stack geschrieben.

Wenn das System das deutsche Zahlenformat verwendet, muss in dem regulären Ausdruck für number_RE der Dezimalpunkt durch ein Komma ersetzt werden.

```
using System;
using System.Collections.Generic;
using System.Text.RegularExpressions;

///<remarks>
/// Einfacher Taschenrechner mit umgekehrt polnischer
/// (postfix) Notation
///</remarks>

class UPNCalc
{
```

```csharp
///<summary>
/// Zahl in Dezimal- oder wissenschaftlicher
/// Schreibweise
///</summary>
bool IsNumber(string str)
{
    Regex number_RE = new Regex("^[-+]?[0-9]+([.][0-9]+)?([eE][-+]?[0-9]+)?$");
    return number_RE.IsMatch(str);
}

///<summary> Operator aus -+*/ </summary>
bool IsOperator(string str)
{
    Regex operator_RE = new Regex("^[-+*/]$");
    return operator_RE.IsMatch(str);
}
///<remarks> Fehlermeldung bei Syntaxfehlern </remarks>
class SyntaxException: Exception
{
    public SyntaxException(string message) : base(message)
    {
    }
}

///<summary>
/// Berechnet Ergebnis für Eingabe in UPN
///</summary>
public double Compute(string input)
{
    Stack<double> stack = new Stack<double>();
    double x1,x2;
    string[] arg = input.Split(' ');

    foreach(string s in arg) {
        if(IsNumber(s)) stack.Push(Convert.ToDouble(s));
        else if(IsOperator(s)) {
            try {
                x2 = stack.Pop();
                x1 = stack.Pop();
                switch(s) {
                    case "+": stack.Push(x1+x2); break;
                    case "-": stack.Push(x1-x2); break;
                    case "*": stack.Push(x1*x2); break;
                    case "/": stack.Push(x1/x2); break;
```

4.2 Formale Sprachen

```
                }
            }
            catch(System.InvalidOperationException) {
                throw(new SyntaxException
                    ("Zu wenig Argumente vor "+s ));
            }
        }
        else {
            throw(new SyntaxException
                ("Ausdruck "+s+" unzulässig"));
        }
    }
    if(stack.Count==1) return stack.Pop();
    else throw(new SyntaxException("Fehlender Operator"));
  }
}

///<summary>
/// Liest Eingabe von der Konsole und gibt Ergebnis auf der
/// Konsole aus. Ende mit <code>quit</code>.
///</summary>
///<example>
///<code>12.5 3.5 + 25e-2 *</code>
/// liefert <code>4</code>
///</example>

class Calculator
{
    static void Main()
    {
        UPNCalc calc = new UPNCalc();
        string input;

        while(true) {
            Console.Write("> ");
            input = Console.ReadLine();
            if(input=="quit") break;
            else {
                try {
                    Console.WriteLine(calc.Compute(input));
                }
                catch(Exception ex) {
                    Console.WriteLine("Fehler {0}",ex);
                }
            }
        }
```

}
    }
}

Einfacher geht es mit den CSTools (Abschnitt 2.4.4. Ein passendes Parser-Skript ist

%parser Calc.lexer UPNCalcParser

%symbol S (
    public double val;
}

%symbol E (
    public double val;
}

```
S   :   E:a 'n'          {val = a.val;}
    ;
E   :   Num:a            {val = a.val;}
    |   E:a E:b '+'      {val = a.val + b.val;}
    |   E:a E:b '-'      {val = a.val - b.val;}
    |   E:a E:b '*'      {val = a.val * b.val;}
    |   E:a E:b '/'      {val = a.val / b.val;}
    ;
```

Aufgabe 2.4.6
Zunächst brauchen wir für L eine Grammatik in CNF. Eine Grammatik für L ist

$$S \to XY \mid X$$
$$X \to XX \mid a$$
$$Y \to aYb \mid ab$$

Umformen in CNF ergibt

$$S \to XY \mid XX \mid a$$
$$X \to XX \mid a$$
$$Y \to AZ \mid AB$$
$$Z \to YB$$
$$A \to a$$
$$B \to b$$

4.2 Formale Sprachen

Der CYK-Algorithmus erzeugt die Tabelle

S				
S	Y			
X,S	S	Z		
X,S	X,S	Y	–	
A,X,S	A,X,S	A,X,S	B	B
a	a	a	b	b

Da in der linken oberen Ecke ein S steht, haben wir $w = aaabb \in L$ gezeigt. Eine Ableitung ist $S \Rightarrow XY \Rightarrow aY \Rightarrow aAZ \Rightarrow aaZ \Rightarrow aaYB \Rightarrow aaABB \Rightarrow aaaBB \Rightarrow aaabB \Rightarrow aaabb$.

Aufgabe 2.4.7
Für jede Variable X mit $X \to AB$ in einem Tabelleneintrag wird ein Zeiger auf den Eintrag gespeichert, an dem A steht. Für die Einträge in der untersten Zeile wird *nil* als Zeiger gespeichert. Genauer:
Für $j > i$ enthält T_{ij} alle (X, p) mit

- es gibt eine Regel $X \to AB$

- es gibt ein $k \in \{i, \ldots, j\}$ und Zeiger p_1, p_2, so dass $(A, p_1) \in T_{ik}$, $(B, p_2) \in T_{k+1,j}$

- $p = (i, k)$

T_{ii} enthält (X, nil) für jede Regel $X \to x_i$.
Für $p = (i, k)$ ist (i, k) die Wurzel des linken Teilbaums A, die des rechten Teilbaums B ist $(k+1, j)$. Nachdem die Tabelle berechnet wurde, wird eine Rekursion an T_{1n} gestartet. Dabei werden für jeden Zeiger $p = (i, k)$ in $T_{ij} = \{(X_1, p_1), (X_2, p_2), \ldots\}$ rekursiv alle Teilbäume an (i, k) und $(k+1, j)$ bestimmt, zu einem Baum mit Wurzel (i, j) zusammengesetzt und zurückgegeben. Der Zeiger *nil* markiert ein Blatt und beendet die Rekursion.

4.2.5 Abschlusseigenschaften von Sprachen

Aufgabe 2.5.1
Seien $L_1 = \{a^n b^n\}\{c\}^*$, $L_2 = \{a\}^*\{b^n c^n\}$. L_1, L_2 sind kontextfrei, da die kontextfreien Sprachen unter Produkt abgeschlossen sind.

a) Es gilt $L = L_1 \cup L_2$. Die kontextfreien Sprachen sind unter Vereinigung abgeschlossen.

b) Die Sprache $L_1 \cap L_2$ ist nach Beispiel 2.4.6 nicht kontextfrei. Dies lässt vermuten, dass jede Grammatik für L von der Bauart $S \to S_1 \mid S_2$ ist, wobei S_1, S_2 die Startsymbole der Grammatiken für L_1, L_2 sind. Jedes Wort aus $L_1 \cap L_2$ lässt sich dann durch $S \to S_1 \to \ldots$ oder $S \to S_2 \to \ldots$ ableiten.

Ein Beweis ist in [15] angegeben.

Aufgabe 2.5.2
Wir konstruieren für beide Fälle einen NFA.

a) Für jeden Übergang $\delta(z,a) = z_E$ in M_1 zu einem Endzustand z_E führen wir einen Übergang $\delta(z,a) = z_0$ zum Startzustand z_0 ein. Wegen $\varepsilon \in L(M_1)^*$ wird zusätzlich z_0 ein Endzustand:

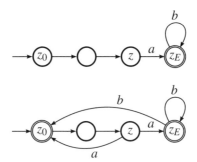

b) Für jeden Übergang $\delta(z,a) = z_E$ in M_1 in einem Endzustand z_E führen wir einen Übergang $\delta(z,a) = z'_0$ zum Startzustand z'_0 von M_2 ein. Die Endzustände des kombinierten Automaten sind die Endzustände von M_2, der Startzustand ist der Startzustand z_0 von M_1.

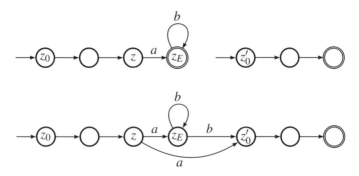

c) Da ein NFA mehrere Startzustände besitzen darf, ergibt sich der Vereinigungsautomat ohne weiteres aus M_1 und M_2. Gegebenenfalls müssen Zustände umbenannt werden.

4.2 Formale Sprachen

Eine andere, einfachere Lösung erhalten wir mit Hilfe von ε-NFAs (Aufgabe 2.3.9):

a)

b)

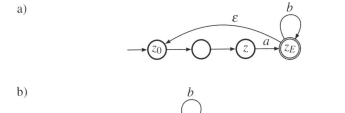

Aufgabe 2.5.3

a) Das Entscheidungsverfahren baut M in einen äquivalenten DFA um und minimiert diesen. Es gilt $L(M) = \Sigma^*$ genau dann, wenn der Minimalautomat aus genau einem Zustand besteht und dieser Start- und Endzustand ist.

b) Zu prüfen ist $L(M) \cap L((aa)^*) = \emptyset$. Dies ist äquivalent zu $\overline{L(M)} \cup \overline{L((aa)^*)} = \Sigma^*$. Das Entscheidungsverfahren konstruiert die Komplementautomaten und daraus wie in Aufgabe 2.5.2 den Vereinigungsautomaten M'. Wie in a) wird dann $L(M') = \Sigma^*$ geprüft.

c) Sei n die Anzahl der Zustände des Minimalautomaten von M. Wenn es ein Wort $x \in L(M)$ gibt mit $n \leq |x| < 2n$, dann ist nach Satz 2.3.2 $|L(M)| = \infty$ und damit $|L(M)| \geq 10$. Wenn es ein solches Wort nicht gibt, ist $L(M) \cap \{x \in \Sigma^* \mid |x| < n\}$ endlich. Ein Entscheidungsverfahren ist damit:

```
foreach ({x | n ≤ |x| < 2n}) {
   if (x ∈ L(M)) return true;
}
num=0;
foreach ({x | |x| < n}) {
   if (x ∈ L(M)) num++;
}
if (num ≥ 10) return true;
else return false;
```

d) Wir zeigen: $L(M)$ enthält eine Teilmenge, die nicht regulär ist, genau dann, wenn $L(M)$ unendlich ist.

Beweis.

$\Rightarrow$: Wäre $L(M)$ endlich, dann wären alle Teilmengen endlich und damit regulär.

$\Leftarrow$: Sei $x \in L(M)$ mit $|x| \geq n$ und $x = uvw$ nach Pumping-Lemma und Satz 2.3.2. Dann ist $\{uv^{(2^k)}w \mid k \in \mathbb{N}\}$ eine Teilmenge von $L(M)$ nicht regulär ist (Beweis wie in Beispiel 2.3.10). □

Sei n die Anzahl der Zustände des Minimalautomaten von M. Wie in c) muss das Entscheidungsverfahren prüfen, ob es ein $x \in L(M)$ gibt mit $n \leq |x| < 2n$.

Aufgabe 2.5.4

a) Wäre L_1 regulär, dann ist auch $L_1 \cap \overline{\{\varepsilon\}} = \{a^n b^n \mid n \in \mathbb{N}\}$, Widerspruch.

b) Angenommen, L_2 ist regulär. Dann ist auch $\overline{L_2} \cap L(a^*b^*) = \{a^n b^m \mid n = m\}$ regulär, Widerspruch.

c) Angenommen, L_3 ist regulär. Dann ist auch $L_3' = \overline{L_3} \cap L(a^*b^*) = \{a^n b^m \mid n \geq m\}$ und $\{a\}L_3 \cap L_3' = \{a^n b^n \mid n = m\}$, Widerspruch.

d) Da $L_4 \cap L(a^*b^*) = \{a^n b^n \mid n \in \mathbb{N}_0\}$ nicht regulär ist, ist auch L_4 nicht regulär.

e) Sei L_5 die Sprache der Ausdrücke in UPN. Dann ist $\underbrace{1\,1 \ldots 1}_{n+1}\underbrace{+ + \cdots +}_{n} = 1^{n+1}+^n \in L_5$. Da $L_5\{+\} \cap L(1^*+^*) = \{1^n+^n \mid n \geq 1\}$ nicht regulär ist, ist auch L_5 nicht regulär.

f) Angenommen, L_6 ist regulär. Dann gibt es einen DFA M mit $L(M) = L_6$. Wir können M so umbauen, dass zwischen jeden a-Übergang zu einem anderen Zustand ein weiterer a-Übergang eingefügt wird.

Dieser Automat erkennt $L' = \{a^{2n}b^{2n} \mid n \in \mathbb{N}\}$. Dann ist $L' \cup \{a\}L'\{b\} \cup \{ab\} = \{a^n b^n \mid n \geq 1\}$ regulär, Widerspruch.

Aufgabe 2.5.5

Oberhubers Konstruktion funktioniert nur für deterministische PDAs. Die hier betrachteten PDAs aber sind nichtdeterministisch.

4.2 Formale Sprachen

Die von einem PDA M (mit Endzuständen) akzeptierte Sprache besteht aus allen Wörtern w, für die M einen Endzustand erreichen *kann*. Sei M' der PDA, der aus M entstanden ist, indem die Endzustände von M mit den Nicht-Endzuständen vertauscht wurden. In M' kann es für die Eingabe w nun einen anderen Berechnungspfad geben, der immer noch zu einem Endzustand führt.
Beispiel: Sei M folgender PDA.

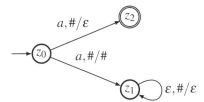

M akzeptiert a, aber auch M':

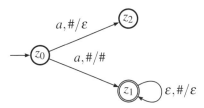

Auch für NFAs wäre Oberhubers Argumentation falsch, obwohl reguläre Sprachen unter Komplement abgeschlossen sind.

Aufgabe 2.5.6
Sei M ein DFA mit $L(M) = L$. Wir konstruieren daraus einen DFA M', der die Arbeitsweise von M simuliert, wenn jedes c durch ab ersetzt wird (siehe unten). Wenn $s(w,x,y)$ das Wort bezeichnet, das aus w hervorgeht, indem alle x durch y ersetzt werden, gilt

$$L' = \{s(w, ab, c) \mid w \in L\}$$

und

$$L = \{s(w', c, ab) \mid w' \in L'\}$$

Sei δ die Überführungsfunktion von M. Der DFA M' unterscheidet sich von M nur durch die Überführungsfunktion δ', die definiert ist durch

$$\delta'(z,x) = \hat{\delta}(z, s(x, c, ab)) = \begin{cases} \delta(z,x) & \text{für } x \neq c \\ \hat{\delta}(z, ab) & \text{für } x = c \end{cases}$$

Mit einer leichten Induktion folgt daraus

$$\hat{\delta}'(z,w') = \delta'\left(\hat{\delta}'(z,w'_1\ldots w'_{n-1}), w'_n\right)$$
$$= \hat{\delta}\left(\hat{\delta}(z,s(w'_1\ldots w'_{n-1},c,ab)), s(w'_n,c,ab)\right)$$
$$= \hat{\delta}(z,s(w',c,ab))$$

Wegen $w' \in L' \iff s(w',c,ab) \in L = L(M)$ folgt daraus $L(M') = L'$. Damit ist L' regulär.

4.2.6 Turing-Maschinen

Aufgabe 2.6.1
Oberhuber ist ein Ketzer – trotzdem hat er teilweise recht. Zwar kann man das Band einer Turing-Maschine bei Bedarf verlängern, aber nicht beliebig, da es nur endlich viel Materie gibt. Eine Turing-Maschine mit einem endlichen Band oder ein Computer können nur endlich viele Konfigurationen einnehmen und lassen sich durch endliche Automaten simulieren. Das ist aber nicht praktikabel: Eine 100- GB-Festplatte kann mehr als $2^{2^{39}}$ Zustände einnehmen. Es ist unmöglich, einen Automaten mit so astronomisch vielen Zuständen konkret anzugeben.

Aufgabe 2.6.2
Oberhubers Komplement-Maschine ist keine zulässige Turing-Maschine, da diese von einem Endzustand in einen anderen Zustand übergehen kann, in einem Endzustand also nicht hält. Auch wenn man diese Forderung fallen lässt muss die Komplement-Maschine einer Turing-Maschine M nicht $\bar{L}$ erkennen: Die folgende Turing-Maschine M erkennt $L(M) = \{ab\}$.

$$\rightarrow \boxed{z_0} \xrightarrow{a/a,R} \boxed{z_1} \xrightarrow{b/b,R} \boxed{z_E}$$

Für die Komplement-Maschine M' gilt $\{ab\} \in L(M')$, denn M' befindet sich bereits im Endzustand z_0, ohne ein Zeichen gelesen zu haben (zum Verarbeiten der Eingabe einer Turing-Maschine siehe Seite 95).

$$\rightarrow \boxed{z_0} \xrightarrow{a/a,R} \boxed{z_1} \xrightarrow{b/b,R} \boxed{z_E}$$

4.2 Formale Sprachen

Aufgabe 2.6.3
Nach dem k-ten Schritt können sich die Köpfe der Mehrband-Turing-Maschine um höchstens $2k$ Positionen voneinander entfernt haben. Um die Bandmarkierungen zu suchen und Zeichen zu verändern, muss die Einband-Turing-Maschine dazu $\leq 4k$ Schritte ausführen, nach n Schritten der Mehrband-Turing-Maschine damit

$$\sum_{k=1}^{n} 4k = O(n^2)$$

Schritte.

Aufgabe 2.6.4
Ein PDA mit $k \geq 2$ Stacks kann eine Turing-Maschine M simulieren, also die Typ-0-Sprachen erkennen. Ein Stack S_l stellt den Teil des Bandes links vom Kopf, der andere Stack S_r den Teil rechts und unter dem Kopf dar. Wenn M ein Zeichen X liest, Y schreibt und den Kopf nach links bewegt, entfernt der PDA X von S_r, schreibt Y auf S_R und verschiebt das oberste Zeichen von S_l auf S_R. Entsprechend wird eine Kopfbewegung nach rechts simuliert.
Ein PDA mit $k > 2$ Stacks kann von einer Mehrband-Turing-Maschine simuliert werden und ist daher nicht leistungsfähiger als eine Turing-Maschine bzw. ein PDA mit 2 Stacks.

Aufgabe 2.6.5
Ja. Die Turing-Maschine mit zweiseitig unendlichem Band M_2 wird simuliert von einer Turing-Maschine mit einseitig unendlichem Band M_1 wie folgt: Das Band von M_2 wird willkürlich in eine rechte (Positionen ≥ 0) und linke (Positionen < 0) Hälfte aufgeteilt.

| M_2 | ... | -3 | -2 | -1 | 0 | 1 | 2 | 3 | ... |

- Befindet sich M_2 im rechten Teil des Bandes und bewegt den Kopf nach rechts (links), so bewegt M_1 den Kopf um zwei Positionen nach rechts (links).

- Befindet sich M_2 im linken Teil des Bandes und bewegt den Kopf nach rechts (links), so bewegt M_1 den Kopf um zwei Positionen nach links (rechts).

- Ausnahme: Befindet sich M_2 sich auf Position 0 (-1) und bewegt den Kopf nach links (rechts), so bewegt M_1 den Kopf nach rechts (links).

| M_1 | #/0 | -1 | 1 | -2 | 2 | -3 | 3 | ... |

Um den Nulldurchgang von M_2 zu erkennen, markiert M_1 das Feld 0 durch das Zeichen #. Dazu verwendet M_1 das Bandalphabet $\Gamma_1 = \Gamma_2 \cup \Gamma_2 \times \{\#\}$.

4.2.7 Prüfungsfragen

1. S. Abschnitt 2.1. Zum Beispiel ist die Menge aller korrekt geklammerten Ausdrücke oder die Menge aller Java-Programme eine formale Sprache. Ein Compiler muss Wörter aus diesen Sprachen verarbeiten können, was die Kenntnis der Struktur dieser Sprachen voraussetzt.

2. Alle Typ-0-Sprachen können durch Grammatiken beschrieben werden. Durch eine Diagonalisierung kann man zeigen, dass es überabzählbar viele Sprachen gibt. Da es nur abzählbar viele Grammatiken gibt, lassen sich nicht alle formalen Sprachen durch Grammatiken beschreiben.

3. Durch die Chomsky-Hierachie (Abschnitt 2.2.1).

4. S. Abschnitt 2.3.1. Ein NFA ist ein Automaten*modell*, das sich – wie alle nichtdeterministischen Automaten- und Maschinenmodelle – nicht unmittelbar implementieren lässt. Ein NFA lässt sich aber in einen DFA umwandeln. Die Konstruktion eines NFA ist oft einfacher als die eines gleichwertigen DFA. Zum Beispiel lässt sich ein Pattern Matcher sehr einfach als NFA realisieren.

5. Für einen Zustand z und eine Eingabe a ist $\delta(z,a)$ eine Menge von Zuständen, in die der NFA wechseln kann.

6. Mehrere Zustände des NFA werden zu einem Zustand **z** des DFA zusammengefasst, den wir mit „der NFA befindet sich in einem der Zustände aus **z**" interpretieren. Zunächst werden alle Startzustände des NFA zu einem Zustand des DFA vereinigt. Dann werden für jedes Zeichen $a \in \Sigma$ die Zustände betrachtet, die der NFA von einem der Zustände aus **z** erreichen kann und auf diese Weise neue Zustände des DFA mit entsprechenden Übergängen konstruiert. Jeder Zustand des DFA, der einen Endzustand des NFA enthält, ist ein Endzustand (vgl. Abbildung 2.5).

7. Aus einem DFA kann man eine reguläre Grammatik konstruieren. Die Zustände entsprechen den Variablen, die Zustandsübergänge den Regeln der Grammatik (s. Abschnitt 2.3.1). Auf umgekehrte Weise lässt sich aus einer regulären Grammatik ein NFA konstruieren. Jeder NFA kann in einen DFA umgewandelt werden.

8. Es werden Paare von äquivalenten Zuständen zusammengefasst (s. Definition nicht äquivalenter Zustände in Abschnitt 2.3.1). Der Minimalautomat ist eindeutig bis auf die Benennung der Zustände. Damit lässt sich entscheiden, ob reguläre Sprachen gleich sind.

4.2 Formale Sprachen

9. Nein, mit dem Pumping-Lemma kann man zeigen, dass diese Sprache nicht regulär ist (Abschnitt 2.3.3).

10. Wenn ein DFA ein Wort x akzeptiert, das mindestens so lang ist wie die Anzahl seiner Zustände, dann muss er dabei eine Schleife durchlaufen haben (Schubfachprinzip). Damit lässt sich x zerlegen in $x = uvw$, wobei u das bis zum Eintritt in die Schleife und v das in der Schleife gelesene Teilwort ist, w der Rest. Da die Schleife beliebuig oft durchlaufen werden kann, liegen alle Wörter uv^kw, $k \geq 0$, in der Sprache (vgl. Satz 2.3.1).

11. Reguläre Ausdrücke (Abschnitt 2.3.4).

12. Einen PDA (Kellerautomaten), da diese Sprache nicht regulär ist. Die Buchstaben a werden auf den Stack geschrieben und deren Anzahl danach mit den Buchstaben b verglichen. Wenn beides übereinstimmt, geht der PDA in den Endzustand über (s. Beispiel 2.4.1).

13. Aus L kontextfrei folgt, dass es eine kontextfreie Grammatik für L gibt. Der PDA kann auf seinem Stack Ableitungen aus dieser Grammatik simulieren, wobei die oben auf dem Stack erzeugten Terminalsymbole mit der Eingabe verglichen werden. Wenn diese übereinstimmen, werden diese Terminalsymbole vom Stack geholt (s. Abschnitt 2.4.1 und Beispiel 2.4.2). Weil L kontextfrei ist, können einmal abgeleitete Terminalsymbole in einem späteren Schritt nicht mehr verändert werden. Der Beweis ist zwar konstruktiv, da ein PDA erzeugt wird. Dieser ist jedoch nichtdeterministisch.

14. Ein NFA kann für eine Eingabe $a \in \Sigma$ in einen aus mehreren möglichen Zuständen wechseln. Ein PDA kann zusätzlich den Zustand wechseln, ohne ein Zeichen zu lesen (ε-Übergang), und er kann aus mehreren möglichen $\gamma \in \Gamma^*$ auswählen, die er auf den Stack schreibt. Bei der Umwandlung eines NFA in einen DFA wird nur der Nichtdeterminismus bei der Zustandsauswahl beseitigt. Da deterministische PDAs nur eine echte Teilmenge der kontextfreien Sprachen erkennen, ist diese Umwandlung auch grundsätzlich nicht möglich.

15. Der CYK-Algorithmus entscheidet das Wortproblem für eine kontextfreie Sprache L, die das leere Wort nicht enthält. Dazu wird eine Grammatik für L in CNF umgeformt. Der Ableitungsbaum eines Wortes aus einer Grammatik in CNF ist bis auf die Kanten zu den Blättern ein binärer Wurzelbaum. Die Frage, ob ein Wort w aus dem Startsymbol S ableitbar ist, lässt sich dann darauf reduzieren, ob es eine Regel $S \rightarrow AB$ gibt und eine Zerlegung von w, so dass der linke Teil von w aus A, der rechte Teil aus B ableitbar ist. Für Wörter w der Länge Eins muss es eine Variable geben,

aus der w ableitbar ist. Der CYK-Algorithmus füllt damit von unten nach oben eine Tabelle auf (s. Abschnitt 2.4.2). Die Laufzeit ergibt sich aus Tabellengröße mal Aufwand pro Eintrag, also $O(n^2)O(n) = O(n^3)$. Der CYK-Algorithmus ist ein Beispiel für dynamisches Programmieren.

16. S. Abschnitt 2.5. Jede formale Sprache lässt sich als unendliche Vereinigung ihrer Elemente darstellen, insbesondere auch Sprachen, die sich nicht durch eine Grammatik darstellen lassen. Dieser Begriff wäre nicht sinnvoll.

17. Die Sprache $\{a^n b^n c^n \mid n \in \mathbb{N}\}$ ist nicht kontextfrei (Beispiel 2.4.6).

18. Beide erkennen genau die Typ-0-Sprachen. Eine nichtdeterministische Turing-Maschine kann von einer deterministischen Turing-Maschine durch eine Breitensuche im Berechnungsbaum simuliert werden (s. Abschnitt 2.6.1).

19. Die simulierende Einband-Turing-Maschine besitzt ein Bandalphabet, mit dem sie den Inhalt aller Bänder der Mehrband Turing-Maschine und deren Kopfpositionen darstellen kann. Um die Kopfpositionen der Mehrband-Turing-Maschine zu ermitteln, muss die Einband-Turing-Maschine den Kopf über alle Kopfmarkierungen auf dem Band bewegen, danach verändert sie Bandinhalt und Zustand entsprechend der Überführungsfunktion der Mehrband-Turing-Maschine (s. Abschnitt 2.6.2 und Satz 2.6.1).

4.3 Berechenbarkeit, Entscheidbarkeit und Komplexität

4.3.1 Berechenbarkeit

Aufgabe 3.1.1

a) Auch wenn über Yetis nichts Genaues bekannt ist, ist die Funktion trotzdem berechenbar: Oberhalb einer bestimmten Höhe ist $f(n) = 0$. Also nimmt f nur endlich viele Werte an und ist berechenbar.

b) Bei dieser Funktion ist unklar, ob sie berechenbar ist (der naive Ansatz funktioniert nicht). Fortschritte in der Zahlentheorie können aber dazu führen, dass diese Frage geklärt wird.

4.3 Berechenbarkeit, Entscheidbarkeit und Komplexität

Aufgabe 3.1.2
Da es für jedes l nur endlich viele Programme der Länge l gibt, kann K beliebig große Funktionswerte annehmen. Sei $t \in \mathbb{N}$ und sei x_0 das erste Element in einer lexikographischen Aufzählung von Σ^* mit $K(x_0) \geq t$. Wenn K berechenbar ist, dann auch das Programm P:

```
foreach(x∈Σ*) {
  if(K(x)≥t)
    WriteLine(x);
}
```

Damit ist $t \leq K(x_0) \leq |P| = \text{const} + \log t$. Für ein genügend großes t ergibt sich ein Widerspruch.

Aufgabe 3.1.3
Die Funktion BB wächst streng monoton, da mit jedem weiteren Zustand mindestens eine weitere Eins geschrieben werden kann.
Sei BB berechenbar durch eine Turing-Maschine M. M kann umgebaut werden in eine Turing-Maschine M', die für die Eingabe n auf leerem Band $BB(n)$ Einsen schreibt und anhält. Für jedes $k \in \mathbb{N}$ gibt es ferner eine Turing-Maschine M_k mit $O(\log k)$ Zuständen, die k (als Binärzahl) auf das Band schreibt. Sei M_k^* eine Turing-Maschine, die erst M_k, dann M' ausführt. M_k^* hat $m \in O(\log k)$ Zustände und schreibt per Konstruktion $BB(k)$ Einsen auf leerem Band. Nach Definition von BB schreibt M_k^* höchstens $BB(m)$ Einsen auf leeres Band. Damit folgt $BB(k) \leq BB(m)$. Für ein genügend großes k ergibt sich ein Widerspruch, da BB streng monoton wächst.

Aufgabe 3.1.4
In diesem Fall wäre auch die Funktion $f_n(n) + 1$ aus dem Beweis von Satz 3.1.2 Loop-berechenbar, Widerspruch.

Aufgabe 3.1.5
Angenommen, g ist Loop-berechenbar. Sei P das Loop-Programm, das g berechnet und l die Anzahl der Loop-Schleifen in P. Nach Voraussetzung kann P die Funktion f_{l+1} berechnen, Widerspruch.

Aufgabe 3.1.6
a) Nach Definition ist $a(1,y) = a(0, a(1, y-1)) = a(1, y-1) + 1$. Mit $a(1,0) = a(0,1) = 2$ folgt $a(1,y) = y+2$.

b) Mit Teil a) folgt $a(2,y) = a(1, a(2, y-1)) = a(2, y-1) + 2$. Wegen $a(2,0) = a(1,1) = 3$ ist damit $a(2,y) = 2y+3$.

c) Die Berechnung von $a(3,y)$ ist etwas schwieriger. Wir verwenden das Ergebnis aus Teil b) und iterieren mehrmals, bis wir eine Vermutung bekommen:

$$a(3,y) = a(2,a(3,y-1))$$
$$= 2a(3,y-1)+3 = 2(2a(3,y-2)+3)+3$$
$$= 4a(3,y-2)+2\cdot 3+3 = 4(2a(3,y-3)+3)+2\cdot 3+3$$
$$= 8a(3,y-3)+4\cdot 3+2\cdot 3+3$$

Hier sieht man schon, wie es weitergeht. Mit $a(3,0) = a(2,1) = 5$ führt dies zu der Vermutung

$$a(3,y) = 2^y a(3,0) + 3(1+2+4+\cdots+2^{y-1}) = 2^y \cdot 5 + 3(2^y-1)$$
$$= 2^{y+3} - 3$$

die wir durch Induktion bestätigen:

- $y=0$: $a(3,0) = 5 = 2^3 - 3$ wie eben gesehen.
- $y \to y+1$: Wie oben ist $a(3,y+1) = 2a(3,y)+3 = 2 \cdot 2^{y+3} - 3 = 2^{y+4} - 3$ nach Induktionsvoraussetzung.

d) Mit Teil c) folgt

$$a(4,y)+3 = a(3,a(4,y-1))+3$$
$$= 2^{a(4,y-1)+3}$$

und $a(4,0)+3 = a(3,1)+3 = 2^4 = 16$. Damit folgt

$$a(4,y) = 2^{2^{2^{\cdot^{\cdot^{\cdot^{2^{16}}}}}}} - 3$$

wobei der „schiefe Turm von $a(4,y)$" aus y Zweien besteht.

Diese Funktion wächst mehr als astronomisch schnell: Schon $a(4,2) = 2^{2^{16}} - 3$ ist größer als 10^{19728} und größer als die Anzahl Atome im Universum ($10^{80}\ldots 10^{100}$). Noch schneller wächst $n \mapsto a(n,n)$ – da können Loop-Programme nicht mehr mithalten.

Aufgabe 3.1.7

Wir zeigen durch Induktion nach x, dass $g_x(y) = a(x,y)$ Loop-berechenbar ist:

- $x = 0$: $g_0(y) = y+1$ ist Loop-berechenbar.
- $x \to x+1$: Wir wenden mehrfach die dritte Zeile der Definition an:

$$g_{x+1}(y) = a(x,a(x+1,y-1)) = \cdots = a(x,a(x,\ldots,a(x,a(x+1,0))\ldots))$$
$$= g_x^y(a(x+1,0)) = g_x^y(a(x,1))$$
$$= g_x^{y+1}(1)$$

4.3 Berechenbarkeit, Entscheidbarkeit und Komplexität

Dabei ist g^0 die Identität und $g^{y+1} = g \circ g^y$.
Nach Induktionsvoraussetzung gibt es ein Loop-Programm, das g_x berechnet. Damit ist auch $g_{x+1}(y) = g_x^{y+1}(1)$ Loop-berechenbar durch

```
z = g_x(1)
loop y do
    z = g_x(z)
end
```

Wir haben gezeigt, dass $a(x,y)$ für jedes feste x Loop-berechenbar ist. Daraus folgt nicht, dass es ein Loop-Programm gibt, das $a(x,y)$ für alle x,y berechnet.

4.3.2 Entscheidbarkeit

Aufgabe 3.2.1
Oberhubers Argument zeigt, dass die Aufzählung $n \mapsto f_n$ nicht berechenbar ist. Denn sonst wäre die „Diagonalfunktion" g berechenbar, was nicht möglich ist. Ein Ansatz wie in Satz 3.1.2 funktioniert hier nicht. Zwar kann eine Turing-Maschine M_0 die Menge $\{\langle M \rangle \mid M$ ist eine Turing-Maschine mit Bandalphabet $\Gamma = \{0, 1, \Box\}\}$ aufzählen, die Menge $\{\langle M \rangle \mid M$ berechnet eine Funktion, die für alle $n \in \mathbb{N}$ definiert ist$\}$ ist nach dem Satz von Rice aber unentscheidbar.

Aufgabe 3.2.2
Wir geben für beide Richtungen Algorithmen an.

$\Rightarrow$: Die Turing-Maschine zählt Σ^* auf und prüft jeweils, ob das Wort in A liegt. Dabei verwendet sie die A entscheidende Turing-Maschine als Unterprogramm.

```
foreach (w∈ Σ*) {
    if (w∈ A)
        WriteLine(w);
}
```

$\Leftarrow$: Die Elemente in A werden so lange aufgezählt, bis die Eingabe w gefunden wird oder bis – wie beim Blättern im Telefonbuch – die Eingabe nicht mehr vorkommen kann.

```
bool ∈A(string w) {
    foreach (x∈A) {
        if (x==w)
            return true;
    }
    return false; // da |x|>|w|
}
```

Aufgabe 3.2.3
Angenommen, das Halteproblem wäre entscheidbar durch eine Turing-Maschine M_H. Eine Turing-Maschine M_{BB} könnte dann für die Eingabe n alle (endlich vielen) Codes $\langle M \rangle$ der Länge n von Turing-Maschinen M mit Bandalphabet $\{1, \Box\}$ erzeugen und an M_H die Frage stellen „hält M auf leerem Band?". In diesem Fall kann die universelle Turing-Maschine U M auf leerem Band simulieren und M_{BB} jeweils die Anzahl der geschriebenen Einsen bestimmen. Damit könnte M_{BB} die nicht berechenbare Funktion BB berechnen, Widerspruch.

Aufgabe 3.2.4
a) Ja, denn der CYK-Algorithmus ist ein Entscheidungsverfahren für kontextfreie Sprachen.

b) Ja, denn jede Sprache enthält eine endliche Teilmenge, und eine endliche Teilmenge ist nach a) entscheidbar.

c) Nein, denn Σ^* ist entscheidbar, aber nicht $H \subset \Sigma^*$.

d) Ja, denn $A \cup \{w\}$ mit $w \in \bar{A}$ ist unentscheidbar.

e) Nein, Gegenbeispiel: $\{a^n b^n \mid n \in \mathbb{N}\} \leq_m \{a\}$ durch

$$f(w) = \begin{cases} \{a\} & \text{falls } w = a^n b^n \text{ für ein } n \\ \{b\} & \text{sonst} \end{cases}$$

f) Nein, Gegenbeispiel: $\{a\}$ und $\{a\} \cap H$ sind entscheidbar, aber nicht H.

g) Nein, denn in $H_\Box$ ist auch eine Turing-Maschine enthalten, die für jede Eingabe $w \in \Sigma^*$ in eine Endlosschleife übergeht.

Aufgabe 3.2.5
a) Die Aussage gilt: Sei M_A eine Turing-Maschine, die A semi-entscheidet und so umgebaut wurde, dass sie in keinem Zustand außer z_{ja} hält. Mit $f(w) = \langle M_A \rangle \# w$ gilt dann $w \in A \iff f(w) \in H$.

b) Gegenbeispiel: Nach Satz 3.2.2 ist $\bar{H}$ ist unentscheidbar. $H \leq_m \bar{H}$ ist äquivalent zu $\bar{H} \leq_m H$. Daraus folgt nach Lemma 3.2.4 und Satz 3.2.6, dass $\bar{H}$ semi-entscheidbar ist, Widerspruch zu Lemma 3.2.9.

Aufgabe 3.2.6
Nach dem Satz von Rice ist $L = \{\langle M \rangle \mid M \text{ berechnet die Funktion } x \mapsto 0\}$ unentscheidbar. Sei M^* eine Turing-Maschine, die $x \mapsto 0$ berechnet und $E = \{\langle M_1 \rangle \# \langle M_2 \rangle \mid M_1, M_2 \text{ berechnen die gleiche Funktion}\}$. Mit $f(\langle M \rangle) = \langle M \rangle \# \langle M^* \rangle$ folgt $L \leq_m E$ und E unentscheidbar.
Da Programmiersprachen genauso mächtig wie Turing-Maschinen sind, lässt sich Oberhubers Vorschlag nicht durchführen.

4.3 Berechenbarkeit, Entscheidbarkeit und Komplexität

Aufgabe 3.2.7

a) Wir zeigen $\bar{H}_\Box \leq_m A$. Dazu sei $f(\langle M \rangle) = \langle M_1 \rangle \# \langle M_2 \rangle$, wobei

- M_1 eine Turing-Maschine ist, die das Band löscht, M ausführt und genau dann in einen Endzustand übergeht, wenn M hält.
- M_2 eine Turing-Maschine mit $L(M_2) = \emptyset$ ist.

Dann gilt $\langle M \rangle \in \bar{H}_\Box \iff L(M_1) = \emptyset \iff f(\langle M \rangle) \in A$ und damit $\bar{H}_\Box \leq_m A$. Es folgt, dass A nicht semi-entscheidbar ist.

Wenn wir für M_2 eine Turing-Maschine mit $L(M_2) = \Sigma^*$ verwenden, folgt wie in Beispiel 3.2.3 $H_\Box \leq_m A$ und damit $\bar{H}_\Box \leq_m \bar{A}$. Es folgt, dass $\bar{A}$ nicht semi-entscheidbar ist.

b) Für $w \notin M_1$ oder $w \notin M_2$ müssen die entsprechenden Turing-Maschinen nicht halten. Auch für $L(M_1) \neq L(M_2)$ ist es möglich, dass das Programm nie die WriteLine-Anweisung erreicht.

Aufgabe 3.2.8

a) L_1 ist unentscheidbar: Wir zeigen $H \leq_m L_1$. Dazu sei $f(\langle M \rangle \# w)$ folgende Turing-Maschine:

- Wenn das Bandalphabet von M bereits eine 5 enthält, wird 5 durch ein neues Zeichen $\tilde{5}$ ausgetauscht.
- Wenn M hält, schreibt $f(\langle M \rangle \# w)$ 5 auf das Band.

Damit gilt $\langle M \rangle \# w \in H \iff f(\langle M \rangle \# w) \in L_1$.

b) Da M für keine Eingabe den Kopf nach links bewegt, kann M das Band auch nicht zum Speichern von mehr als einem Zeichen verwenden. Damit ist M ein endlicher Automat und $L_2 = \{\langle M \rangle \mid L(M) \text{ ist regulär}\}$. Nach Satz 3.2.11 ist L_3 unentscheidbar.

c) L_3 ist unentscheidbar. Dazu zeigen wir $H_\Box \leq_m L_3$. Sei $f(\langle M \rangle)$ eine Turing-Maschine, die die Eingabe löscht, M ausführt und 20 weitere Schritte rechnet, wenn M hält. Dann gilt $\langle M \rangle \in H_\Box \iff f(\langle M \rangle) \in L_3$.

d) L_4 ist entscheidbar: Denn eine Turing-Maschine, die nach höchstens 20 Schritten hält, kann höchstens 20 Eingabezeichen lesen. Eine Turing-Maschine kann L_4 entscheiden, indem sie für alle Eingaben $w \in \Sigma^*$, $|w| \leq 20$ prüft, ob M nach 20 Schritten hält.

Aufgabe 3.2.9

Ja. Sei $\mathscr{X} = \{L \mid L \neq L(M') \text{ für alle Turing-Maschinen } M' \text{ mit höchstens } k \text{ Zuständen}\}$. Nach Voraussetzung gilt $L(M') \notin \mathscr{X}$ für eine Turing-Maschine M'

mit höchstens k Zuständen. Ferner gibt es für $k \in \mathbb{N}$ nur endlich viele mögliche Überführungsfunktionen einer Turing-Maschine M' mit höchstens k Zuständen. Da es jedoch abzählbar viele Typ-0 Sprachen gibt, gibt es eine Turing-Maschine M^* mit $L(M^*) \in \mathscr{X}$. Nach Satz 3.2.11 ist L_k unentscheidbar.

Aufgabe 3.2.10
Nach der Bemerkung zu Lemma 3.2.10 ist $\bar{H}_\square$ nicht semi-entscheidbar. Damit zeigen wir $\bar{H}_\square \leq_m H_{\Sigma^*}$ und $\bar{H}_\square \leq_m \bar{H}_{\Sigma^*}$:

- Um $\bar{H}_\square \leq_m H_{\Sigma^*}$ zu zeigen, sei $f(\langle M \rangle)$ eine Turing-Maschine, die M auf leerem Band startet und höchstens $|w|$ Schritte laufen lässt, wobei $w \in \Sigma^*$ die Eingabe ist. Wenn M dabei hält, geht $f(\langle M \rangle)$ in eine Endlosschleife über. Wenn M nach $|w|$ Schritten nicht hält, hält $f(\langle M \rangle)$ (Abbildung 4.1).

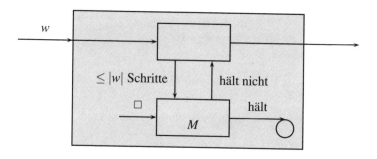

Abb. 4.1 Turing-Maschine $f(\langle M \rangle)$ für Aufgabe 3.2.10

Da M für $\langle M \rangle \in \bar{H}_\square$ niemals hält, wird der Lauf von M für jedes w nach $|w|$ Schritten abgebrochen und $f(\langle M \rangle)$ hält für jede Eingabe. Dagegen hält M für $\langle M \rangle \in H_\square$ nach n Schritten für ein $n \in \mathbb{N}$. In diesem Fall geht $f(\langle M \rangle)$ für alle w mit $|w| \geq n$ in eine Endlosschleife über.

Damit gilt $\langle M \rangle \in \bar{H}_\square \iff f(\langle M \rangle)$ hält für jede Eingabe $\iff f(\langle M \rangle) \in H_{\Sigma^*}$ und damit $\bar{H}_\square \leq_m H_{\Sigma^*}$. Da $\bar{H}_\square$ nicht semi-entscheidbar ist, ist H_{Σ^*} nicht semi-entscheidbar.

- Wegen $\bar{H}_\square \leq_m \bar{H}_{\Sigma^*} \iff H_\square \leq_m H_{\Sigma^*}$ haben wir den zweiten Teil der Behauptung bereits in Beispiel 3.2.3 bewiesen.

4.3.3 Komplexitätstheorie

Aufgabe 3.3.1
Wegen
$$\frac{n^{\log n}}{n^k} = n^{(\log n)-k} \to \infty \quad (n \to \infty)$$
gibt es für jedes $c > 0$ ein n mit $n^{\log n} > cn^k$.
Außerdem gilt für alle großen n
$$\frac{n!}{n^k} > \frac{\left(\frac{n}{2}\right)^{\frac{n}{2}}}{n^k} = 2^{-k}\left(\frac{n}{2}\right)^{\frac{n}{2}-k} \to \infty \quad (n \to \infty)$$
und
$$\frac{(\log n)^n}{n^k} = \frac{e^{n\log\log n}}{n^k} \to \infty \quad (n \to \infty)$$
woraus ebenso die Behauptung folgt.

Aufgabe 3.3.2
Sei $A \in \mathbf{NP}$ und M eine NTM, die A in polynomieller Zeit akzeptiert und p ein Polynom, das die Laufzeit von M begrenzt. Für $w = x_1 \ldots x_n \in A^*$ wähle eine NTM M' nichtdeterministisch eine Unterteilung $w_1 = x_1 \ldots x_{i_1}$, $w_2 = x_{i_1+1} \ldots x_{i_2}, \ldots, w_k = x_{i_k+1} \ldots x_n$ und lässt M nacheinander für $w_1, w_2, \ldots, w_k$ laufen. Wenn M jedes w_i akzeptiert, akzeptiert M' auch w. Da die Laufzeit von M' in $O(np(n))$ liegt, gilt $A^* \in \mathbf{NP}$.

Aufgabe 3.3.3
Sei $L \in \mathbf{P}$. Nach Korollar 3.3.2 gibt es eine DTM M, die L in polynomieller Zeit entscheiden kann. Indem wir z_{ja} mit z_{nein} vertauschen, erhalten wir aus M eine DTM, die $\bar{L}$ entscheidet.
Dieser Beweis funktioniert nicht für **NP**, da eine NTM nach dem Vertauschen von z_{ja} mit z_{nein} für eine Eingabe w nicht mehr den gleichen Berechnungspfad durchlaufen muss. Wenn es vorher einen Weg zu z_{ja} gab, kann es nach dem Umbau immer noch einen Weg zu z_{ja} geben (s. auch Aufgabe 2.6.2).

Aufgabe 3.3.4
Sei $L \in \mathbf{NP}$. Nach Satz 3.3.3 gibt es eine Verifier-DTM M, die $w \in L$ mit Hilfe eines Zertifikates $c_w \in \Sigma^*$ in polynomieller Zeit akzeptiert. Wir können M umbauen in eine Verifier-DTM M', die anstelle von c_w ein Zertifikat $\tilde{c}_w \in \{0,1\}^*$ verwendet. Da sich durch diese Umcodierung die Länge des Zertifikates um höchstens eine Konstante vergrößert, bleibt die Laufzeit von M' durch ein Polynom beschränkt. Daher ist auch $|\tilde{c}_w|$ durch ein Polynom p beschränkt.
Wir können eine DTM M_S mit $L = L(M_S)$ konstruieren, indem M_S nacheinander alle $x_w \in \{0,1\}^{2^{p(|w|)}}$ erzeugt und M' mit der Eingabe $w\#x_w$ laufen lässt. Die

Laufzeit von M_S ist durch $2^{p(n)}$-mal einem Polynom beschränkt und liegt daher in $2^{O(n^k)}$ für ein $k \in \mathbb{N}$. Nach Definition gilt damit $L \in \mathbf{EXP}$.

Aufgabe 3.3.5
Wir zeigen zunächst, dass

$$L_0 = \{\langle M \rangle \mid \text{Die DTM } M \text{ hält für die Eingabe } \langle M \rangle \text{ nach } \leq 2^{|\langle M \rangle|} \text{ Schritten}\}$$

nicht in **P** liegt. Dazu gehen wir vor wie im Beweis von Satz 3.2.5. Angenommen, $L_0 \in \mathbf{P}$. Dann gibt es nach Korollar 3.3.2 eine DTM M_{L_0}, die L_0 in polynomieller Zeit entscheidet. Sei p das Polynom, das die Laufzeit von M_{L_0} begrenzt. Daraus konstruieren wir eine DTM M^*, die M_{L_0} als Unterprogramm benutzt und die

- in eine Endlosschleife übergeht, wenn M_{L_0} in z_{ja} hält,
- hält, wenn M_{L_0} in z_{nein} hält.

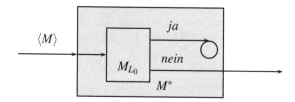

Indem wir überflüssige Zustände einführen, können wir erreichen, dass $|\langle M^* \rangle|$ so groß wird, dass $p(|\langle M^* \rangle|) < 2^{|\langle M^* \rangle|}$. Nun starten wir M^* mit der Eingabe $\langle M^* \rangle$ und schauen, was passiert:

- Wenn M^* für die Eingabe $\langle M^* \rangle$ in $\leq 2^{|\langle M^* \rangle|}$ Schritten hält, dann hält M_{L_0} in z_{ja} und M^* geht in eine Endlosschleife über, hält also doch nicht, Widerspruch.

- Wenn M^* für die Eingabe $\langle M^* \rangle$ nicht in $\leq 2^{|\langle M^* \rangle|}$ Schritten hält, dann hält M_{L_0} nach $\leq p(|\langle M^* \rangle|)$ Schritten in z_{nein} und M^* ebenfalls, Widerspruch wegen $p(|\langle M^* \rangle|) < 2^{|\langle M^* \rangle|}$.

Damit ist gezeigt, dass es M_{L_0} nicht geben kann und dass L_0 nicht in **P** liegt. Weiter gilt $L_0 \leq_p L$ durch $\langle M \rangle \mapsto \langle M, \langle M \rangle \rangle$. Aus Satz 3.3.4 folgt $L \notin \mathbf{P}$.

Bemerkung. Mit Aufgabe 3.3.4 und der Funktion $2^{(2^n)}$ können wir auf gleiche Weise eine Sprache konstruieren, die nicht in **NP** liegt.

4.3 Berechenbarkeit, Entscheidbarkeit und Komplexität

Aufgabe 3.3.6
Wegen $L \subset SAT$ gilt $L \in \mathbf{NP}$.
Sei $f(F) = F \vee (y \wedge \bar{y})$, wobei y eine Variable ist, die noch nicht in F vorkommt. Dann ist $y \wedge \bar{y}$ immer falsch, und es gilt $F \in SAT \iff f(F) \in L$, da y mit wahr oder falsch belegt werden kann. Da f in linearer Zeit berechnet werden kann gilt $SAT \leq_p L$. Mit Satz 3.3.6 folgt L ist **NP**-vollständig.

Aufgabe 3.3.7
a) Sei $A \in \mathbf{co-NP}$ **NP**-vollständig. Wir zeigen $\mathbf{co-NP} = \mathbf{NP}$:

- Sei $L \in \mathbf{co-NP}$. Daraus folgt $\bar{L} \leq_p A$ und $L \leq_p \bar{A} \in \mathbf{NP}$. Aus Satz 3.3.4 folgt $L \in \mathbf{NP}$.

- Sei $L \in \mathbf{NP}$. Daraus folgt $L \leq_p A$ und $\bar{L} \leq_p \bar{A} \in \mathbf{NP}$. Aus Satz 3.3.4 folgt $L \in \mathbf{co-NP}$.

b) Nach Aufgabe 3.3.3 ist **P** unter Komplement abgeschlossen. Wir zeigen: $\mathbf{P} = \mathbf{NP} \Rightarrow \mathbf{co-NP} = \mathbf{NP}$.
Nach Voraussetzung gilt $\mathbf{co-NP} = \{L \mid \bar{L} \in \mathbf{NP}\} = \{L \mid \bar{L} \in \mathbf{P}\} = \mathbf{P} = \mathbf{NP}$.

Aufgabe 3.3.8
ILP liegt in **NP**, da eine Verifier-DTM die Gültigkeit einer Lösung in polynomieller Zeit überprüfen kann.
Für die folgende Reduktion müssen wir etwas mit den Indizes kämpfen. Wir zeigen $3SAT \leq_p ILP$, indem wir der 3-KNF-Formel

$$F = (l_1 \vee l_2 \vee l_3) \wedge \cdots \wedge (l_{k-2} \vee l_{k-1} \vee l_k)$$

das System $f(F)$ der Ungleichungen

$$y_1 + y_2 + y_3 \geq 1$$
$$\vdots$$
$$y_{k-2} + y_{k-1} + y_k \geq 1$$

mit

$$y_i = \begin{cases} x_j & \text{für } l_i = x_j \\ 1 - x_j & \text{für } l_i = \neg x_j \end{cases}$$

zuordnen. Dabei sind die Symbole x_j in F Bool'schen Variablen, in $f(F)$ Variablen mit Werten in $\mathbb{Z}$.
Zum Beispiel ordnen wir der Formel

$$(x_1 \vee \neg x_2 \vee x_3) \wedge (\neg x_1 \vee x_2 \vee x_4)$$

das System von Ungleichungen

$$x_1 + (1 - x_2) + x_3 \geq 1$$
$$(1 - x_1) + x_2 + x_4 \geq 1$$

zu.

Dann gilt: Die Formel F ist erfüllbar genau dann, wenn das System von Ungleichungen $f(F)$ eine ganzzahlige Lösung besitzt.

Beweis.

$\Rightarrow$: Wenn F erfüllbar ist, gibt es eine Belegung, so dass alle Klauseln wahr sind. Dann gibt es für alle r in Klausel r ein wahres Literal l_{i_r}. Wenn $x_1, \ldots, x_k$ mit Werten aus $\{0, 1\}$ belegt werden, besitzt die r-te Ungleichung für $l_{i_r} = x_j$ ($l_{i_r} = \neg x_j$) eine Lösung mit $x_j = 1$ ($x_j = 0$). Damit besitzen alle Ungleichungen eine gemeinsame Lösung in den ganzen Zahlen. Variablen, die bis jetzt noch nicht vorgekommen sind, können beliebige Werte aus $\{0, 1\}$ annehmen.

$\Leftarrow$: Wenn das System von Ungleichung $f(F)$ eine ganzzahlige Lösung besitzt, gibt es für alle r in der r-ten Ungleichung ein y_{i_r} mit $y_{i_r} \geq 1$. Wenn in F für $y_{i_r} = x_j$ ($y_{i_r} = 1 - x_j$) die Variable x_j mit wahr (falsch) belegt wird, ist die r-te Klausel wahr. Damit besitzen alle Klauseln eine gemeinsame, erfüllende Belegung, und F ist erfüllbar. □

Da die Reduktion f in linearer Zeit berechenbar ist, haben wir $3SAT \leq_p ILP$ gezeigt.

Aufgabe 3.3.9

Ein Gegenbeispiel ist folgender Graph G, der im Gegensatz zum entsprechend umgebauten Graph G' keinen Hamilton-Kreis besitzt.

Aufgabe 3.3.10

Da eine Verifier-DTM in polynomieller Zeit feststellen kann, ob ein Weg ein Hamilton-Pfad ist, liegt *HAMPATH* in **NP**.
Wir zeigen *HAMCYCLE* $\leq_p$ *HAMPATH*. Seien dazu $G = (V, E)$ ein Graph, $u \in V$ beliebig und $v_1, \ldots, v_k$ die mit u verbundenen Knoten. Wir konstruieren daraus einen Graphen $G' = (V', E')$ mit

$$V' = V \cup \{s, t_1, t_2\}$$

und

$$E' = E \cup \{s, u\} \cup \{t_1, t_2\} \cup \bigcup_{j=1}^{k} \{t_2, v_k\}$$

4.3 Berechenbarkeit, Entscheidbarkeit und Komplexität

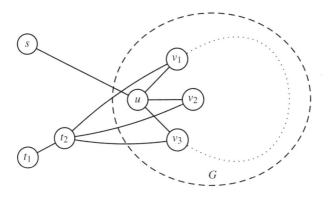

Abb. 4.2 Reduktion $HAMCYCLE \leq_p HAMPATH$

(Abbildung 4.2). Dann gilt:

- Wenn G einen Hamilton-Kreis besitzt, der ohne Einschränkung in u beginnt, dann muss dieser vor der Rückkehr zu u über einen der Knoten $v_1, \ldots, v_k$ gekommen sein. Daraus erhalten wir einen Hamilton-Pfad in G' von s nach t_1.

- Wenn G' einen Hamilton-Pfad von s nach t_1 besitzt, dann muss dieser vor dem Eintreffen in t_2 über einen der Knoten $v_1, \ldots, v_k$ gekommen sein. Daraus erhalten wir einen Hamilton-Kreis in G.

Die Reduktion ist in polynomieller Zeit konstruierbar, da wir auf einfache Weise eine konstante Anzahl von Knoten und Kanten hinzufügen.

Bemerkung. Auch eine Reduktion von $DHAMPATH$ ist mit der Technik aus dem Beweis zu Satz 3.3.12 möglich.

Aufgabe 3.3.11
Da S ein Zertifikat ist, das eine Verifier-DTM in polynomieller Zeit prüfen kann, gilt $KP \in \mathbf{NP}$.
Es gilt $SUBSET\ SUM \leq_p KP$ durch $(z_1, \ldots, z_n, t) \mapsto (z_1, \ldots, z_n, t, z_1, \ldots, z_n, t)$.

4.3.4 Prüfungsfragen

1. Die Turing-Maschine sollte ein allgemeines Modell für beliebige Berechnungen sein. Turing ging dabei von der Arbeitsweise eines Mathematikers

aus, der mit Stift und Papier ein Problem löst und in jedem Schritt logisch vorgeht (s. Abschnitt 2.6.1). Turing-Maschinen sind ein sehr einfaches Modell, dessen Mächtigkeit von keinem anderen Berechnungsmodell übertroffen wird. Für die Komplexitätstheorie ist von Bedeutung, dass für Turing-Maschinen keine Annahmen über die Komplexität von elementaren Operationen gemacht werden müssen (s. Abschnitt 3.1.1).

2. S. Abschnitt 3.1.1.

3. Dazu müssen zwei Richtungen gezeigt werden: Aus Java-Berechenbarkeit folgt Turing-Berechenbarkeit und umgekehrt. Für Ersteres kann man argumentieren, dass ein Java-Programm in ein Assembler-Programm übersetzt werden kann und muss dann nur noch zeigen, dass eine Turing-Maschine ein Assembler-Programm simulieren kann. Für die Umkehrung reicht es, ein Java-Programm (mit unendlich großem Feld) anzugeben, das eine Turing-Maschine simuliert (s. Abschnitt 3.1.1).

4. Durch eine Diagonalisierung wird eine Funktion konstruiert, die nicht in der Aufzählung aller Loop-Programme enthalten ist, aber von einer Turing-Maschine berechnet werden kann, s. Satz 3.1.2.

5. Die Turing-Maschine erreicht einen Zustand z mit $\delta(z,X) = \emptyset$ für alle $X \in \Gamma$. Dieser muss kein Endzustand sein.

6. Das Halteproblem ist die Sprache aller $\langle M \rangle \# w$, so dass M für die Eingabe w hält. Wäre es entscheidbar, dann hätte man mit einem Programm zum Beispiel den letzten Satz von Fermat beweisen können. Zum Beweis der Unentscheidbarkeit des speziellen Halteproblems s. Satz 3.2.5.

7. Es gibt nur abzählbar viele Turing-Maschinen, aber überabzählbar viele Sprachen (s. Aufgabe 2.2.4).

8. S. Abschnitt 3.2.2, Abbildung 3.1, Korollar 3.2.7 und Satz 3.2.8.

9. Ja, das Halteproblem ist unentscheidbar, aber semi-entscheidbar.

10. Ja, das Komplement des Halteproblems (Korollar 3.2.9).

11. Eine Turing-Maschine kann die Elemente einer semi-entscheidbaren Sprache aufzählen (Satz 3.2.1).

12. Allgemein ist Programmverifikation unentscheidbar, s. Beispiel 3.2.6.

13. S. Abschnitt 3.3.1 und Satz 3.3.1.

4.3 Berechenbarkeit, Entscheidbarkeit und Komplexität 201

14. S. Abschnitt 3.3.1. Polynome sind abgeschlossen unter Verkettung. Insbesondere macht es für die Klassen **P** und **NP** keinen Unterschied, ob diese über die Laufzeit einer Einband-Turing-Maschine oder der einer Mehrband-Turing-Maschine definiert sind. Ferner sind deshalb **P** und **NP** abgeschlossen unter Reduktion in polynomieller Zeit.

15. **P** ist die Klasse der effizient lösbaren Probleme (mit den in Abschnitt 3.3.1 diskutierten Einschränkungen). Nein, **NP** ist eine Obermenge von **P**, es ist aber unbekannt, ob **NP** eine echte Obermenge ist.

16. **P** wäre dann abhängig vom Maschinenmodell und hätte nicht die in Abschnitt 3.3.1 erwähnten Abschlusseigenschaften.

17. Die „Guess and Check" Technik (Abschnitt 3.3.1) und die Verwendung einer Verifier-DTM (Abschnitt 3.3.2).

18. Ja, zum Beispiel das Halteproblem.

19. S. Abschnitt 3.3.3. Diese Art der Reduktion muss in polynomieller Zeit berechenbar sein, eine (many-one)-Reduktion nur berechenbar. Zur Transitivität s. Satz 3.3.6.

20. Durch eine Reduktion von einer **NP**-vollständigen Sprache L (Satz 3.3.6). Man braucht dazu eine geeignete Sprache L, zum Beispiel $3SAT$.

21. Dies kann mit einer Reduktion von $3SAT$ gezeigt werden, s. Korollar 3.3.8.

22. *CLIQUE*, Hamilton-Pfad und Hamilton-Kreis, *SUBSET SUM*, *PARTITION*. Zum Beispiel ist die Reduktion von *DHAMCYCLE* nach *HAMCYCLE* nicht sehr schwierig (Satz 3.3.12).

23. Für den Fall **P** $\neq$ **NP** s. Abbildung 3.4. Im Fall **P** = **NP** fallen die **NP**-vollständigen Sprachen mit **P** = **NP** zusammen.

A Anhang

A.1 Übersicht Automaten

Automat	Sprachklasse
Endliche Automaten	
DFA, NFA	Typ 3 (regulär)
Kellerautomaten	
Deterministischer PDA	Deterministisch kontextfreie Sprachen
Nichtdeterministischer PDA	Typ 2 (kontextfrei)
Turing-Maschinen	
LBA (Linear beschränkte Turing-Maschine)	Typ 1 (kontextsensitiv)
DTM, NTM	Typ 0

Beispielsprachen für Typ 0 – Typ 3 sind in Tabelle 2.2 auf Seite 48 aufgeführt. Die deterministisch kontextfreien Sprachen stimmen für jedes $k \geq 1$ mit den durch $LR(k)$-Grammatiken darstellbaren Sprachen überein.

A.2 Reguläre Ausdrücke unter Unix

In der folgenden Tabelle sind einige der in IEEE 1003.2 (POSIX.2) definierten regulären Ausdrücke aufgeführt.[1] Die meisten Programmiersprachen verwenden reguläre Ausdrücke in gleicher Weise.

	Besondere Zeichen
()	Leeres Wort
.	Beliebiges Zeichen außer Zeilenumbruch
^	Leeres Wort am Beginn einer Zeile
$	Leeres Wort am Ende einer Zeile
	Operatoren
$E_1\|E_2$	$E_1\|E_2$
$E*$	E^*
$E+$	EE^*
$E?$	$\varepsilon\|E$
	Klammerausdrücke
$[x_1\text{-}x_2]$	Bereich, zum Beispiel $[0\text{-}9]= (0\|1\|\ldots\|9)$
$[x_1 x_2 \ldots x_n]$	Eines der Zeichen $x_1,\ldots,x_n$, wenn $x_1 \neq \hat{}$. Die Zeichen [().$*+? werden dabei als gewöhnliche Zeichen interpretiert. Ein - oder] wird als gewöhnliches Zeichen interpretiert, wenn es das erste Zeichen in der Liste ist.
$[\hat{}x_1\text{-}x_2]$, $[\hat{}x_1 x_2 \ldots x_n]$	Komplemente dieser Mengen
	Rangfolge
(...)[...]	haben Vorrang vor
*+?	haben Vorrang vor
Konkatenation	hat Vorrang vor
|	

---

[1] Daneben gibt es unter Unix die veralteten *basic regular expressions* mit abweichender Semantik. Diese sollten nicht mehr verwendet werden.

Die Zeichen ^$[]()|.*+?\ haben in regulären Ausdrücken eine besondere Bedeutung. Um sie als gewöhnliche Zeichen zu interpretieren, müssen sie in [] eingeschlossen werden (außer ^, s. obige Tabelle) oder durch ein vorangestelltes \ gekennzeichnet werden. In vielen Programmiersprachen muss \ allerdings verdoppelt werden, da Ausdrücke der Form \x für Formatierungszeichen stehen, zum Beispiel \n für einen Zeilenumbruch (*newline*). Manche Programmiersprachen erlauben Anführungszeichen, um darin eingeschlossene Zeichen als gewöhnliche Zeichen zu interpretieren.

Beispiel A.2.1
Die Anweisung
`egrep '[-+]?[0-9]+' text`
findet in der Datei `text` alle Zeilen, die die Darstellung einer ganzen Zahl *enthalten*, während
`egrep '^[-+]?[0-9]+$' text`
alle Zeilen findet, die eine ganze Zahl darstellen. ◁

A.3 Notationen

Logik

$\bar{x}$	$\neg x$ (nicht x)
$A \Rightarrow B$	Aus A folgt B
$A \Leftrightarrow B$	$A \Rightarrow B$ und $B \Rightarrow A$
$\bigwedge_{k=1}^{n} x_k$	$x_1 \wedge x_2 \wedge \cdots \wedge x_n$
$\bigvee_{k=1}^{n} x_k$	$x_1 \vee x_2 \vee \cdots \vee x_n$

Funktionen

$O(f)$	Menge der Funktionen g mit $g(n) \leq cf(n)$ für ein $c > 0$ und alle hinreichend großen n
$\Omega(f)$	Menge der Funktionen g mit $g(n) \geq cf(n)$ für ein $c > 0$ und alle hinreichend großen n
$\Theta(f)$	$O(f) \cap \Omega(f)$
$x \mapsto f(x)$	Schreibweise für Funktionen: x wird $f(x)$ zugeordnet
id	Identität $x \mapsto x$
$f \circ g$	Verkettung der Funktionen f und g: $x \mapsto f(g(x))$
f^n	Die n-fache Verkettung der Funktion f
$\text{bin}(n)$	Binärdarstellung von n

$\gcd(a,n)$	Größter gemeinsamer Teiler (*greatest common divisor*) von a,n

Mengen

$\mathbb{N}$	Menge der natürlichen Zahlen ohne Null
$\mathbb{N}_0$	$\mathbb{N} \cup \{0\}$
$\emptyset$	Leere Menge
$A - B$	Differenz A ohne B
$\bar{A}$	Komplement der Menge A
A^*	Konkatenationsabschluss der Menge A
A^+	$A^* - \{\varepsilon\}$

Wörter

$\|w\|$	Länge des Wortes w
ε	Das leere Wort
w^R	Das Wort w umgedreht, zum Beispiel $(abc)^R = cba$

Grammatiken

$u \to v$	Regel einer Grammatik
$x \Rightarrow y$	Aus x lässt sich y ableiten in einem Schritt
$x \Rightarrow^* y$	Aus x lässt sich y ableiten in $n \geq 0$ Schritten

Berechenbarkeit, Entscheidbarkeit und Komplexität

$\langle X \rangle$	Codierung des Elements X
$A \leq_m B$	A ist many-one-reduzierbar auf B
H	Halteproblem
$H_\square$	Halteproblem auf leerem Band
$A \leq_p B$	A ist reduzierbar in polynomieller Zeit auf B

Literaturverzeichnis

[1] Uwe Schöning. *Logik für Informatiker*. Spektrum Akademischer Verlag, 2000.

[2] Frank Harary. *Graph Theory*. Addison Wesley, 1973.

[3] Uwe Schöning. *Algorithmik*. Spektrum Akademischer Verlag, 2001.

[4] João Meidanis and João C. Setubal. *Introduction to Computational Molecular Biology*. PWS Publishing Company, 1997.

[5] Johannes Köbler, Uwe Schöning, and Jacobo Torán. *The Graph Isomorphism Problem: Its Structural Complexity*. Birkhauser, 1993.

[6] Andrew R. Leach and Valerie J. Gillet. *An Introduction to Chemoinformatics*. Kluwer Academic Publishers, 2003.

[7] Douglas Stinson. *Cryptography: Theory and Practice*. Chapman & Hall/-CRC, third edition, 2006.

[8] Katrin Erk und Lutz Priese. *Theoretische Informatik*. Springer, 2000.

[9] Elliot Berk. JLex. http://www.cs.princeton.edu/~appel/modern/java/JLex/.

[10] Malcom Crowe. CSTools. http://cis.paisley.ac.uk/crow-ci0/.

[11] Alfred V. Aho, Ravi Sethi, and Jeffrey D. Ullman. *Compilerbau*. Addison Wesley, 1990.

[12] Michael Sipser. *Introduction to the Theory of Computation*. PWS Publishing Company, 1997.

[13] John E. Hopcroft, Rajeev Motwani, and Jeffrey D. Ullman. *Introduction to Automata Theory, Languages, and Computation*. Addison Wesley, second edition, 2001.

[14] Juraj Hromkovič. *Theoretische Informatik*. Teubner, 2004.

[15] Ingo Wegener. *Theoretische Informatik*. Teubner, 2005.

Index

abzählbar, 6
Ackermann-Funktion, 112
Adjazenzmatrix, 30
Äquivalenz, 13
Äquivalenzklasse, 37
Alphabet, 41
Anticlique, 19
Assembler-Programm, 106
Atomformel, 12
Ausgabefunktion, 64

Baum, 22
berechenbare Funktion, 104
Berechnungsbaum, 97
berechnungsuniversell, 111
Blank-Symbol, 94
Blatt, 22
Breitensuche, 31, 97

charakteristisch, 9
Chomsky-Normalform, 79
Chomsky-Typen, 46
Church-Turing-These, 104
CLIQUE, 141
Clique, 19
CNF, 79
co − NP, 152

Codierung, 104
Cook, Satz von, 140
CYK-Algorithmus, 81

DAG, 22
de Morgan, Regeln von, 43
DFA, 55
    Überführungsfunktion, 55
    akzeptierte Sprache, 55
    Umwandlung in Grammatik, 56
DHAMCYCLE, 145
DHAMPATH, 143
Distanz, 33
$3SAT$, 135
dynamisches Programmieren, 82

effizient, 127
Endzustand, 54
entscheidbar, 114
Entscheidungsbaum, 23
ε-Sonderregel, 47
Euler-Kreis, 21
EXP, 151

Folgerung, 13
foreach, 43
Formel der Aussagenlogik, 12

Funktion
    partielle, 36
    totale, 36
Gödel, Kurt, 104
Goto-Programm, 108
Grammatik, 45
Graph, 18
    gerichteter, 19, 54
    gerichteter azyklischer, 22
    labeled, 38
    minimal zusammenhängender, 22
    planarer, 26
    unendlicher, 18
    unlabeled, 38
    zusammenhängender, 20
Graphenisomorphie, 25
Guess and Check, 130

Halteproblem, 115, 119
HAMCYCLE, 146
Hamilton-Kreis, 20, 146
Hamilton-Pfad, 20, 143
Hilbert, David, 104

ILP, 152
Induktion
    über Aufbau einer Grammatik, 48
    strukturelle, 6
    vollständige, 3
induktive Definition, 5

Kante, 18
Klausel, 134
KNF, 134
Knoten, 18
    Grad, 21
Kolmogorov-Komplexität, 112
Komplement, 43
Konkatenation
    von Mengen, 42
    von Wörtern, 41
konstruktiver Beweis, 10
Kreis, 20

Laufzeit, 125
Lexer, 68
lexikografische Ordnung, 42
Literal, 134
Lookahead, 79
Loop-Programm, 110
LR-Parser, 85

Mealy-Automat, 64
mehrdeutig, 50
Minimalautomat, 62
Moore-Automat, 64

NFA, 56
    Überführungsfunktion, 58
    akzeptierte Sprache, 58
    Erzeugung aus regulärer Grammatik, 58
    Umwandlung in DFA, 59
NP, 127
NP-hart, 132
NP-vollständig, 132

Ω-Notation, 16

P, 127
Palindrom, 73
Parser-Generator, 87
Pfad, 20
postfix Notation, 90
primitiv-rekursive Funktion, 111
Produkt von Mengen, 42
Produktion, 45
Programmverifikation, 122
Pumping-Lemma
    für kontextfreie Sprachen, 84
    für reguläre Sprachen, 65

Index

Quicksort, 23

Rechtsableitung, 50
Reduktion
   in polynomieller Zeit, 132
   many-one, 117
regulärer Ausdruck, 67
rekursiv, 114
rekursiv aufzählbar, 114
Relation
   Äquivalenzrelation, 36
   binäre, 35
Repräsentant, 37
Resolution, 13

SAT, 140
Satz von Rice, 120
Schlinge, 19
Schubfachprinzip, 3
semi-entscheidbar, 114
Shortest Common Superstring, 147
Shotgun Sequencing, 147
Sprache, 42
   deterministisch kontextfreie, 75
   kontextfreie, 46
   kontextsensitive, 46
   reguläre, 46
   rekursiv aufzählbare, 46
Stackalphabet, 75
Startsymbol, 45
Startzustand, 54
State Chart, 64
Statische Analyse, 122
Subgraph, 19

Tautologie, 13
Terminalzeichen, 46
Θ-Notation, 17
Tiefensuche, 34
Token, 68

Travelling Salesman, 147
TSP, 148
Turing-Maschine, 94
   akzeptierte Sprache, 95
   halten, 96
   linear beschränkte, 95
   Mehrband, 98
   Simulation einer nichtdeterministischen durch deterministische, 97
   universelle, 116
   Unterprogramm, 105

überabzählbar, 6
umgekehrt polnische Notation, 90
unentscheidbar, 114
Unvollständigkeitssatz, 104

Verifier, 131

Weg, 20
While-Programm, 108
Wort, 41
   leeres, 41
Wortproblem, 79
Wurzelbaum, 22

Zeit-Komplexität, 125
Zero-Knowledge-Protokoll, 28
Zertifikat, 131
Zyklus, 20